JOUÉ-DU-BOIS

PAROISSE - FIEFS - COMMUNE

Du XVᵉ siècle à la fin du XVIIIᵉ siècle.

Par M. l'abbé C. MACÉ

CURÉ-DOYEN D'ATHIS

ALENÇON

E. RENAUT-DE BROISE, IMPRIMEUR ET LITHOGRAPHE

—

1895

JOUÉ-DU-BOIS

PAROISSE — FIEFS — COMMUNE

Du XVe Siècle à la fin du XVIIIe Siècle.

Extrait du *Bulletin de la Société Historique et Archéologique de l'Orne.*

JOUÉ-DU-BOIS

PAROISSE ~ FIEFS ~ COMMUNE

Du XVe siècle à la fin du XVIIIe siècle.

Par M. l'abbé C. MACÉ

CURÉ-DOYEN D'ATHIS

ALENÇON

E. RENAUT-DE BROISE, IMPRIMEUR ET LITHOGRAPHIE

1895

JOUÉ-DU-BOIS

PAROISSE — FIEFS — COMMUNE

Du XVᵉ Siècle à la fin du XVIIIᵉ Siècle.

INTRODUCTION

Aperçu géographique. — « *La commune de Joué-du-Bois (1) est située sur la ligne de faîte des collines de Normandie qui séparent le bassin de l'Océan de celui de la Manche.*

« *Cette ligne y pénètre par la pointe S.-E., qui s'appuie sur Lignères-la-Doucelle, passe par le grand axe de l'église et s'avançant au S. va sortir entre La Chaux et le Mont-du-Four, sur Rânes.*

« *Avant son entrée, elle a franchi le sommet du Monthard dont l'altitude, la plus élevée de la contrée, atteint 372ᵐ; ensuite, sur Joué-du-Bois, elle offre les sommets ou plateaux de l'Aune, 325ᵐ; du Haut-Désert, 319ᵐ; du Rocher-Thébert, 333ᵐ; de la Noë, 316ᵐ; de l'Église, 310ᵐ; du Theil, 302ᵐ; du Hamel, 326ᵐ; de La Safarière, 321ᵐ; du Bois-Gautier, 309ᵐ, et contournant les sources de la Gourbe à l'O., du ruisseau du Moulin-Couillard (2) à l'E., elle va faire coude au signal du Mont-du-Four, haut de 316ᵐ.*

« *Entre ces hauteurs, généralement boisées, s'ouvrent des vallées moyennement profondes, le plus souvent à coteaux assez peu inclinés pour admettre la culture; et, au fond de ces vallées, coulent de petits ruisseaux, qui se rendent, à l'O., dans la Gourbe, à l'E., dans l'Udon.*

« *En nombre d'endroits, les vallées s'étranglent par le rapprochement des coteaux, et avec peu de travail, on a pu, autrefois,*

---

(1) Joué-du-Bois (canton de Carrouges, Orne) fait la séparation, par sa limite méridionale, des départements de l'Orne et de la Mayenne.

(2) Il est plus connu à Joué-du-Bois sous le nom de ruisseau de la Héronnière ou des Puces.

former de nombreux étangs qui furent les réservoirs d'eau de quantité de forges et de moulins. Aujourd'hui, beaucoup sont desséchés (1) et remplacés par des prairies la plupart marécageuses et des amas de tourbe qu'on a, sans succès, tenté d'exploiter.

« L'ensemble du territoire de Joué-du-Bois est donc très accidenté et très varié d'aspect. Il en est autrement de sa nature. On n'y voit partout que du granite, et toujours le même, et toujours décomposé à la surface. En vain y cherche-t-on quelques minéraux accidentels ; il n'y a rien.

« Le type de ce granite est une roche bleuâtre, appelée dans le pays pierre verte. Elle se compose de quartz grisâtre, amorphe, de feldspath orthose blanchâtre et de mica noir. A ces éléments essentiels, s'ajoutent de petits cristaux ou amas d'amphibole, et par place, des noyaux appelés nœuds, formés d'éléments granitiques très fins, constituant de larges taches noires. Certains de ces nœuds font le désespoir des ouvriers, à cause de leur dureté ou de leur faible adhérence.

« On trouve dans les carrières des monolithes de plusieurs mètres cubes, parfaitement homogènes. Les piliers des bas côtés de l'église sont des colonnes cylindriques dont les fûts ont 2^m de hauteur et 0,50 environ de diamètre, tous d'une seule pièce (2).

« Dans les massifs, les surfaces rapprochées du contact de l'air subissent d'abord une première altération ; elles perdent la couleur bleuâtre et blanchissent sensiblement. A la longue, l'altération s'accentue dans les blocs qui contiennent des nœuds. L'amphibole fournit du fer oxidé, et la roche s'imprègne d'une couleur rougeâtre, celle de la rouille, en ne perdant que peu de sa dureté. C'est ce qui a formé le granite rouge du pays. Ce granite est d'un fort bon usage, et il a été très employé dans la localité, à en juger par la surface. Toutefois je soupçonne le bleu de passer quelquefois au rouge. On l'emploie aussi pour varier et ornementer les constructions importantes. La tour de l'église est construite en assises alternativement bleues et rouges, d'un bon effet.

« Enfin le feldspath arrive à se transformer en kaolin, que les pluies délayent et emportent, et il reste un gravier de quartz

____

(1) Plusieurs l'ont été en vertu de la loi du 14 frimaire an II. Fr. Robichon du Mesnil entama, à ce propos, devant le tribunal d'Alençon, un procès qu'il perdit.

(2) On rencontre même parfois des blocs de dix mètres de longueur sur cinq à six d'épaisseur. Les croix des Calvaires de Séez, de Saint-Gervais-du-Perron, de Préz-en-Pail, de Champsecret, etc., sont sorties de ces carrières.

mêlé d'argile et de fragments de granite qu'on emploie à tous les usages du sable (1). »

Les origines de Joué-du-Bois sont, faute de documents anciens, incertaines et obscures. La présence de monuments mégalithiques permet seule de faire remonter l'occupation du pays à des temps très reculés. M. de Contades a décrit et fait dessiner le dolmen du Bois-des-Vallées, vulgairement appelé : Pierre-au-Loup, *celui des Grandières et le menhir de l'Outre (2). Il conviendrait, peut-être, d'y ajouter deux autres dolmens découverts, l'un, au sud de La Conillière, et l'autre au Fief Boitard.*

D'anciens chemins, portant encore le nom de chemin perré, *doivent avoir été les premières voies de communication de la contrée, et mériteraient une étude particulière. D'autres routes ont été tracées à diverses époques, mais toutes étaient à la fin du siècle dernier en très-mauvais état d'entretien et présentaient des passages difficiles. Elles sont avantageusement remplacées aujourd'hui.*

En pénétrant, jadis, sur le territoire de Joué-du-Bois par le chemin de La Ferté, on remarquait près de l'oratoire de La Fenderie, l'usine aux poëles, et, plus loin, le fourneau des seigneurs de la Chaux. Au delà du hameau de La Vallée, on longeait la forge et l'étang de La Brousse et l'on débouchait dans le bourg à La Croix du Rosaire.

D'un autre côté, le voyageur suivant l'ancienne route par la Bouvrie, la Hersonnière et l'Illière, apercevait, au-delà des prairies, le manoir et les hautes futaies du Belle, et, longeant les étangs de Besnard et leur moulin banal, arrivait, après avoir traversé les bois de Blanfil, aux grandes forges de Carrouges. S'il inclinait sur la gauche, il découvrait les usines du Champ-de-la-Pierre et de Rânes. En allant du côté de St-Georges, il rencontrait les petites forges portatives des de Recalde et les grands moulins de La Chaux. Partout on entendait le bruit joyeux d'une industrie, centre de commerce et d'activité.

---

(1) Ce sable de granite (*sable arène*) forme par places des bancs qu'on exploite. Il est très estimé pour les constructions.

Pour ce qui précède, nous avons fait appel au concours bienveillant d'un savant très expert en ces questions, M. Letellier, ancien professeur au lycée d'Alençon.

Il nous a très obligeamment rédigé cet aperçu géologique que nous reproduisons textuellement, en y ajoutant seulement quelques notes.

(2) *Les monuments mégalithiques de Joué-du-Bois,* par le comte G. de Contades, Paris, H. Champion, 1886.

4

Maintenant tout est mort, tout se taît, et le bruit strident des poëleries, et le son puissant et sourd du lourd marteau des forges. Les feux des hauts-fourneaux sont éteints ; les arbres de couche des roues de moulin pourrissent sur leurs tourillons. Ces ruines produisent un serrement de cœur, au milieu de ces paysages riants ; il semblerait qu'une armée dévastatrice a passé par là.

L'exploitation du granite est la seule industrie qui subsiste. Les Viretons (1) *qui nous apportèrent, il y a environ deux cents ans, une méthode plus facile de le travailler, n'ont pas quitté le pays. Les Giffaut, les Moulin et les Mauduit de N.-D. du Champ-du-Bout ont maintenant pour compagnons d'autres ouvriers venus de Condé-sur-Sarthe et de la Bretagne. Mais la difficulté des communications, l'éloignement des lignes de chemins de fer nuisent et nuiront de plus en plus à la prospérité de nos carrières.*

Aussi, Joué-du-Bois, qui avait une moyenne de 45 naissances pendant la période décennale de 1722 à 1732, de 48, pendant celle de 1732 à 1742, et comptait 1523 habitants en 1831, n'en a plus que 1073 aujourd'hui. Nos quatre-vingts villages se dépeuplent. Le Mont-Drouet, au lieu de sept feux, n'en a plus que deux ; le Plessis du Belle, la Fosse-au-Petit, où l'on voyait trois habitations, la Bruyère de St-Jacques qui en possédait deux, et plusieurs autres anciens villages sont déserts.

C'est de ce petit pays que nous essayons de retracer l'histoire, du moins depuis l'époque qui nous a laissé quelques documents jusqu'au commencement de la Révolution, du XVe à la fin du XVIIIe siècle. Nous en grouperons les chapitres sous trois chefs principaux : La Paroisse, les Fiefs, la Commune.

Le Pouillé de Séez et les Archives de l'Évéché, celles de la fabrique et de la mairie de Joué-du-Bois, quelques pièces dues à l'obligeance de M. Retout, maire, et divers papiers de famille nous ont fourni presque exclusivement les matériaux de notre travail. Nous prions ceux qui nous ont procuré ces précieuses communications d'agréer nos sincères remerciements.

Nous devons une reconnaissance spéciale à **M.** *l'abbé Barret, curé de Mieuxcé, qui nous a prêté son bienveillant concours et s'est fait notre collaborateur.*

(1) Habitants de Vire (Calvados).

CHAPITRE I. — La Paroisse

—

I. Église. — Au spirituel, Joué-du-Bois a toujours fait partie du diocèse de Séez. Depuis le Concordat, cette paroisse a passé de l'ancien doyenné d'Annebecq à celui de Carrouges.

Dès le principe, la vieille église fut mise sous la protection de St-Jean-Baptiste ; mais à la fin du XVIIe siècle, on ne savait plus « si elle avait été consacrée ou bénite. La dédicace en était célébrée comme à la cathédrale (1) ». Le portail de la nef, avant la construction de la tour, était du XIIIe siècle ; la tour avait été bâtie vers la fin du XVe pour appuyer la défense du manoir, à en juger par quelques meurtrières pratiquées dans les étages inférieurs. Le chœur remontait au XIe siècle, ainsi que la base de la nef.

Dans la démolition du chœur, nous avons retrouvé des débris sculptés ayant servi à un sanctuaire primitif, et sous la tour, la majeure partie d'un cercueil d'une pierre rouge étrangère au pays.

Rendue toute difforme par ses réparations multiples, devenue d'ailleurs peu solide et insuffisante, cette église, composée de pièces et de morceaux, a été détruite en 1877.

L'église neuve qui la remplace est romane comme celle qui l'a précédée. Elle est due à la générosité publique, à la science de

____

(1) Procès-verbal d'une visite épiscopale de 1700.

M. Prempain fils, architecte, et un peu à l'activité de celui qui écrit ces lignes. Monseigneur Abel Germain, évêque de Coutances, l'a consacrée le 27 Mars 1881 (1).

S'il fallait en croire les vieillards, le trésor de l'église de Joué-du-Bois aurait été fort riche avant la Révolution. A cette époque, deux grands tableaux cintrés auraient été transportés à Falaise; une belle croix « d'argent » vendue en vertu de la loi du 18 brumaire, an II, et les plus beaux ornements brûlés sur le cimetière.

Des richesses anciennes, il est resté un petit calice Louis XIII ayant appartenu à J. Coupry, curé-doyen d'Annebecq. La croix de cuivre ciselé, que l'on remarque présentement au-dessus des fonts du baptême, ainsi que la garniture Louis XIII qui orne le maître-autel, sont un souvenir de la générosité de M. l'abbé Dufriche-Desgenettes, curé de N.-D. des Victoires à Paris.

Les autels étaient en majeure partie du commencement du siècle. Avec de mauvais bois blanc, on avait façonné des rétables plus ou moins grecs, qu'un artiste de Paris, M. Nail, ami de M. Desgenettes, peignit de son mieux. Les statues étaient grossières et les tableaux pourris. Sous les paliers de ces autels, nous avons retrouvé quelques débris d'anges en bois bien travaillés. Il y avait aussi, sous un revêtement de chêne, trois autels en pierre primitivement consacrés. Celui de la chapelle de Joué, fut brisé en 1841, ce qui occasionna la mort d'un ouvrier, malheureusement pris et écrasé sous les blocs de granit dont il était formé.

A l'entrée de la nef, on avait encore élevé deux petits autels, dédié l'un, à la Sainte Vierge, l'autre à Saint-Etienne.

La croix de Malte, gravée sur presque toutes les pierres d'angle de la vieille tour, débris certains d'anciennes pierres tombales, témoignait du culte religieux qu'on eut autrefois pour les morts.

II. Cure. — Les moyens d'existence du clergé sont actuellement le traitement fourni par l'État et les honoraires des messes, sépultures et services. Avant la Révolution, un curé possédait les revenus de quelques terres, les dîmes ou une partie des dîmes de la paroisse, et enfin les oblations. Suivant la rumeur publique, l'apa-

<hr>

(1) La *Semaine Catholique* de Séez a rendu compte de la cérémonie qui eut lieu à cette occasion, (7 avril 1881).

nage de la cure de Joué-du-Bois aurait été considérable ; à tort, on lui attribue communément un vaste territoire sis au midi du bourg ; mais les déclarations faites aux évêques et archidiacres nous apprennent qu'elle posséda seulement le pré de la Queue à la Hersonnière, et celui de l'Aumône du côté du Theil. Les chapelains qui acquittaient les fondations jouissaient des champs du Rosaire et de quelques autres petits coins de terre.

Dans notre paroisse, les oblations n'ont jamais été considérables. Du XVIe siècle au commencement du XIXe, les honoraires des messes n'ont guère atteint plus de 12 sols, et les mariages, baptèmes, sépultures étaient presque entièrement gratuits, par suite de la générosité des titulaires qui se refusaient à exiger les droits curiaux réglés par l'Évêque. Aussi, dans l'inventaire adressé en 1701 à Mgr Louis d'Aquin, on lit : « Casuel nul ; le plus souvent rien. »

Dans chaque localité existait le droit de prélever annuellement une partie de tous les produits en grains, fruits, toison des brebis, etc. Cette redevance légale faite au clergé par les fidèles est connue sous le nom de dîme (1). Très productive en apparence, elle ne fournissait à la plupart des curés que de modestes avantages. Celui de Joué-du-Bois, pourtant « seul décimateur » d'un territoire de plus de 2,000 hectares, n'eut au total qu'un revenu de 7 à 800 l. (2). Nous savons, il est vrai, que la plupart de nos prédécesseurs n'ont pas été exigeants sous ce rapport, et que volontiers ils fermèrent les yeux sur les fraudes. Souvent aussi, ils affermaient la perception de certains *traits* de dîme. J. Leroy de la Couprie jouit longtemps d'un bail de cette espèce dans les villages qui l'avoisinaient. Les Curés, possesseurs de revenus personnels, comme les Robichon, les de la Lande et les Lysieux, ont pu avoir un train de maison, multiplier les bonnes œuvres, les fondations et les embellissements; les autres, surtout les Engerrand, ont été dans un état voisin de la pauvreté et ont toujours crié misère.

(1) L'ordonnance de Philippe-Auguste (1219), l'article 50 de l'ordonnance de Blois (1579), l'article 29 de l'édit de Melun, (fév. 1580), les articles 117 et 118 du règlement de la Cour (6 avril 1666) ont réglé cette délicate question. L'arrêt de 1784 s'est contenté d'expliquer les ordonnances antérieures.

(2) L'annuaire de l'Orne (1882) le cote, nous ne savons pourquoi, à 4,000 l. Le chiffre de 7 à 800 l. a été pris par nous sur les procès-verbaux des évêques et des archidiacres.

Le presbytère de Joué-du-Bois était une construction de quelque importance. En arrivant au bourg par le chemin de Lignières, le voyageur apercevait à sa droite une vaste cour fermée par un beau portail dont il reste encore un pilier; on y pénétrait ordinairement par la petite porte cintrée accolée à la grande. Tout autour étaient rangés les greniers, le pressoir, le fournil, la grange dîmeresse, les écuries et la maison curiale.

III. Les Curés. — La nomination aux cures et bénéfices exigeait alors des formalités inusitées aujourd'hui. A tout seigneur patron, ecclésiastique ou laïque, revenait le droit de présenter un sujet à l'évêque.

La première nomination que nous avons retrouvée est celle de Jehan de Broon, présenté par Ambroise de Beaurepaire en 1458.

Le 30 Juin 1485, André de Beaurepaire fut proposé par son frère, seigneur et patron de Joué-du-Bois.

André de Beaurepaire eut pour successeur immédiat messire Jehan Daliphard démissionnaire en 1530. — Alors naquirent sur le droit de patronage de vives contestations entre la veuve de Ambroise de Beaurepaire, Ambroise Suzanne de Lamboul, et ses trois gendres. La veuve proposait à cause de sa dot, et les gendres à cause de l'héritage qu'ils avaient fait, en 1515, de François de Beaurepaire, leur beau-frère. Aussi, à cette époque, il est assez difficile de distinguer le véritable curé.

En 1530, à Jehan Daliphard succéda Bertrand de Cobar présenté par Edmond de Cobar, sieur de Loucé, patron à cause de Marguerite de Beaurepaire qu'il avait épousée au commencement du siècle. Mais en même temps un autre candidat, du nom de Jehan Leverrier, était proposé par Jehan Leverrier.

Suzanne de Lamboul, veuve de Ambroise de Beaurepaire, « seigneur temporel à cause de sa dot » proposa, le 20 février 1540, Louis de Banville et en 1541 Amaury de Varainville. On voulait, à cette époque, mettre à la retraite Maître Bertrand de Cobar, regardé comme incapable d'administrer sa paroisse. Mais le vieux curé ne voulut pas donner sa démission. Mme de Beaurepaire, n'osant contrarier Maître de Cobar, oncle de sa fille, soutint mollement sa présentation. L'évêque prescrivit une enquête qui conclut à l'incapacité. Mme de Beaurepaire, informée de ces résultats, négligea d'agir, et l'évêque usa de son droit de dévolution (1) en nommant à la cure, le 19 Août 1540, François d'Ignebœuf, qui, imitant Louis de Banville, laissa Bertrand de Cobar jouir de son bénéfice jusqu'au 27 Mai 1543.

La querelle n'en continua pas moins. Les héritiers de Fr. de Beaurepaire, malgré les termes précis des lots de 1515, prétendaient tous posséder le droit de présenter à la cure. Maître Pierre de Banville fut le candidat d'Isabelle de Cobar; Maître Gilles Desgués celui de Jean Le Verrier et Maître Michel de Cobar celui de M. des Buats.

Joué-du-Bois eut donc en même temps trois curés; et comme les seigneurs avaient en grande estime leur titre de patron, aucun d'eux ne voulait céder.

Les prêtres proposés se montrèrent plus raisonnables. Gilles Desgués donna sa démission. Malheureusement, le 4 Août 1546, Jean Le Verrier lui désigna un successeur dans la personne de Josselin Le Verrier.

Michel de Cobar suivit l'exemple de Gilles Desgués, mais en 1547, Pierre Bazilière, soutenu par M. des Buats, continua les prétentions de Michel de Cobar.

Enfin, au 18 Mars 1547, la difficulté entrait en voie d'apaisement. L'évêque après examen des droits des trois prétendants, prononça que Josselin Le Verrier, Pierre Bazilière et Pierre de Banville étaient inhabiles, et Jean de Valborel fut présenté par Jean Le Verrier. Pierre de Banville continuait seul de prolonger une résistance à laquelle sa mort arrivée le 25 Août 1548 mit un terme. Jean de Valborel devint seul possesseur de la cure en réunissant sur sa tête tous les droits désirables : *jura juribus addendo* dit le Pouillé (2). Toutefois il fallut une nouvelle présentation et une nouvelle institution.

Le 10 Janvier 1553, ce prêtre résigna sa cure en faveur de Jean Guillochin, curé de Saint-Ouen, au diocèse du Mans, que présenta Josselin Le Verrier, nouveau seigneur patron, de concert avec sa mère Suzanne de Beaurepaire.

Après M⁰ Guillochin, mort le 26 Janvier 1556, Joué-du-Bois eut pour curé Fr. Le Verrier, sur la présentation, non plus de Josselin Le Verrier, qui était à la guerre d'Italie, mais sur celle de sa mère, Suzanne de Beaurepaire, veuve de Jean Le Verrier.

(1) Droit de conférer un bénéfice qui passait au supérieur lorsque le collateur ordinaire négligeait de le conférer.
(2) Pouillé de Séez.

Lè seigneur des Buats n'agréa pas cette nomination, et au 4 mars de la même année, Nicolas des Buats, prêtre, éleva de fortes oppositions, affirmant que la présentation à la cure lui appartenait par « droit de rang ». C'était renouveler les contestations qui avaient désolé l'Église de Joué-du-Bois dix ans plus tôt. Jean Renaut, le protégé de M. des Buats, fut éconduit.

IV. MICHEL HUBERT. — La mort de Fr. Le Verrier (1566) amena à la cure de Joué-du-Bois Michel Hubert, comme nous l'apprend la pièce suivante :

« Révérend Père en Dieu, Monseigneur Monsieur l'Évêque de Sées ou ses vicaires, honneur et révérance avecque due obéissance : salut. Nous, Josselin Leverrier, chevallier de l'ordre du roy, seigneur et patron de l'église paroissial de Saint-Jean-Baptiste de Jouey du Boys et seigneur de Champscray, du Bois Josselin et de Saint-Denis. Et comme il soit ainsy que la cure de la dicte église de Saint Jehan Baptiste de Jouey du Boys est de présent vacante par la mort et trépas de deffunt maistre Françoys Le Verrier, prêtre, en son vivant curé de la dite église et paroisse, et à vous, Monseigneur en appartienne la colation, et à nous la présentation, toutefois et quantes quelle vacque, en raison de notre titre et seigneurie de Jouey du Boys, vot plaisir soit admettre et pourvoir maistre Michel Hubert, maistre aux arts, savoir comme idoyne et suffisant, lequel nous vous présentons, en luy baillant la jouissance du spirituel et temporel et des fruits et revenus d'icelle. Et mande icelluy y être mis en possession d'elle et actuelle. En témoins de quoy nous avons signé ces présentes de mon seing.

« Le premier septembre mil cinq cent soixante et six, honnête et scientifique personne, savant maître Jean Boymalle, prêtre et vicaire d'aprésent de la dicte paroisse, témoin. » (1)

A cette époque, le protestantisme fit à Joué-du-Bois son apparition et bouleversa, en quelques jours, ce que les catholiques avaient péniblement édifié en plusieurs siècles. On vit la chapelle de la Raitière brûlée, l'église paroissiale dévastée et convertie en temple, les prêtres obligés de sauver leur vie par la fuite, le culte et les cérémonies saintes interrompus pendant plusieurs années, enfin partout la désolation et le pillage.

(1) Archives de l'Évêché.

En conséquence de cette persécution, M⁰ Michel Hubert, nommé en 1566, ne prit possession de son bénéfice qu'à la fin de l'année 1570. Ce prêtre était jeune, intelligent, zélé et favorisé d'une certaine aisance. Son administration releva la paroisse. Il commença par procurer à sa sacristie et à son église le mobilier nécessaire au culte, en linges, ornements et livres liturgiques.

Dix ans plus tard, le seigneur patron, Josselin Le Verrier, cédant enfin aux sollicitations de son curé, prit l'heureuse détermination de restaurer sa chapelle de Joué, qui en avait du reste le plus pressant besoin.

Elle était située au Nord au dessous du chœur ; on la disposa de manière à prendre toute l'arcade (1) sans obstruer les fenêtres supérieures. Elle fut fondée « en l'honneur de Dieu Trinité en Paradis, et mémoire de M. saint Hubert et de Mme sainte Suzanne ». Le linteau qui couronnait la porte d'entrée a été replacé, en 1878, au côté Est de la tour de l'église. Il est chargé de trois écussons comprenant : celui du milieu, les armes pleines des Le Verrier, et les deux autres, les alliances de Jean et Josselin Le Verrier (2).

Ce fut pour M⁰ Hubert l'occasion de stimuler le zèle de ses paroissiens

A la suite d'événements que nous avons racontés ailleurs (3), le sanctuaire de la Raitière fut rebâti en 1585. Vers 1590, on entreprit la réparation générale de l'église ; les parties supérieures des murailles de la nef furent relevées et les petites ouvertures romanes du midi remplacées par ces larges fenêtres en anse de panier, communes en Italie, et très répandues en France pendant les deux derniers siècles. Les habitants, plus heureux depuis l'avénement de Henri IV, s'empressèrent d'offrir chacun leur obole, ce qui permit aux trésoriers de commencer la réfection des lambris. L'entreprise était onéreuse ; on la mena à bonne fin en 1595, comme nous l'apprend l'inscription que nous relevons sur un des bardeaux :

« IHS

(1) Des arcades semblables se voient encore à Sainte-Marguerite-de-Carrouges et à Orgères (canton de Couptrain, Mayenne).

(2) Voir M. J. Appert : *Le fief de la Chaux et les familles Le Verrier*, p. 14.

(3) *La Chapelle de la Raitière*, dans le *Bulletin de la Société historique* de l'Orne, t. VIII, p. 17.

« En l'an mil cinq cens quatre vingtz et quinze, M⁰ Guillaume Beroust prêtre et Thomas Aumouette-Villière Thésauriers ont faict faire le lambris de cette Église lesquels vous prient de prier Dieu pour eux leurs amis vivans et trépassés. »

Depuis 15 ans, on le voit, les travaux menés à bien avaient été considérables. Michel Hubert termina la série en commençant ce rétable du maître-autel que, cent ans plus tard, l'évêque de Séez trouva « fort beau, doré et en très bon état. »

Cette église restaurée avec tant de zèle était remplie aux jours des solennités religieuses par un brillant clergé. A la fin du xvie siècle, en effet, les prêtres nés dans la paroisse étaient nombreux. Nous avons relevé les noms de Claude Coupry, Guillaume Broust, Jean Retout, Etienne Le Verrier et Ambroise Dalifard. Un acte, passé à la Carneille, nous en désigne cinq autres. L'acte il est vrai, est de 1603, mais il est facile de remarquer, par le contexte et par une vérification sur les actes de décès, que Estienne Guillochin, vicaire à la Carneille, Estienne Le Vannier, vicaire de Joué-du-Bois. Mes Christophe Chauvin, François Guillouard et Michel Robichon ne sont point de jeunes prêtres. Le dernier, pour ne citer qu'un exemple, est mort à l'âge de 68 ans (1628).

Un autre acte de 1604 nous parle de M⁰ Mathurin Catois, qui appartenait à cette honorable famille dont les membres ont été sacristains et collecteurs d'impôts jusqu'à la Révolution.

Ainsi, au moment même où la guerre religieuse était la plus violente, Joué-du-Bois montrait un grand zèle pour la religion catholique ; ses jeunes gens se préparaient au sacerdoce, se vouant au célibat volontaire, malgré les déclamations des huguenots.

A M⁰ Hubert, succéda Sébastien Bisson (1603). Ce protégé de Jean de Broon n'était pas originaire de la paroisse ; il n'en fut pas mieux accueilli par les chapelains qui, tout en relevant l'éclat des cérémonies, occasionnèrent quelquefois de regrettables difficultés. Le nouveau titulaire, dégoûté, renonça à son bénéfice, le 7 avril 1606, et Michel Robichon fut nommé.

V. Michel Robichon. — Michel Robichon était le neveu de feu M⁰ Michel Hubert et membre de cette vieille famille aisée qui habite le Mesnil de Joué-du-Bois depuis plus de six cents ans.

Son premier souci fut de bâtir en l'honneur de N.-D. du Rosaire, une vaste et riche chapelle. A cet effet, il réclama et obtint de Jean de Broon, seigneur patron, et des paroissiens, l'autorisation nécessaire. Contrairement aux idées du temps, on suivit, dans cette construction, le style roman qui n'existait plus qu'au chœur. Au-dessus de l'autel en granit rouge, se voyait une fenêtre que l'on ferma plus tard pour donner place à un médiocre rétable. A la porte d'entrée était un curieux linteau chargé d'un écusson surmonté de la croix.

Pour remplir ses promesses et engagements envers les trésoriers et paroissiens de Joué-du-Bois, le 26 septembre 1618, le pieux curé, désireux d'assurer l'entretien de l'édifice qu'il venait d'élever, donna, par acte notarié, une propriété qu'il possédait au bourg (1).

Mᵉˢ François Robichon, curé de Joué-du-Bois et Michel Robichon, curé de la Chaux, en avaient augmenté les revenus vers le milieu du siècle. Aussi, sur les rapports favorables du curé de la paroisse et du doyen d'Annebecq, Monseigneur, après le règlement des articles, en autorisa l'exécution (2). La dévotion à N.-D. du Rosaire prit alors une édifiante extension. Transmise de génération en génération, elle est parvenue jusqu'à nous. La Révolution a suspendu le cours des cérémonies publiques sans les détruire entièrement. En effet, pendant cinquante ans, après le rétablissement de la paix religieuse, la messe du Rosaire a été chantée tous les premiers dimanches du mois et chaque soir du même jour, la paroisse est allée processionnellement à cette jolie croix de confrérie que le pieux curé avait érigée sur l'ancien chemin de la Ferté-Macé (1614) (3).

A ces œuvres premières, d'autres auraient succédé certainement ; mais usé avant l'âge, Michel Robichon devint grabataire. Un acte de 1626 le déclare « en son lit retenu en une longue maladie. » L'évêque de Séez communiqua à la cour de Rome, avec un avis favorable, la supplique par laquelle il sollicitait la nomination de son frère François Robichon. Le Souverain Pontife délivra une procuration apostolique et autorisa l'institu-

(1) Jean Engerrand en acheta deux lots qui produiraient maintenant 800 fr. de rentes (Doct. Gallot). On trouvera les clauses principales de l'acte de fondation au chapitre du *Trésor*.

(2) Archives de l'évêché.

(3) Sur cette croix est gravé un bâton de bannière et un petit fanon.

tion désirée (23 mai 1626). Enfin l'évêque, après l'examen de la procuration apostolique, procéda à la collation du bénéfice (1). Une seule chose manquait à toutes ces formalités : l'approbation du seigneur patron.

Jusqu'à la mort du vieux curé, arrivée le 7 décembre 1628, il n'y eut pas de réclamations, mais, aussitôt après, la veuve de Jacques de Broon, seigneur temporel, trouvant lésés ses droits de proposition, écrivit à l'évêque qui écouta ses plaintes et nomma M^{tre} Jean Ledonney. François Robichon, fort de sa possession, éconduisit le protégé de Mme de Broon et garda la cure jusqu'en 1645. (2)

Que s'est-il passé pendant cette période de plus de seize années ? Comment et pourquoi le curé de Joué-du-Bois a-t-il été cité à la barre du Parlement de Rouen et condamné à l'exil ? (3) Il ne nous est pas facile de l'établir. Tout cependant nous porte à croire que ce malheur eut pour causes des raisons politiques, peut-être la révolte des Nu-Pieds.

VI. VAUCLIN DE LA LANDE. — A François Robichon succéda, le 29 juin 1645, Guillaume de La Lande. Le Pouillé et les registres de la paroisse sont d'accord sur ce point. Il était écuyer et sieur du Détroit. Son nom entier, si nous en croyons un *délibéré* (4), était Guillaume Vauclin de la Lande. Son administration vigilante, ses vertus sacerdotales lui concilièrent le respect de ses paroissiens, de son clergé et des membres même de la noblesse locale, car lui aussi est noble et écuyer, il n'oublie pas de le rappeler (5). Enfin, ce qui ne devait pas nuire à son influence, son nom était connu. Au siècle précédent (1530), un de ses ancêtres, Louis de La Lande, avait possédé une partie du vieux manoir.

Pendant la gestion de M. de La Lande, c'est par centaines que l'on possède, non seulement les *délibérés*, mais encore les contrats

---

(1) Archives de l'évêché.

(2) Maîtres Etienne Gérard, Mathurin Catois, François Catois, Michel Chauvin, Thomas Guillouard et Guillaume Broust sont les seuls prêtres dont il nous a été donné de relever les noms sur nos registres, à cette époque.

(3) Pouillé de Séez.

(4) Registre des délibérés (Archives de la mairie).

(5) Alexandre de la Lande, neveu du nouveau curé, épousera Marguerite Langlois (1695).

de vente, les *brefvets*, les comptes des trésoriers et les procès-verbaux des visites de M. l'Archidiacre du Houlme, « Gervais Bazire, prêtre, licensié en droit et chanoine de l'église cathédrale de Sais. » Ce ne sont plus des feuilles détachées après lesquelles il faut péniblement courir, mais des registres cousus et couverts de solide parchemin. Il en est ainsi pendant 60 ans, de 1645 à 1705. (1)

Nos vieux registres constatent le zèle de ce vigilant curé, pour tout ce qui regarde le culte. Chaque année voit des améliorations nouvelles : la sacristie reconstruite, la nef blanchie à neuf, le tabernacle réparé , les retables dorés , les autels restaurés dans le goût de l'époque, des achats de tableaux, chapes et ornements. Le curé paie de sa personne. Une année, il avance à la fabrique plus de deux cents livres. La base de la tour est reprise (1670), et les murs du cimetière, relevés par deux fois, reçoivent, en 1645 , ces recouvrements Louis XIII, qui ont été replacés sur une partie des murs du cimetière neuf. Les planchers de la tour sont renouvelés en 1663.

L'administration pastorale de M. de La Lande jouit d'un éclat exceptionnel par le grand nombre de prêtres et de clercs qui furent alors attachés à l'église et à la paroisse de Joué-du-Bois ou qui en sortirent. On se croirait presque dans un monastère, et M. de La Lande pouvait se faire parfois l'illusion d'être un supérieur de communauté et avoir l'occasion d'en exercer la charge. Son zèle sacerdotal a dû certainement influer sur cette extraordinaire fécondité de vocations ecclésiastiques.

Nous donnerons, aux *Pièces jutificatives*, la liste de tous les noms que nous avons découverts, afin que les familles aient la joie de reconnaître les sujets qui leur ont appartenu, et le moyen de préciser l'époque à laquelle vécurent ces personnages dont les ancêtres leur ont vaguement parlé.

Il n'est pas une famille un peu aisée qui n'ait donné à l'Église plusieurs de ses membres. Presque tous nos villages ont eu des prêtres. On montre encore les appartements qu'ils ont occupés au Bas-Désert, à la Vallée, à la Fontenelle, à la Fouquière, aux Rochers, etc. La paroisse se ressentit de cette abondance. Aussi la visite épiscopale de Mathurin Savary (juin 1692), signale 800 communiants ; et de leur côté, en mentionnant de nombreuses

(1) Registres des *délibérés* ou procès-verbaux des assemblées des paroissiens réunis en commun au son de la cloche. (Archives de la Mairie).

fondations, nos registres indiquent suffisamment l'esprit de foi qui existait alors.

A la même époque, la noblesse de Joué-du-Bois exerce la charité, s'occupe de la réparation de divers sanctuaires, de pieuses fondations, et tient sur les fonts du baptême les enfants pauvres.

Cependant tout ne fut pas parfait. Trop souvent nos registres signalent des faiblesses d'autant plus facilement constatées, que l'on faisait une véritable enquête sur la paternité. Loin de dissimuler le nom du père putatif, on l'inscrivait tout au long, avec preuves à l'appui. Le séducteur aujourd'hui, par une faveur singulière de la loi, est assuré du silence et de l'impunité ; on osait alors protéger la faiblesse de la femme, et assurer les droits de l'enfant.

Me Guillaume de La Lande décéda, le 16 décembre 1703, dans sa 88e année, et fut inhumé en présence de Mes Jean Coupry et Michel Levannier, prêtres. Le deuil était conduit par Jean-Alexandre de La Lande, son neveu. Les autres prêtres de la paroisse, Thomas Catois, vicaire de Lougé, Zacharie Guérin, vicaire de La Ferté-Macé, Étienne Gérard et Bernard de Récalde n'avaient pas été prévenus. Jean Gérard, Jean Berout, ancien curé de La Chaux, Claude Desanières et Mathurin Manson ne parurent pas à la cérémonie à cause du grand froid.

Son ministère avait duré cinquante-neuf années. Le déclin d'une longue et faible vieillesse amena forcément quelque ralentissement dans la direction de la paroisse. Monseigneur Louis d'Aquin le constata dans sa visite de 1701, et, sur son ordre, on donna à Joué-du-Bois une mission de plusieurs semaines avec le concours des prêtres séculiers des environs.

CHAPITRE II. — Du Droit de Patronage

—

Sommaire : I. Le Candidat du Seigneur de Basmont : M⁰ Jean Guimard,
temporisations de l'Évêque, sommations par ministère de notaire et
exploits d'huissier, examen, refus définitif de l'Évêque de Séez. —
II. Appel au Métropolitain : sentence favorable et collation définitive
de la cure de Joué-du-Bois à M⁰ Jean Guimard, sa mort.

I. Le Candidat du Seigneur de Basmont. — De nos jours,
les plus petites cures vacantes sont pourvues avec facilité ; l'Évêque, juge unique, choisit librement, à la charge de sa conscience,
ceux qu'il croit les plus dignes.

Il était loin d'en être ainsi il y a deux cents ans. Non seulement il ne lui était pas loisible de faire une élection à sa guise,
mais il ne pouvait même que difficilement refuser les incapables
ou les indignes, présentés par des patrons plus ou moins bien
intentionnés.

En 1703, un de Basmont, successeur du marquis de Broon,
avait à user, pour la première fois, de son droit de présentation
à la cure de Joué-du-Bois. M⁰ Guimard, curé du Champ-de-la-
Pierre, fils et frère des hommes d'affaires du château, tenté par
les avantages d'un bénéfice plus considérable, désirait échanger
contre celle de Joué-du-Bois la cure qu'il occupait depuis 20 ans.
Germain de Basmont entra dans ses vues et adressa à l'évêque
de Séez la proposition suivante :

« Du quatrième Janvier 1704. (1) —Devant nous Pierre Dufrou,
notaire et gardenotte royal héréditaire en la ville de Sées, exerçant le notariat apostolique au dit Sées et y demeurant soubsigné,
le dernier jour de décembre 1703 après midy, au manoir seigneurial du Champ-de-la-Pierre, paroisse du même nom, fut présent

(1) Registre du greffe des Insinuations ecclésiastiques du diocèse de Sées,
f⁰ 108, v⁰.

2

en sa personne Germain Ricœur, écuyer, seigneur du *Bas Mont* Monrond, Champ-de-la-Pierre, Heurteventière de Joué-du-Bois, demeurant ordinairement en son manoir seigneurial du Champ-de-la-Pierre, lequel, attendu la vacance du bénéfice cure de Saint-Jean de Joué-du-Bois, au dit diocèse, arrivée par la mort de Messire Guillaume de Lalande, prêtre, dernier curé paysible possesseur du dit lieu, arrivée depuis environ 15 jours, et connaissant les bonnes vies, mœurs et capacités de Maître Jean Guymard, prêtre curé du dit lieu du Champ-de-la-Pierre, a pour ces causes le dit seigneur du *Bas-Mont*, à raison de son dit fief de la Heurteventière, volontairement déclaré qu'il présente et nomme le dit sieur Guimard au dit bénéfice du dit Joué-du-Bois, suppliant très humblement Monseigneur l'illustrissime et révérendissime Louis d'Aquin, par permission divine et du Saint-Siège apostolique Évêque de Sées, conseiller du roy en tous ses conseils, collateur ordinaire de la dite cure, de luy en donner la Collation et Institution pour en vertu d'icelle prendre par le dit sieur Guimard la possession corporelle, réelle et actuelle du dit bénéfice de Joué-du-Bois, fruits et revenus, circonstances et dépendances, jouir du tout sans aucune réserve de la même manière qu'a fait ou dû faire le dit sieur de Lalande, jurant et affirmant le dit seigneur du Champ-de-la-Pierre, en son âme et conscience, aussy bien que le dit sieur Guimard à ce présent et assistant, qu'en la présente il n'est intervenu ny n'interviendra aucun dol, fraude, simonie ny paction illicite.

« Fait présence de Jean Ernult et Étienne Adnat, demeurant savoir : le dit Jean Ernult à Rânes et le dit Adnat à Joué-du-Bois. »

Muni de cette pièce et d'un certificat de bonne vie rédigé par M⁰ de Mésange, curé de Sarceaux et doyen d'Écouché, Jean Guimard se présente au palais épiscopal.

De son côté, l'Évêque avait pris ses informations ; sa visite de 1701 l'avait peut-être suffisamment éclairé. Le curé du Champ-de-la-Pierre reçut de nombreuses observations. On lui fit avec indulgence et courtoisie l'exposé des motifs qui devaient l'engager à se contenter de son bénéfice. Il ne voulut rien entendre. Proposé pour Joué-du-Bois, il lui fallait Joué-du-Bois.

Dès le lendemain, pour dissiper les soupçons, il fait rédiger un certificat où il est représenté comme le plus vigilant des pasteurs (*vigilantissimus*), le modèle du clergé (*cœterorum vivendi norma*) et de mœurs irréprochables (*irreprehensibilibus moribus*). Un mois durant, le curé battit la campagne pour recueillir des signatures ; de Saint-Sauveur-de-Carrouges à Lougé, et de Beauvain à Joué-du-Plain, il visita tous les presbytères. A peu près partout, si nous en croyons le texte du certificat, on fit au confrère l'aumône d'une paraphe. Michel du Fay, curé de Saint-Pierre de Putanges et doyen de Briouze, souscrivit et appuya l'assertion des dix-sept curés signataires de l'acte.

Cependant les instances s'étaient inutilement multipliées à l'Évêché. Jean Guimard s'y rendit de nouveau au cours du mois de janvier. Il avait apporté toutes ses pièces, et espérait le succès. Mais après avoir renouvelé ses observations premières, le prélat exigea un examen. Il eut lieu devant Mes du Mesnil et de Château-Thierry, grands vicaires. Le curé fut satisfait de ses réponses ; mais l'Évêque, les regardant comme insuffisantes, continua ses refus.

D'instances en instances, on arriva au 8 Avril 1704.

Jusqu'alors la querelle s'était traitée à peu près à l'amiable. Ce jour-là elle prit une forme publique :

« Pierre du Frou, nottaire gardenotte royal héréditaire en la ville de Sées, reçu au baillage d'Essey et exerçant le notariat apostolique du dit Sées, y demeurant, soussigné, certifie que ce jourd'hui, huitième jour d'Avril 1704, sur les 6 h. 1/2 après midy, à la requête de Me Jean Guimard, prêtre curé du Champ-de-la-Pierre, y demeurant, lequel aux fins du présent a fait élection de domicile pour 24 heures seulement en la maison de Me Tanneguy Aubert, paroisse de Saint-Pierre du dit Sées. Je me suis transporté au pallais épiscopal de la dite ville où étant, j'ai fait très humble supplication et néanmoins réquisition à Mgr l'Illustrissime et révérendissime Messire Louis d'Aquin, par permission divine et autorité du Saint-Siége évêque de Sées, conseiller du roy en tous ses conseils, de donner au dit Guimard la collation de la cure de Joué-du-Bois sur la présentation qui luy en aurait été faite par Germain Ricœur, escuyer, seigneur et patron du dit lieu par acte passé devant nous notaire, le dernier décembre dernier, insinué au greffe des insinuations ecclésiastiques du dit diocèse, le quatrième de janvier ensuivant, ainsi qu'il résulte de l'extrait qui luy en a été délivré par le greffier des dites insinuations, dont du tout j'ai donné copie à mondit seigneur par abondance de droit. Mon dit seigneur étant bien informé de la dite présentation, étant demeuré saisi, ainsi que le dit Guimard, de la première grosse d'icelle, ensemble de l'attestation de ses vies et mœurs escripte et signée de la main du sieur de Mésange, curé de Sarceaux et doyen d'Écouché, lorsqu'il présenta à Sa Grandeur ses titres pour obtenir la dite collation, quelques jours après la dite présentation, et à laquelle attestation le dit Guimard adjouxte celle de dix-sept curés de son voisinage, en date du 5ᵉ du dit mois de janvier, authorisée et légalisée de Mᵉ Michel du Fay, curé de Putanges et doyen de Briouze, faisant les fonctions de doyen, par acte du 2ᵉ février aussy dernier, dont j'ai pareillement donné copie à Monseigneur, le suppliant très humblement de se souvenir de toutes les soumissions du dit réquérant, car quoy qu'il soit pourvu de la dite cure du Champ-de-la-Pierre depuis plus de vingt années, que sa conduite ait été et soit sans reproches, il a non seulement dit avoir justifié la dite attestation du dit sieur doyen d'Écouché, outre celle qu'il représente du dit jour 5ᵉ de janvier dernier, mais d'avantage, Mgr lui ayant prescrit de subir un examen devant Messieurs Dumesnil et de Chateau-Tierry, ses grands vicaires, il a aussi dit s'y être soumis, et il s'en rapporterait volontiers à l'honneur et au serment des dits sieurs grands vicaires pour établir qu'ils l'ont trouvé capable et qu'ils ont été contents de ses réponses sur les interrogations qu'ils lui ont faites, en sorte que le dit Guimard ne peut comprendre les mottifs du refus à moins qu'il ne plaise à mon dit seigneur de les expliquer, par protestation de prendre son silence pour un refus et en ce cas de se pourvoir ainsi qu'il appartiendra.

Présence de etc... »

Signé : GUIMARD, etc.

« Et étant entré au palais épiscopal, après avoir requis le suisse de nous faire monter à l'appartement de Monseigneur, sur ce, le dit suisse nous a déclaré que l'heure était indue, et néanmoins, à la juste instance du dit Mᵉ Guimard, Mgr avait eu l'indulgence de nous faire donner l'entrée dans son cabinet, où nous susdit notaire avons trouvé sa Grandeur incommodée et disant cependant son bréviaire. Après quoy elle nous a dit qu'à sept heures du soir, il n'était plus temps de faire des requisitions, que l'empressement du dit M° Guimard était d'autant plus suspect d'ambition et de simonie pour le dit bénéfice, qu'il est d'une valeur plus considérable que le sien, que son droit ne saurait courir de risques pour ce retardement, que l'année courante est l'année du déport (1), et qu'après cela on ne saurait comment excuser de cupidité pour le revenu du dit bénéfice tous les empressements du dit M° Guimard, pourquoi mon dit seigneur a ajouté qu'il n'est point refusant de donner au dit M° Guimard la collation du dit bénéfice quand il aura fait preuve à Mgr que luy Guimard est digne de le posséder, et que s'il veut prendre une heure plus convenable, le dit seigneur l'entendra et luy fera plus ample réponse et qu'il l'exhorte en attendant, par tout ce qu'il doit à son caractère, de consulter Dieu et non point l'argent. »

Suivent les signatures.

Du 8 Avril au 31 Mai suivant, M° Guimard continua ses sollicitations et surtout il les fit continuer. De son côté, l'Évêque procéda à une enquête, et s'affermit dans l'idée d'éloigner de la cure de Joué-du-Bois un prêtre qu'il regardait comme incapable. Mais ni les temporisations, ni les avis, ni les remontrances ne découragèrent le prétendant. Voulant amener son supérieur à lui signer, avant la fin du sixième mois, un refus formel il fit jouer toutes ses batteries.

La première attaque fut conçue en ces termes : « Pierre Dufrou, nottaire, soussigné, certifie que ce jourd'hui dernier jour de May 1704, sur les trois heures d'après midy, à la requête de M° Jean Guymard, j'ai par réitération très humblement supplié et requis Mgr l'Illustrissime et révérendissime Messire Louis d'Aquin, par permission divine et authorité du Saint-Siège évêque de Sées conseiller du roy en tous ses conseils en son palais épiscopal et parlant à sa personne, de donner au dit requérant la collation du dit bénéfice cure de Joué-du-Bois sur la présentation qui luy a été faite ou de vouloir bien dire et déclarer et employer au présent acte les causes et motifs du refus que mon dit seigneur en a fait jusqu'à présent, car quelque attention que le dit requérant ait eu sur sa conduite, il n'a pu comprendre les raisons qui ont pu porter mon dit seigneur à ce refus tant par rapport à ses mœurs qu'à sa suffisance.

(1) Droit qu'avaient les évêques de prendre la première année du revenu des églises qui vaquaient par la mort.

« Sur le premier chef, le requérant a eu l'honneur de présenter à Sa Grandeur une attestation authentique du sieur doyen d'Écouché dont mon dit seigneur a jugé à propos de demeurer saisy ainsi que de son acte de présentation à la dite cure.

« Le requérant à joinct à cette première attestation celle de dix-sept curés de son voisinage, homologuée par le sieur doyen de Putanges, qui de son chef a rendu un troisième témoignage en faveur du dit requérant.

« Il y a vingt années qu'il est paisible possesseur de la cure du Champ-de-la-Pierre contiguë de celle de Joué-du-Bois dont les habitants, en la plupart, ont été depuis longtemps sous sa direction, à la prière du feu sieur de la Lande, dernier curé de la dite paroisse.

« Dans toutes les visites des sieurs Archidiacres il n'y a eu ni plaintes, ni reproches contre la conduite du dit requérant, mais davantage Sa Grandeur ayant, depuis trois à quatre années, établi une mission dans la dite paroisse de Joué-du-Bois, le requérant fut choisi pour l'un des missionnaires par ceux qu'elle avait proposés, et en fit les fonctions pendant tout le cours de la dite mission.

« Quoyque les faits soient notoires et supposent dans la personne du requérant une capacité suffisante, cependant mon dit seigneur lui ayant encore prescrit la nécessité de subir un examen dont il aurait deub naturellement être dispensé, il y a satisfait avec toute la soubmission possible, et il est à la cognaissance de quantité de personnes d'honneur et de probité que les sieurs Dumesnil et de Chasteautierry, grands vicaires, ses examinateurs l'ont trouvé capable et ont été satisfaits de ses réponses.

« Au surplus, le requérant croit n'avoir rien obmis de son devoir et de ses soumissions pour engager mon dit seigneur à lui accorder cette acte de justice. Et si après quantité de réquisitions verbales, il a été obligé d'employer le ministère de nous susdit nottaire apostolique, suivant l'acte de réquisition du 8e d'avril dernier, il y a été contraint par la nécessité de conserver ses droits. Et enfin depuis ce temps-là, il a encore requis plusieurs fois, et en personne, et par ses amis, la collation du dit bénéfice, tellement qu'après tant de délai, il est aujourd'hui forcé d'agir avec la très humble réquisition par les voyes de droit aux fins d'obtenir la dite collation, ou de dire et déclarer présentement

par mon dit seigneur les causes de son refus, aux fins de se pourvoir ainsi qu'il appartiendra, par protestation de prendre le
silence de mon dit seigneur pour un refus actuel. »

« A quoy a été répondu de la part de mon dit seigneur que dans le
sus dit acte il y a beaucoup de choses supposées, que premièrement jamais le suppliant n'a été employé dans aulcune commission par l'aveu et consentement de mon dit seigneur évesque, quoy
qu'il eût dans une mission certains emplois auxquels toutes sortes
de personnes peuvent être appelées et qui ne sont nullement un
témoignage ny de sciences ny de mœurs bien sainctes et bien
ecclésiastiques; 2° qu'il est faux que le suppliant ayt justiffié de ses
mœurs par devant le dit seigneur Évêque de Sées et que l'attestation prétendue et mendiée de dix-sept curés n'a point été représentée en original au dit seigneur Évêque comme il est de l'ordre
de le faire, qu'ainsy il ignore sy elle n'est point supposée, d'autant
plus qu'entre les noms de ceux qu'on luy a dit l'avoir signée, il y
en a pour le plus grand nombre de personnes dont la conduite ne
rend pas leur témoignage bien recevable, et que des autres personnes qui ont dit avoir signé le dit témoignage, quelques-uns ont
assuré mon dit seigneur l'Évêque ne l'avoir pas donnée, et
d'autres luy ont advoué ne connaître le dit suppliant que sur les
relations étrangères et de personnes peu croyables. C'est appa-
remment en partie pour ces raisons que le suppliant n'a point
présenté, comme il debvait l'avoir faict, ce témoignage en original,
et de fait le dit seigneur est obligé d'avouer qu'il a plusieurs fois
esprouvé que des personnes, constamment très mauvaises et les
plus corrompues, trouvent avec beaucoup plus de facillité les
témoignages les plus nombreux de gens qui s'y laissent engager
légèrement par une fausse compassion et plus souvent encore
par un inthérest commun. D'ailleurs, il est très véritable que
Dieu permet souvent qu'un évêque, appelé par la Providence,
pour veiller sur son clergé et sur son troupeau, connaisse quelquefois des conduittes très malheureuses dans ceux qui sont confiés
à ses soins, qui ne lui permettraient pas en conscience de leur
donner la garde d'un troupeau considérable, quoyque les conduites
malheureuses ne soient pas publiquement connues ou qu'elles
soient dissimulées par beaucoup de personnes, ce que le dit seigneur Évêque déclare seullement au dit sieur Guimard afin de
lui faire sentir qu'il lui serait plus avantageux d'avoir l'approba-

tion de son évêque que de luy causer devant Dieu des gémissements dont le saint apôtre dit qu'ils sont si fort à craindre quand
ils viennent de la part des pasteurs, et de faire tant d'ostentation
de cette prétendue attestation de dix-sept personnes. — 3° Que le
requérant n'est pas du doyenné d'Écouché. — 4° Que le dit requérant, s'il était bien instruit des mœurs de l'Église, sceaurait
qu'un évêque est particulièrement en droit d'examiner la doctrine
de ses curés, et qu'à l'esgard du suppliant le dit seigneur Évêque
y est d'aultant plus obligé qu'il ne l'a point reçu dans sa première
cure, et que par tout ce que le dit seigneur Évêque a recogneu et
appris dans ses visites, il a tout lieu de douter de la suffisance du
dit sieur Guimard, surtout pour l'instruction et le gouvernement
de peuples nombreux et peu instruits. — 5° Qu'il ne comprend
pas comment le dit suppliant ose soubstenir qu'il a satisfait les
personnes devant lesquelles il dit s'être présenté à l'examen, veu
que le dit examen se fait par voye d'escrits secrets que les sieurs
examinateurs gardent très fidèlement et soubs l'obligation la plus
étroite. — 6° Déclare le dit seigneur n'avoir apporté tout ce que
dessus que pour la vérité et nullement pour donner un refus au
suppliant ; qu'il ne le refuse ny ne l'admet ainsy qu'il luy a déjà
fait connaistre par sa réponse à la première requisition ; qu'il
peut quand il lui plaira se présenter pour être examiné en présence du dit seigneur Évêque, ce quy se fera avec toute la gravité
que le suppliant peut désirer, et pourquoy le dit seigneur Évêque
luy donnera jour et heure, quand le suppliant le désirera en
prenant cependant un temps compatible avec les autres devoirs
de l'épiscopat, et pour en même temps faire apparoir au dit seigneur, par des témoignages irréprochables et non suspects, de sa
bonne conduite personnelle et de sa capacité dans le gouvernement des âmes. Là, en même temps, exorte mon dit seigneur, par
ce qu'il y a de plus saint, de considérer que la charge dont il s'agit
est formidable aux anges même, et l'a exorté de ne la point rechercher par des voyes odieuses, par les impressions de la chair, du
sang et de l'inthérest, par un vain point d'honneur, par de mauvais conseils qui ne sont qu'en trop grand nombre, de n'y point
venir *que seul*, et non accompagné d'avocats, d'huissiers de notaires, consulteurs et de toutes sortes d'officiers de justice, de solli-
citeurs, de personnes puissantes qui tantôt menacent le dit seigneur
Évêque, tantôt le sollicitent par d'autres voyes, mais de venir

avec une volonté sincère de ne chercher que Jésus-Christ dans l'humilité, avec une juste crainte d'une si grande charge, dans le dessein d'apprendre ia vollonté et les desseins de Dieu sur sa personne par la bouche de ses supérieurs, résolu de les écouter avec docilité, avec patience, et de ne les point regarder comme ses ennemis, parce qu'ils luy diront ses vérités avec charité et avec une bonté paternelle. Enfin le dit seigneur a protesté au suppliant n'avoir pour luy qu'une bonne volonté pleine et entière, et ne prendre d'autre inthérèt dans toute cette affaire que celuy de la conscience, de leur commun salut et de celuy des âmes rachetées du sang de Jésus-Christ dont le divin Pasteur demandera compte à ses ministres au jour du jugement. Et a le dit seigneur Évêque fait signer la présente réponse par M⁵ Claude Caudron, prêtre chanoine prébendé de Coulombiers en l'église cathédrale de Sées, et son aumônier pour la maladie du sieur de la Guespière, son sécrétaire ordinaire, présence des dits témoins. »

Suivent les signatures.

« Dont du tout nous avons accordé acte pour servir et valloir ce qu'il appartiendra, et nous sommes retiré du dit palais épiscopal sur les six heures et demie du soir, ayant été toujours occupé aux actes de réponses cy-dessus, depuis l'heure cy-devant marquée jusques à présent, et ont les dits témoingts signé avec nous nottaire, tant en l'original qu'il convient délivrer au dit sieur Guimard, qu'au registre demeuré vers nous qu'au présent qu'il convient de laisser au dit seigneur Évêque. »

Suivent les signatures.

M⁵ Guimard continue la procédure par le nouveau document qui suit :

« Et au même instant, étant de retour en notre bureau, le dit sieur Guymard y étant et ayant eu communication de la présente réponse, a dit que dans la mission qui s'est faite à Joué-du-Bois, il y a exercé toutes les fonctions de son ministère et qu'il n'est pas présumable, soubs le bon plaisir de mon dit seigneur, que le dit requérant y ait été appelé sans son ordre et son consentement.

« Que la copie qu'il a donnée de son attestation de vie et mœurs est conforme à l'original deûment signé, et que sy lui réquérant ne l'a pas mise entre les mains de mon dit seigneur, c'est parce que il luy a retenu son acte de présentation au dit bénéfice et une première attestation de vie et de mœurs du sieur doyen d'Écouché.

« Que des dix-sept curés quy ont signé la deuxième attestation homologuée et confirmée par le doyen rural, il n'en connaît aucun dont la vie et les mœurs soient gâtées et contre lesquels il y ait ou plaintes ou dénonciations à son officiallité ; c'est un point et des faits dont les éclaircissements sont faciles.

« Qu'il ne sait point ce que mon dit seigneur a pu esprouver par les ressources de la Providence, ny de quelle manière et par quelles raisons il a le malheur de lui causer des gémissements, puisqu'il ose dire que sa conduite est sans reproche et que s'il a produit trois attestations de ses vie et mœurs, ce n'a point été par ostentation, mais seullement pour lever les mauvaises impressions que les ennemys du dit réquérant ont données à mon dit seigneur.

« Qu'il a ozé soustenir avec raison avoir pleinement satisfait à l'examen des sieurs du Mesnil et de Chasteautierry, grands vicaires, parce qu'ils luy ont rendu la justice de s'en expliquer ainsi avec deux personnes d'honneur et de distinction.

« Qu'il est vrai que depuis cinq mois, mon dit seigneur ne veut refuser ny admettre le dit réquérant. Et c'est aussi, soubs son bon plaisir, le sujet de ses plaintes, parce que cette incertitude luy fait consumer son temps et luy oste les moyens aux pourvoy que la loi authorise.

« Que luy requérant n'a jamais refusé de subir un second examen devant mon dit seigneur, qu'il s'y est présenté plusieurs fois avec tout le respect et la soumission possible, tant auparavant que depuis son acte de réquisition du huitième d'Avril dernier.

« Qu'il est encore tout prêt de subir l'examen et même pour le faire avec ordre, mon dit seigneur voudra bien faire employer par nous sus dit notaire apostolique ses demandes et questions et les réponses de luy requérant. Et si c'est par sa commodité d'y procéder de présent, de fixer par mon dit seigneur un bref délai pour cet effet, ayant égard que depuis cinq mois, il lui demande avec autant de soubmission que de modération cet acte de justice.

« Et enfin qu'il reçoit avec respect les exhortations de mon dit seigneur et qu'il tâchera d'en profiter sans écouter les impressions de la chair et du sang ny de vains points d'honneur. Mais mon dit seigneur doit trouver bon que dans la conduitte de cette affaire, il aye consulté des plus habiles advocats du parlement qui luy ont prescript la voie qu'il est obligé de tenir, d'autant plus que n'ayant jamais eu ny procès ny affaires, il a besoin de leurs conseils, et qu'au reste ses démarches sont bien éloignées de ce que mon dit seigneur veut bien lui imputer sur le mauvais exposé de quelques personnes mal intentionnées contre le dit requérant. Pourquoy et avec sa soumission ordinaire, il supplie très humblement mon dit seigneur ou de lui accorder la collation ou de luy donner un acte de refus, par protestation de prendre ses réponses dans les termes qu'elles sont conçues pour un refus actuel et de se pourvoir ainsi qu'il appartiendra. »

Suivent les signatures.

« Et attendu l'heure indue et qu'il est demain jour de dimanche, nous avons, du consentement du dit Guymard, remis à lundy prochain neuf, à dix heures du matin, pour nous transporter de rechef avec lui au dit palais épiscopal pour donner copie et communication de sa réponse cy dessus à mon dit seigneur et recevoir de Sa Grandeur celle qu'elle trouvera à propos de faire.

« Et le dit jour de lundy, 2e jour de juin, sus dit an 1704, sur les dix heures du matin, nous étant transporté avec le dit sieur Guymard au pallais épiscopal, en exécution du renvoy ci-dessus, où étant, a été répondu de la part de mon dit seigneur que le suppléant allègue faussement qu'il luy a retenu son acte de présentation au dit bénéfice, que mon dit seigneur lui enjoint sous les peines de droit, de lui réprésenter une attestation de vie et de mœurs en original et que sa justice en puisse être satisfaite. Que faussement le dit suppliant allègue que la dite attestation est homologuée et confirmée par le doyen rural, puisque le doyen du dit canton est mort, que la place n'a pas encore été remplie par mon dit seigneur, et que nul autre doyen ni autre personne sans un pouvoir spécial ne peut faire aucune fonction de doyen hors de son district. Mon dit seigneur n'a point donné cette commission à personne, on ne la lui a pas même demandée, et l'attestation de rechercher des témoignages des personnes qui n'ont point été en droit de veiller sur votre conduite et de faire des perquisitions est une chose suspecte et qui doit affaiblir un témoignage de cette nature.

« A esté ajouté de la part de mon dit seigneur que nul ennemy
du suppliant ne luy a donné des impressions contre luy, que peut-
être Dieu aurait fait la grâce au dit seigneur de ne se point laisser
surprendre à de telles impressions sy facillement, que le suppliant
l'avance sans se faire aucun scrupule de suspecter à son Évêque
une si grande facilité à se laisser prévenir dans le mal ; que loin
d'avoir esté en danger de se laisser prévenir par les ennemis du
suppliant, il n'a été exposé depuis cinq mois entiers qu'à se défendre des sollicitations et des menaces dont il a été accablé par
les amis du suppliant aussy bien que par tous les autres, lesquelles
par les saints canons sont qualifiées d'adresses ambitieuses, qu'il est
présentement défendu d'employer pour entrer dans les bénéfices.

« A encore esté dit de la part du dit seigneur qu'il est très vrai
que le suppliant n'a pas été jugé capable à l'examen, il y a 5 mois,
pour posséder le bénéfice en question ainsi que le seigneur
Évêque le luy a déclaré dès lors, et qu'il est présentement faux
que depuis ce temps-là jusqu'à présent, ny avant son acte de
réquisition du huitième Avril dernier, ny depuis le dit acte, le
dit suppliant se soit présenté en nulle manière au monde à
l'examen, quoyque mon dit seigneur par sa réponse au dit acte
du 8ᵉ Avril dernier eût fait connaître au dit suppliant qu'il était
prêt de le recevoir, quand il luy aurait fait apparaître de sa doctrine et de ses mœurs, suivant les règles canoniques. Que si le
suppliant s'était présenté pour le dit examen, le dit seigneur le
lui aurait accordé comme il le fait à présent sur l'offre que le
suppliant luy fait de subir le dit examen, pourquoy mon dit seigneur luy déclare qu'il n'a qu'à se trouver demain matin, troisième jour du présent mois en sa maison épiscopalle, sur les
sept heures du matin, où il sera examiné en présence de mon dit
seigneur ; après quoy il lui donnera ou une collation s'il est jugé
digne tant par sa science et doctrine que pour les mœurs, ou
un acte de refus, pour être renvoyé par devant Monseigneur
l'Archevêque de Rouen selon les règles de l'Église. Et a mon dit
seigneur fait signer la dite présente réponse par le dit sieur
Caudron. »

Suivent les signatures.

L'examen eut lieu au jour fixé.

« Le mardi troisième du mois de juin, s'est présenté devant

nous Mᵉ Jean Guymard, lequel nous a prié de le faire une seconde fois examiner en notre présence, ce que nous avons bien voulu faire et avons pour cela prié Messire Robert Got, chanoine et archidiacre de Bellemois en notre Église cathédrale, de vouloir prendre cette peine. Le dit sieur Got n'ayant jamais été examinateur du dit suppliant.

D. — Premièrement, le dit sieur Got a demandé au dit suppliant combien il y a de raisons nécessaires pour rendre canonique et légitime une translation d'une église à une autre ?

R. — A quoy le dit sieur curé a répondu que la *première* et principale, c'est l'utilité de l'Église. — La *seconde* est lorsqn'un homme ne se porte pas bien, il peut changer d'air. — La *troisième* s'il avait de fors ennemis dans la paroisse et qu'il y fut en danger de sa vie.

D. — Secondement, a demandé le dit sieur Got à quel péché s'expose un homme qui passe d'une église à une autre?

R. — A quoy le dit sieur curé a répondu que si les raisons ne s'y trouvent point, il croit que cet homme s'expose à être mal entré dans l'Église et à l'intrusion.

D. — Luy a été demandé qu'est ce qu'intrusion ?

R. — A répondu que c'est un homme qui entre dans l'Église par des voyes indirectes et non canoniques.

D. — Luy a été demandé qu'est ce que l'indulgence ?

R. — A quoy a répondu que l'indulgence n'est autre chose qu'une remise qui efface la peine temporelle deue à nos péchés.

D. — Luy a été demandé si l'on peut prouver par quelques textes de l'Écriture l'institution de l'Indulgence ?

R. — A quoy n'a pu répondre.

D. — Est-il de foy qu'il y ait un sacrifice dans la nouvelle loi ?

R. — Oui.

D. — Peut-on le prouver par l'Écriture ?

R. — A quoy n'a pu répondre.

D. — A été par nous-même demandé au dit sieur requérant quelles sont les fondements de notre sainte foy ?

R. — A quoy nous a répondu que ce sont les mystères.

D. — Qu'est-ce que l'Écriture sainte ?

R — C'est une œuvre que les sacrés écrivains ont écrit, le Saint-Esprit leur dictant.

D. — Quels sont les sacrés écrivains ?

R. — Esdras est un de ceux qui nous ont donné les saintes Écritures.

D. — Qu'estait Esdras ?

R. — Il fallait que ce fût une personne qui eût en ce temps-là la conduite du peuple de Dieu.

D. — Qu'est-ce que le peuple de Dieu ?

R. — En ce temps-là c'étaient les Juifs.

D. — Par où sait-on que c'étaient les Juifs ?

R. — C'est par l'Écriture.

D. — Par quelle partie de l'Écriture ?

R. — Il croit l'avoir vu dans le Pentateuque.

D. — Qu'est-ce que le Pentateuque ?

R. — Ce sont les cinq livres de Moïse.

D. — Combien y a-t-il de natures en J.-C. ?

R. — Deux, la nature divine et la nature humaine.

D. — Combien de volontés en N.-S.-J.-C. ?

R. — Il n'y en a qu'une pour les deux natures (1).

D. — Quels sont les hérétiques qui sont tombés dans l'erreur touchant la volonté et la personne de N.-S. ?

R. — N'a pu répondre.

D. — Par quels témoignages de l'Écriture pourriez-vous prouver ce que vous venez de répondre touchant les deux natures, là volonté divine et la personne de N. S. J.-C. ?

R. — N'a pu répondre.

D. — Qu'est-ce que la puissance ?

R. — C'est avoir le pouvoir d'administrer un sacrement.

D. — De qui reçoit-il ce pouvoir ?

R. — De l'Église.

(1) Le curé, pauvre clerc dans la circonstance, reproduisait dans cette réponse l'hérésie des monothélites.

D. — Est-ce de l'assemblée des fidèles qu'on appelle l'Église ?

R. — N'a pu répondre.

D. — Quel péché fait un curé qui ne fait pas le prône souvent à ses paroissiens ?

R. — A répondu qu'un curé qui négligerait de faire le prône par trois ou quatre dimanches de suite pécherait mortellement.

D. — Combien de fois par mois il l'a fait dans la paroisse du Champ de-la-Pierre ?

R. — Presque tous les dimanches et le catéchisme aussi tous les dimanches.

D. — Luy avons demandé ce que c'est qu'un sermon ?

R. — C'est une remontrance qu'on fait au peuple.

D. — Quelle différence y a-t-il entre sermon et prône ?

R. — Le prône est une chose familière sans division et d'une manière plus intelligible pour le peuple que le sermon qui est une chose plus relevée.

D. — Combien de fois l'année avez-vous fait des sermons dans la paroisse du Champ-de-la-Pierre ou dans d'autres paroisses ?

R. — A répondu de ne prêcher pas.

D. — Nous luy avons demandé s'il est permis sans un ordre exprès de l'Évêque de dire vêpres le matin, en suite de la messe ou de ne les point dire l'après midy sous prétexte qu'il ne se trouve que peu de monde ?

R. — A répondu que non.

D. — Comment doit-on supputer les degrés d'affinité et de consanguinité ?

R. — La consanguinité n'est autre chose que lorsqu'il n'y a point de sang mêlé et l'affinité suppose qu'il y a du sang mêlé, et à l'égard de la manière de supputer les degrés d'affinité et de consanguinité il faut mettre un petit écrit où l'on mette la souche.

D. — Par où peut-on prouver qu'il faut refuser l'absolution aux pécheurs qui ne veulent point quitter l'habitude du péché ?

R. — A dit par ces paroles qu'il vient d'entendre dire à Monseigneur l'Évêque : *Relinque munus tuum ad altare.*

D. — Luy a été demandé d'où sont tirées ces paroles ?

R. — Du concile de Trente.

D. — Quelles sont les marques d'une véritable contrition ?

R. — Lorsqu'elle est souveraine, intérieure, surnaturelle, universelle

D. — Quelles sont les conditions d'une véritable contrition ?

R. — Ce sont celles qui viennent d'être rapportées.

D. — Comment peut-on prouver que J.-C. a institué la confession ?

R. — Confitemini alterutrum

D. — Il luy a été demandé où il a trouvé ce passage de N.-S.?

R. — A dit ne s'en point souvenir.

Lesquelles demandes et réponses faites ainsi que dessus et lues en présence du dit M° Jean Guymard, nous avons fait dresser le présent verbal par l'un de nos secrétaires et l'avons signé avec le dit sieur Got et le dit M^{tre} Jean Guymard en notre Palais Episcopal ce mardy troisième juin de la présente année 1704 pour y faire les réflexions nécessaires pour faire justice au dit suppliant avec connaissance de cause. »

Suivent les signatures.

M° Guimard, de bon gré ou à contre cœur, peu importe, y apposa aussi la sienne. Mais dès le lendemain, au point du jour, il était à Carrouges, où il faisait rédiger par le notaire du lieu la protestation suivante contre le procès-verbal d'examen.

« Devant nous nottaire royal héréditaire au siége de Carrouges... soussigné. Le mercredi quatrième jour de juin l'an 1704, en notre étude, au bourg de Carrouges, est comparu sur les sept heures du matin M° Jean Guimard, prêtre, curé de la paroisse du Champ de la Pierre... lequel a déclaré qu'il réclame contre, en prétexte et nullité de certain manuscrit du fait et de la main du sieur Caudron aumônier de Mgr l'Illustrissime et Révérendissime Évêque de Sées en forme de demandes, réponses, au pied duquel le dit sieur Guimard a été obligé de donner sa signature, le jour d'hier, une heure après midi, pressé par l'ordre, présence et authorité de mon dit seigneur sous prétexte de lui accorder le visa de la dite cure de Joué-du-Bois. Lequel acte le dit sieur

Guimard n'a pu se défendre de signer, se trouvant poussé à bout
par les ordres de mon dit Seigneur et renfermé dans un appartement particulier et retiré de son palais épiscopal, où sa Grandeur l'a fait conduire, y ayant convoqué après le dit sieur Caudron avec le sieur Got prestre. En présence et à l'injonction desquels, sa Grandeur a fait signer le dit écrit au dit sieur Guimard,
après cinq à six heures d'examen précipitée et faite à reprises
alternatives tantôt par Monseigneur, tantôt par le dit sieur Got,
sans lui avoir donné aucunes lectures précédentes à sa signature,
de sorte qu'il ne pouvait savoir que contenait le dit escript. C'est
pour cette raison et autres à supléer que le dit sieur curé ce voit
obligé de réclamer contre et de révoquer le dit escript, comme de
fait il réclame contre et le révoque par le présent et le déclare
nul comme s'il n'avait été fait. Dont il nous a requiz a faire résistance aux conclusions par luy prises cy devant, par les réquisitions qu'il a faites à Mgr, par le ministère du dit sieur Lefrou, de
s'en rapporter pour sa capacité aux témoignages et bonne foy de
Messieurs du Mesnil et de Châteauthierry, vicaires généraux de
Monseigneur, devant lesquels, par ordre de sa Grandeur, le dit
sieur Guimard a été cy devant examiné, ce qu'il a requis et signé
en la minutte des présentes, présence de Pierre Herbinière, de
la paroisse de Ste Marie la Robert, âgé de 60 ans, et Pierre François Gaulthier de la paroisse de Ste Marguerite de Carrouges, âgé
de 27 ans, témoins qui ont aussi signé avec lui sieur Guimard et
nous notaire en la dite minutte. Controllé à Carrouges par Chennerel, le dit jour et an, qui a reçu dix sols.

Signé : Besniard avec un paraphe. Et scellé à Carrouges, le
4e juin 1704. Signé Chennerel avec paraphe qui a reçu dix
sols. » (1)

De son côté, le notaire Dufrou se rendit au palais épiscopal
pour solliciter et arracher le refus si ardemment sollicité. Voici
la pièce par laquelle se termina la seconde campagne.

« Et le mercredi 4e jour de juin, au dit an 1704, sur les dix
heures du matin, nous notaire sus dit, sommes de rechef transporté à la réquisition du dit sieur Guimard, au palais épiscopal,
où étant, nous avons réitéré la supplication et réquisition cy
devant faite à mon dit Seigneur, parlant à sa personne, de don-

----

(1) Cette protestation fut signifiée à l'évêque par exploit de Me Gérard, premier
huissier audiencier royal à Alençon, daté du 5 juin 1704.

ner au dit Guimard la dite collation du dit bénéfice de Joué-du-Bois, ou un acte de refus aux présentations cy devant par lui faites.

« Pourquoy de la part de mon dit Seigneur a esté répondu qu'il a employé tout ce qu'un soin paternel a pu luy suggérer de mieux et de facillités pour trouver le suppliant suffisamment capable ; que dès il y a cinq mois, il fut jugé incapable par les sieurs examinateurs proposés par mon dit Seigneur, que depuis ce temps-là, il luy a laissé les cinq mois entiers pour étudier ; qu'il a eu l'indulgence de lui donner hier une audience très favorable pour l'examiner lui-même et le faire examiner par une personne qui n'était pas du nombre des premiers examinateurs, qui avaient trouvé le dit Guimard peu capable ; qu'on ne luy a fait que les demandes les plus simples et les plus communes, en langue française, sans objections et sans difficultés, par forme de questions, toutes choses d'usage, la plupart contenues dans les catéchismes ; que le dit Seigneur y a pensé devant Dieu depuis hier jusqu'à l'heure présente ; qu'il a même cherché s'il pouvait trouver quelque tempéramment pour apaiser les difficultés de sa conscience sur cela que luy Guimard soit suffisamment instruit lui-même pour instruire un peuple nombreux qui manque d'instruction depuis longtemps, et dans lequel il peut se trouver de grandes difficultés sur le gouvernement des âmes et des consciences, dans le peuple de la paroisse de Joué-du-Bois dont luy Guimard demande de se charger ; que d'ailleurs le dit M. Guimard demeurant en la paroisse du Champ de la Pierre, dont le peuple est en petit nombre, il aura de quoy y vivre ainsi qu'il l'a vu depuis 20 ans, sans risquer de prendre une plus grande charge ; que par ce refus il ne sera fait aussi aucun tort au patron laïque, parce qu'il est dans les six mois de sa nomination et que par le droit de ses états il peut varier, que sur ce fondement beaucoup de canonistes prétendent que les évèques ne sont point obligés de donner de raison de refus du sujet présenté par un patron laïque ; d'avantage, que lui-même Guimard n'a point représenté d'atestation originale de vie et mœurs au dit seigneur Évèque, quoique de telles pièces ne puissent être reçues que pour luy être présentées, parce que, selon les règles canoniques et même suivant la jurisprudence civile, les attestations de vie et mœurs données par des curés et même par des doyens ne sont admissibles, quand elles sortent du diocèse, qu'avec le certifica aposé du seigneur Évesque, par lequel il témoigne que l'on *peut adjouter foi* en justice et hors de justice au témoignage des personnes dont le mérite ne peut pas être cognu hors le diocèse, qu'enfin le dit seigneur Évêque, par les raisons dont il rend volontiers compte à Mgr l'Archevêque de Rouen et auxquelles raisons il peut adjouter des particulières, se trouve dans la nécessité d'accorder le présent acte de refus au suppliant et se pourvoir par devant la personne de mon dit Seigneur, son métropolitain, sur la conscience duquel il croira la sienne parfaitement dégagée, ayant d'ailleurs de bonnes intentions pour luy-même Jean Guimard ; priant aussi mon dit Seigneur l'Archevêque de se donner la peine d'examiner les réquisitions précédentes de Me Jean Guimard et les réponses que mon dit Seigneur l'Évêque y a fait. Et a Monseigneur fait signer le présent par les personnes présentes. »

Suivent les signatures.

« Dont du tout nous avons accordé acte et de la protestation faite par le dit sieur Guimard de se pourvoir sur les dites réquisitions et réponses ainsi qu'il appartiendra et qu'il trouvera à propos. Fait présence des dits Tifort et Maire, témoings qui ont signé avec nous dit nottaire, tant au registre demeuré vers nous, que dans l'original qu'il convient délivrer au dit sieur Guimard. »

Suivent les signatures.

II. Appel au Métropolitain. — La cause fut donc portée au tribunal du Métropolitain. Suivant le Droit, le patron d'une église ne peut être frustré du privilége de la présentation, et d'un autre côté, il faut des motifs graves et prévus par les *Canons* pour refuser le prêtre soumis à l'approbation de l'Évêque. D'après le texte de la Glose, il ne suffit pas de dire : Tel ou tel est mauvais ; il faut, à l'appui de son affirmation, des preuves évidentes. *Qui crimina objicit ea probare debet* (1). C'est probablement ce qui n'eut pas lieu en la circonstance. En conséquence, les grands vicaires rendirent leur jugement en ces termes :

« Nous, vicaires généraux pour les affaires temporelles et spirituelles de notre Illustrissime père et seigneur en J.-C., Jacques Nicolas, archevêque de Rouen, primat de Normandie. Nous fai-

_____
(1) André : *Dictionnaire de Droit Canonique.*

sons connaître qu'après avoir examiné nous-mêmes les lettres de
nomination et présentation à l'Église paroissiale de Saint-Jean
de Joué-du-Bois, au diocèse de Séez, délivrées par Germain
Ricœur escuyer, patron de la dite Église paroissiale, en faveur
de Me Jean Guymard, prêtre, curé de l'Église paroissiale du
Champ-de-la-Pierre au même diocèse, par suite de la vacance
du siège arrivée à la mort de Me Guillaume de la Lande, prêtre,
dernier curé, et rédigées en présence de Pierre Dufrou, notaire
apostolique royal du diocèse de Séez, le dernier jour de décembre 1703 ; et après avoir également examiné plusieurs pièces
publiques du même Pierre Dufrou à la date du 8 avril, 31 mai
et 4 juin de la présente année, au moyen desquelles nous avons
vu que Mc Guymard avait bien des fois sollicité l'Illustrissime et
Révérendissime Évêque de Séez de lui en donner la collation et
institution, essuyant toujours des refus pour incapacité ou manque de certificats convenables de bonne vie et mœurs ; après
avoir nous-mêmes pris connaissance des lettres prouvant la capacité et la moralité du dit Jean Guymard ; en vertu de l'autorité
supérieure et métropolitaine de notre Illustrissime Archevêque
sus-nommé, dont nous sommes revêtus en cette affaire, pour la
louange et gloire de Dieu, nous avons donné et conféré, donnons
et conférons par les présentes la dite Eglise vacante au dit Guymard présent et réquérant comme ayant été trouvé et étant suffisamment capable et instruit dans l'examen qu'il a subi, et catholique et orthodoxe.

« A la condition cependant qu'il passera trois mois soit au Sémi-
naire Archiépiscopal de Rouen, soit à celui du diocèse de Séez,
en y entrant soit le 20 octobre, soit le 1er mai. Sera sauf le droit
de déport. En conséquence, en vertu de l'autorité de Celui dont
nous avons parlé plus haut, nous ordonnons au premier notaire
apostolique royal, de donner et introduire en possession corporelle, réelle et actuelle de la dite Eglise de St-Jean de Joué-du-
Bois, le même Jean Guymard.

« Donné à Rouen, l'an du Seigneur 1704, le 10 novembre, en
présence de Mes Jacques Mathieu et Robert Hubert prêtres,
domiciliés en la paroisse de St-Pierre de Rouen, témoins, appelés
aux prémisses du jugement et ayant soussigné la minute avec nous.
De Tourouvre vicaire général, de Héricourt vicaire général. » (1)

(1) Le texte latin sera donné aux Pièces justificatives.

L'installation se fit dans les formes ordinaires, le vingt novembre.

« Devant nous, Pierre Dufrou, nottaire, gardenotte, royal, héréditaire, de la ville de Sées, reçu au baillage d'Essey et exerçant le notariat apostolique du dit Sées y demeurant soussigné. Le jeudi, 20e jour de novembre 1704, avant midy, au devant de la grande et principale porte de l'Église de St-Jean de Joué-du-Bois, au diocèse du dit Sées, où nous nous sommes transportés... a iceluy sieur Guimard, revêtu du surplis, déclaré prendre, comme en effet il a pris et aprehendé en personne la possession corporelle, réelle et actuelle de la dite cure de Joué-du-Bois et de tous les droits, fruits, revenus, circonstance et dépendance, et ce par la libre entrée dans la dite Eglise, prenant de l'eau bénite, aspergeant d'icelle les assistants, se prosternant devant le crucifix et principal autel, baisant icelui, touchant les fonts baptismaux, sonnant les cloches, faisant la montrée et la lecture de la dite collation et de la présente que nous avons hautement publiée, déclarons que nous installons comme de fait nous avons mis et installé le dit s^r Guimard en la dite possession ; faitte au surplus par les autres formalités en tel cas prescrites et ordinaires, dont du tout nous luy avons accordé acte et de ce qu'il n'a été formé aucune opposition. Le tout pour luy servir et valoir ce qu'il apartiendra et sans préjudicier à la prise de possession cy devant faitte du temporel de la dite cure, en exécution de l'arest de la Cour que le dit s^r Guimard aurait obtenu sur les actes du dit refus, par lequel arest il était autorisé de prendre possession civile du dit bénéfice pour la conservation de ses droits, comme il résulte de l'acte qui en aurait été fait et dont le dit sieur Guimard est porteur. Fait et arrêté en la dite église de Joué-du-Bois, présence de Maistre Guy Ledos, prêtre, curé de Vieux-Pont et René Ricœur équier, sieur du Basmont, maistre Estienne Gérard prêtre déservant la dite cure, maistre Claude Désanière, prêtre déservant ausy au dit lieu, Me Michel Le Vannier, Me Julien Gautier, prestre de la dite paroisse, Gatien Jean Lizieux, Marin Gautier, René Chauvin, Jean Baptiste Gérard, Maturin Adnas et autres paroissiens du dit lieu témoins. La minutte signée : Jean Guymard, Ledos, E. Gérard, C de Sanière, M. Levannier, J. Coupry, J. Gautier, René Ricœur, M. Gautier, J. Lizieux, J. Chauvin, J. Gérard, M. Adnas, J. B. Gérard et du Frou notaire et marqué d'une marque autour de laquelle est escript: Marque de Mathurin de Sanière, sindic de la dite paroisse qui a dit ne savoir signer. Et icelle minute contrôlée le dit jour et an par Guilmin auquel a été payé trois livres. La présente délivrée pour première expédition au dit sieur Guimard auquel a été rendu sa dite collation adverty de l'insinuation, le dit jour et an. Signé Dufrou avec paraphe et au dessous est écrit : le présent a été insinué et registré au registre du greffe des insinuations ecclésiastiques du diocèse de Sées par moi greffier soussigné ce vingt novembre mil sept cent quatre, signé Denne cey avec paraphe et au-dessous est escrit : receu soixante sols y compris le controlle et paraphe. Sellé du seau des notaires apostoliques le dit jour et an avec un seau apposé. »

A la suite, de la main même de Mᵉ Guimard, on lit : « Je soubsigné certifie que les deux copies cy devant écrites sont conformes à leurs originaux dont je suis saisi. Ce huitième d'avril mil sept cent cinq. »

Mᵉ Guimard ne jouit pas longtemps d'une victoire aussi péniblement gagnée que peu méritée par son savoir. Il mourut le 22 mars 1708, à l'âge de 55 ans. A son inhumation, présidée par le doyen d'Annebecq, curé de Rânes, on vit la charité de Sainte-Marguerite de Carrouges guidée par Mathieu Simon, son chapelain, et l'abbé J. Durand, beau-frère de Jacques Guillochin.

Ce ministère de courte durée fut surtout exercé par les vicaires Etienne Gérard de la Conilière et Julien Gautier du Haut-Désert. Mᵉ Guimard ne nous a laissé que quelques lignes de sa maigre écriture. Ceux qui perdirent le plus à sa mort furent deux de ses frères, dont l'un, Guillaume, avait épousé Catherine Robichon du Mesnil et l'autre, Mathieu-René, avait négocié le mariage de Mᵉ François Radigois, procureur héréditaire au bailliage et vicomté d'Essay avec damoiselle Marie-Françoise Busnel de Joué-du-Bois.

CHAPITRE III. — Les Derniers Curés avant 1789.

—

I. Mᵉ Dufour du Chesné — Le 26 juin 1708, « René Ricœur, escuyer, seigneur du Basmond, du Champ-de-la-Pierre et de Joué-du-Bois, demeurant ordinairement en son manoir seigneurial dudit lieu du Champ-de-la-Pierre », présenta à la cure de Joué-du-Bois « Charles Dufour, prêtre, originaire de la paroisse de Vimoutiers, diocèse de Lizieux et ci-devant vicaire de la paroisse de Bourmainville, au même diocèse (1). »

Agréé par Louis d'Aquin, évêque de Seès, il ne prit possession que quelques mois après sa nomination.

Pendant les onze années de son ministère, Mᵉ Dufour du Chesné (2), vit réédifier, vers 1716, par les soins de Mᵉ Poullain de Beauchêne, avocat et bailli de notre haute justice, la chapelle St-Jacques-le-Mayeur. Grâce aux soins dévoués de ses deux vicaires, H.-Fr. Gérard et Julien Gauthier, Jean Lysieux prit

(1) L'acte de présentation fut rédigé le 26 juin 1708 par René Dufour, notaire garde-note royal en la ville de Séez, reçu au bailliage d'Essay, en présence de M⁎ Pierre Alexandre, exorciste, originaire de Sainte-Marguerite de Carrouges.

(2) Il nous a fallu le document suivant pour savoir que M⁎ Dufour et M⁎ Du Chesne, était une seule et même personne.

« Le premier jour de mars 1720, nous avons baptisé Jacques-René *Du Chesné-Dufour*, sorti du mariage de Pierre Du Chesné-Dufour, sieur de Montfort et de demoiselle Magdeleine Bouley ; le parrain, messire Jacques de Lonlay, escuyer, seigneur des Buats et autres lieux ; la marraine, dame Renée Biseul, épouse de messire René Riqueur, escuyer, seigneur du Champ-de-la-Pierre et autres lieux «

les premières leçons de latin et devint acolyte en 1719. En 1711, Guillaume, Michel et Ambroise Broust reçurent le sous-diaconat, Claude Chauvin du Bas-Désert et Jean Daliphard parvinrent au sacerdoce, ainsi que deux membres de la famille Etienne du Belle, Alexandre-François et Pierre.

Les pieuses associations continuaient d'être en honneur, nous en avons pour garant un diplôme de confrère du Saint Sacrement, délivré à André Catois, le 13 décembre 1713 (1).

Les registres de la paroisse étaient contrôlés, en 1720, par Vincent de Séez, aux émoluments de cent sols par vacation, et, peu après, par le bailli et procureur fiscal de la haute justice de Joué-de-Bois (2). Nous y avons relevé que André Pichon, curé de Magny, fit, en 1709, l'inhumation de Jeanne de Cagnou, en présence de Fr. Robichon, son fils, de Guillaume Guymard, son neveu, et de la charité de Sainte-Marguerite conduite par Me Alexandre.

II. Me ANDRÉ LEBOUCHER. — Après la mort de Me du Chesné, René Ricœur de Basmont proposa un docteur en Sorbonne, Me J. Morel (3), curé de St-Germain, au diocèse de Bayeux. Mgr Turgot ne voulut pas du docteur. Loin de s'entêter comme l'avait fait son père, le seigneur patron présenta, le 6 mai, Me André Leboucher, curé de Vieux-Pont.

Monseigneur, flatté de ce bon vouloir, mit, pour l'acceptation du nouveau curé, la plus grande célérité. Le 17 mai, l'institution

---

(1) André Catois avait accepté trois jours d'Adoration : le dimanche dans l'Octave du Saint-Sacrement, le jour de l'Ascension et le jour de l'Assomption. Ses heures étaient huit heures du matin et dix heures du soir. Le directeur de la confrérie était le curé Villers, près Caen. Pendant ses heures d'adoration, le confrère devait: 1° s'unir aux intentions de J.-C. ; 2° honorer le Sauveur du monde ; 3° réparer les injures des impies ; 4° multiplier les demandes.

(2) Un double de ces registres était envoyé à Falaise (1736). Quiconque se servait de feuilles non paraphées était sujet à une amende (1739).

(3) Morel (Grégoire), fils de Thomas Morel et de Catherine Maugnier, né à Alençon, le 7 mars 1664, docteur en théologie, vicaire de Saint-Médard de Paris, présenté à la cure de N.-D. d'Alençon par l'abbé de Lonlay, et refusé par la duchesse de Guise, curé de St-Germain-le-Vasson, mort à Alençon, où il s'était retiré, le 4 décembre 1550, était un janséniste déclaré et un appelant obstiné de la bulle *Unigenitus*. Il a laissé un volume d'oraisons funèbres (in-12. RICHARD-POISSON, Caen) et quelques ouvrages anonymes. La riche bibliothèque de M. de La Sicotière renferme une histoire manuscrite de sa vie.

fut accordée ; le Pouillé et le registre des insinuations sont d'accord sur ce point (1).

Les quatorze années passées par M⁰ André Leboucher, à la tête de la paroisse de Joué-du-Bois, ne nous ont laissé rien d'intéressant.

Longtemps E. Gérard demeura le bras droit du nouveau curé, comme il l'avait été de ses prédécesseurs. De 1729 à 1732, le vicaire Du Val rédigea les actes en style ampoulé et prétentieux (2).

André Leboucher mourut le 7 septembre 1734, à deux heures de l'après-midi. On l'inhuma le lendemain. Deslandes, son vicaire, Lefebvre, curé de Beauvain, P. Moutiers, curé de Rânes, et Guillaume Martel, prieur de Saint-Hilaire, assistaient à la cérémonie funèbre.

Dans l'espace de trente ans, trois titulaires s'étaient succédé à la cure de Joué-du-Bois. En parcourant les registres et papiers qu'ils ont laissés, nous avons remarqué des points de discipline que nous croyons devoir mentionner ici : Les droits de chacun étaient parfaitement limités par de sages ordonnances que tous respectaient avec fidélité. Les ondoiements étaient rares aussi bien que les baptêmes sous condition. Après enquêtes relatées dans de longs procès-verbaux, le prêtre s'en tenait au baptême donné par la sage-femme. L'on prenait toujours des précautions rigoureuses pour assurer l'éducation chrétienne de l'enfant. Un

(1) Archives de l'évêché. *Voir aux Pièces justificatives* l'acte de présentation.

(2) Voici durant cette époque les noms des enfants de Joué-du-Bois qui furent honorés de la cléricature :

Claude Chauvin, vicaire de Saint-Martin-l'Aiguillon ; H. Fr. Gérard, vicaire d'abord de Joué-du-Bois et ensuite de Sainte-Marie-la-Robert ; Guillaume Broust, Nicolas Broust, de la Beslière ; Ambroise et Etienne Broust ; Jean-Baptiste Broust, domicilié à Joué-du-Bois, où il mourut en 1735, âgé de 54 ans ; H. Fr. de Récalde, curé de la Motte-Fouquet et ensuite de Colombiers ; Julien Gauthier, curé de Longuenoë ; Herbinière, présent en 17ͫ4, à la sépulture du sieur du Haut-Désert ; François Guillouard, curé de La Chaux, démissionnaire et retiré à la Vallée, village de Joué-du-Bois, où il mourut en 1743, à l'âge de 44 ans. On voit encore sa pierre tombale dans l'église, devant la grille du chœur. En 1736, il avait marié son frère, J. Th., à Marie-Anne du Bois, fille de Jacques, écuyer, et de Renée-Charlotte-Marie. Un autre de ses frères, Pierre, sieur de Glatigny, avocat du Grand Conseil, conseiller du roi, lieutenant des eaux et forêts de Caen, avait épousé, en 1736, Mˡˡᵉ de Brossard.

Pierre Estienne, curé de la Poterie, résidait souvent au Belle ; Michel Broust échangeait la chapellenie de Saint-Jacques contre la cure de Beaumesnil ; François Engerrand, oncle et parrain de notre futur curé, recevait, en 1733, la tonsure. ·

jour, on se refusa même à baptiser le nouveau-né d'une fille du Ménil-Gondouin et une personne sûre dut se porter garant et promettre de faire « bonne et suffisante garde ».

Aux mariages, les formalités étaient minutieuses, une dispense du 3ᵉ au 4ᵉ degré coûtait 18 livres, celle de publication de deux bans quelques sous. Le consentement des parents était requis, et pour s'en passer il fallait *intimation* préalable (1). Nous placerons aux pièces justificatives un acte de mariage très intéressant.

III. Mᵉ JEAN LYSIEUX. — René Ricœur de Basmont allait, pour la troisième fois, user de son droit de patron. Les prêtres originaires de Joué-de-Bois, éloignés de cette cure depuis un siècle, y rentrèrent en la personne de Mᵉ Jean Lysieux. Né en 1690, il était le parent des Challemel, des Robichon et des Guérin-Raitière, ou pour mieux dire de toutes nos familles aisées. Il fut agréé, sans difficulté, par l'évêque de Séez.

Mᵉ Lysieux est le premier des curés de Joué-du-Bois, dont la renommée soit parvenue jusqu'à la génération actuelle. On sait qu'il reconstruisit le presbytère, en partie à ses frais. La petite croix de la Maladrerie rappelle le soin qu'il mit à inhumer, loin du bourg, les pestiférés du Hamel et de la Retoudière (1747). Beaucoup le regardent comme un saint, et nous avons été témoin de la déception de ceux qui comptaient trouver son corps intact, lors du dernier déblaiement de la place (1878).

On raconte, à propos de sa grande charité, le fait suivant :

Un soir d'hiver, un malheureux se présenta piteusement à la porte de la cure, le chapeau bas et un bissac sous le bras. Depuis quinze jours, gardien de sa femme malade, il n'avait pu se rendre à son travail ordinaire ; le pain manquait à la maison et les enfants pleuraient la faim. Notre infortuné rencontra le domestique et lui dit le motif de sa visite. L'accueil fut loin d'être gracieux : on lui répondit avec mauvaise humeur qu'il ne fallait pas s'attarder, le grenier ayant été balayé la veille pour une dernière aumône.

Le pauvre honteux se retirait tristement quand Mᵉ Lysieux apparut. Le domestique reçut l'ordre d'aller au grenier. Mais,

(1) L'acte de mariage de Pierre de Voine, écuyer, avec Fr.-Marguerite du Bois, contient un spécimen de cette formalité.

raconte l'histoire populaire, quel ne fut pas son ébahissement de le trouver plein, à ne pouvoir ouvrir la porte.

Il y a vingt ans, on rappelait encore, dans les récits villageois, que les pauvres se présentaient chez le charitable pasteur avec des paniers et des poches. Ceux qu'il ne pouvait secourir, il les recommandait à son évêque, et, par son évêque, aux âmes compatissantes, ainsi que le témoignent les certificats par lesquels le droit fut concédé à plusieurs de quêter dans tout le doyenné d'Annebecq.

C'était une lourde charge d'être, à trente-huit ans, curé d'une paroisse dont les naissances montaient à 45, de 1722 à 1732 et à 48, de 1732 à 1742, avec une moyenne de 33 décès. L'activité commerciale en tous genres était florissante alors, comme l'indiquent nos registres qui inscrivent constamment des noms de marchands des quatre saisons, de camelotiers, de moissonneurs, de maîtres de forges. marteleurs, forgerons, charbonniers, bûcherons, *hourlottiers* et tanneurs (1).

Nous allons voir comment M⁰ Lysieux s'en acquitta à son honneur.

Étienne Gérard, son vénérable vicaire, étant trop âgé (2), aussi bien que Claude Desanière des Grandières (3), il rappela, de Sainte-Marie, son cousin, H. F. Gérard, lui adjoignit J. F. Ernult jusqu'en 1741, Thomas Clouet pendant deux ans et enfin M⁰ Guernon.

H. F. Gérard, décédé en 1751, à l'âge de 56 ans, fut remplacé par Jean Delaunay, de la Carneille.

Par le zèle et les leçons de ces prêtres, Michel Berout put devenir le successeur de son oncle Guillaume. à la Beslière, Jacques Julien, obtenir la cure de Proust, et Ambroise devenir « curé de Beaumesnil (Calvados) ».

De son côté, Charles de Livet (un Robichon), sous-diacre en 1743, alla rejoindre son frère, bailli de la haute justice de Fontaine-Riant, fut nommé curé de Saint-Ouen de Séez et enfin chanoine. Pierre Fr. Le Meunier eut la chapellenie de N.-D. de

---

(1) Des tanneries étaient établies au Theil, au Mesnil (étang de Montguérin) et à la Villière. Les fosses maçonnées de cette dernière servent de réservoirs aux jours de pêches.

(2) Décédé en 1714, dans sa 78ᵉ année.

(3) Décédé en 1743, à 83 ans.

Grâces, en la Motte-Fouquet ; André Lemeunier, sieur de la Besnardière, le vicariat de Joué-du-Bois (1763-1770) ; Etienne Lemeunier, sieur de la Martinière, la prestimonie des Falconer après son oncle André (1756) ; Fr. Engerrand, sous-diacre en 1736, obtint un bénéfice à Beauvain, et son filleul, Fr. Engerrand, desservit le Belle en attendant le vicariat de Rânes et la succession de son protecteur, M⁰ Lysieux.

Cependant la vie religieuse si brillante à la fin du xviiᵉ siècle, était en voie de décroissance. Le jansénisme étendait jusqu'à Joué-du-Bois sa glaciale influence, dont les effets se sont continués jusqu'en 1850.

Aussi quand Néel de Christot, successeur de Mgr Lallemand, visita Joué-du-Bois (1746), le chiffre des *paschalisants* avait diminué considérablement. On lui présenta à confirmer 421 personnes, dont 135 hommes de 40, 30 et 20 ans et 178 femmes. En ce nombre, 64 garçons de 12 à 25 ans et 44 filles du même âge n'avaient pas fait de première communion. Mᵉ Lysieux et ses collaborateurs résistèrent mal au mouvement qui entraîna une grande partie du clergé français. Pourtant l'esprit de foi demeura au sein de nos populations et même trois jeunes filles de Joué-du-Bois entrèrent en religion : Mlle Robichon alla aux Ursulines de Falaise, et Mlle Marie-Madeleine Guillonard la Vallée, aux Ursulines de Vire, où elle rejoignit une de ses tantes (1765) (1).

IV. Réparation de l'église. — Cependant l'église avait un pressant besoin de réparations. Tout le pignon du chœur menaçant ruine, il fallut songer à le reconstruire. Le nouveau curé, après avoir réuni les fonds nécessaires, s'assura dans la personne de Joseph Gallot, un entrepreneur consciencieux (2). Le 18 août 1742, il sollicita de sa grandeur Mgr l'évêque de Séez les autorisations nécessaires, demandant en même temps la permission de transporter le saint sacrement dans la nef et d'y célébrer l'office divin.

(1) Vers 1753 eut lieu la seconde confirmation par Néel de Christot. En 1762, le même prélat confirma, à Rânes, 102 garçons et 104 filles de Joué-du-Bois, et en 1769, au même lieu, 109 garçons et 110 filles. Rouxel de Médavi avait conféré le sacrement de confirmation en 1651, et Mgr Savary, en 1692. Cette dernière année, par la volonté expresse de l'évêque, Dionne Rétout changea son nom païen en celui de Marthe (Registres paroissiaux).

(2) Il venait de bâtir le logis de la Noë appartenant à la famille Lysieux.

M. de Brest, vicaire général, commit à la visite de l'église
M. Pierre Nugues, curé de Sevray, doyen d'Annebecq. Le
procès-verbal de visite est daté du 23 août 1742, avant midi :
« En présence de Me Lizieux, curé, et Etienne Gérard, prêtres
de la dite paroisse « et plusieurs habitants d'icelle », selon notre
dite commission, en date du 18 du présent mois et an, nous
avons visité l'église au-dehors et au-dedans ; au-dehors, avons
trouvé le *guable* ou pignon de la dite église vis-à-vis du maître-
autel à moitié tombé et croulé ; le reste menaçant une ruine évi-
dente, de sorte qu'il faut que le dit *guable* soit réédifié de nouveau
jusqu'aux fondements. Au-dedans, y avons remarqué le tabernacle transporté sans aucune rupture sur un autel de la Vierge
situé au haut de la nef, dans lequel le dit sieur curé a posé
cy-devant le saint ciboire avec le saint sacrement. Lequel transport du tabernacle et du saint ciboire n'a été fait par le dit sieur
curé que pour éviter un plus grand désordre et une ruine entière
du tabernacle avec profanation du saint cyboire ; de plus, avons
remarqué que la messe paroissiale et le saint office peut être
célébré décemment dans la nef au dit autel de la sainte Vierge.
De plus, avons ordonné que le sieur curé fera placer avec des
carreaux en planches une séparation entre le chœur et la nef pour
la décence et conservation du saint sacrement. Au reste, la nef
ayant assez d'étendue pour que les peuples y puissent assister à
l'office divin (1) ».

La réparation se fit avec rapidité. Au commencement de
février, tout était prêt. Me Lysieux en prévint son évêque.
Le prélat députa pour examiner l'état de ces travaux M. le curé
de Rânes qui dressa de sa visite le procès-verbal suivant :

« Nous, soussigné, curé de Rânes, assisté de *Me François
Guillouard*, prêtre de la paroisse de Joué-du-Bois, pris pour
notre greffier en cette part, nous sommes transporté dans l'église
de Saint-Jean de Joué-du-Bois, en vertu de l'ordre qui nous a été
adressé en date du 11 février dernier, de la part de M. l'abbé de
Brest, grand vicaire de Mgr l'Illustrissime et Révérendissime
évêque de Séez, et à la prière de M. le curé de Sévrey, doyen
d'Annebecq, où nous avons trouvé le maître-autel en bonne et
due reparation avec un marchepied neuf et fort beau et bon, en

(1) Archives de l'évêché de Séez.

état d'y transporter le tabernacle avec le Très Saint Sacrement, de même qu'il y était ci-devant avec décence ; à l'égard du *gâble* derrière le maître-autel, bien réparé, ayant été abattu jusqu'à un demi-pied au-dessous de l'autel, de sorte que le dit autel n'ayant été endommagé, nous estimons qu'il n'est pas nécessaire d'une nouvelle bénédiction et que l'on peut, quand Mgr et MM. les grands vicaires le jugeront à propos, y transporter le tabernacle et le Très Saint Sacrement qui sont actuellement dans la nef sur l'autel de la Vierge.

Le tout fait en présence des témoins soussignés le 7 mars 1743 (1).

V. Construction du presbytère. — L'église réparée, le curé dut reconstruire le presbytère. L'affaire n'alla pas sans difficultés. Tout d'abord, on fit dresser plans et devis avec les coupes et détails nécessaires par M. Leprise, de Falaise, architecte. La dépense s'élevait à la somme de 4,372 fr. Me Lysieux en fit son rapport aux administrateurs de la commune. Ceux-ci trouvèrent dispendieux les plans proposés et déclarèrent que la vieille maison pouvait encore aller. Afin de répondre au premier argument, le curé promit 1000 livres sur ses propres revenus ; pour détruire le second, il manda de Falaise des experts-jurés nommés par le tribunal. Noël André, escuyer, sieur de la Fresnaye, subdélégué de l'intendant d'Alençon à Falaise, et l'architecte vinrent eux-mêmes. L'expertise conclut à la démolition de l'ancien presbytère et l'intendant de la généralité d'Alençon, Delevignen, éclairé par les conclusions des rapporteurs, prescrivit l'adjudication au rabais, ordonna affiches et publications et déclara que la dépense était à la charge des habitants, à l'exception des mille livres promises par le curé.

Le subdélégué fixa l'adjudication au samedi 30 septembre, jour de marché. Ce jour-là, plusieurs entrepreneurs se rendirent à Falaise ; M. de la Fresnaye leur communiqua les plans, devis et cahier des charges. Mais François Robichon, sieur de Livet, syndic de la paroisse de Joué-du-Bois, survenant alors, fit connaître au subdélégué l'intention des habitants qui, ayant fait, de gré à gré, un marché avec un entrepreneur connu, voulaient

(1) Archives de l'évêché.

lui concéder l'adjudication. Le procédé était légal, seulement il fallait l'approbation écrite de l'architecte et du curé. Ils étaient absents tous deux. F. Robichon demanda et obtint un sursis de huit jours seulement.

Deux délibérations vont nous apprendre ce qui se passa à Joué-du-Bois et comment on arriva à une entente. Effrayés par la dépense, les paroissiens demandaient des réductions. M⁰ Lysieux résista fortement ; la tradition parle encore de cette lutte et la juge d'une manière défavorable aux paroissiens. Le curé crut prudent de faire des concessions. En voici la preuve :

« Aujourd'huy dimanche, huitième jour d'octobre mil sept cent quarante-un, à l'issue des vêpres de la paroisse de *Joué-du-Bois* se sont assemblés les habitants en général, les présents faisant fort pour les absents, pour délibérer des affaires de la dite paroisse, en particulier de la construction du presbytère du dit lieu, en présence de Mᵉ Jean Lysieux, curé de la dite paroisse et de son consentement. C'est à sçavoir qu'ycelny sieur curé aurait requis une visite d'experts pour constater la défectuosité du dit presbytère et bâtiments en dépendant. Ce qui a été exécuté et visite faite des dits experts qui en auraient dressé procès-verbal, par lequel il est porté qu'il tombe en charge aux dits habitants de faire démolir l'ancien et d'en refaire un neuf de la façon cy-après expliquée, qui serait composé d'une cuisine et office, salle à costé, chambres sur les dits appartements dans lesquels il y aurait quatre croisées à chaque, une autre spacieuse croisée pour éclairer l'escalier à monter dans les dites chambres, ce qui occasionnerait une grande dépense, ce qui serait inutile. A été convenu entre les parties, curé et habitants, que les dits appartements ne seront composés que de deux croisées chacun, et quant au fournil, a été aussi convenu que le dit sieur curé se servira de l'ancien, et que les héritiers du dit sieur curé ne seront point responsables qu'au pied et perche, comme tous les autres, des augmentations que ses successeurs pourraient demander ; et pour à l'égard de la croisée de l'escalier, elle sera de la même proportion que les autres. Pourra aussi le dit sieur curé faire construire un bûcher si bon luy semble ; bien entendu que ce sera à ses frais.

Fait et arrêté double le dit jour et an.

Signé : Lysieux, curé de Joué-du-Bois, du Bois-Tesselin, de

Récalde, Gérard, Thomas Lisieux, Catois, Guillochin, Catois, Gérard, Catois, Gérard, et marque de Jean Brout.

En second lieu, les habitants désiraient un entrepreneur de leur choix, et un travail fait en maçonnerie solide, à chaux et à sable, et non en terre.

Le même jour, en assemblée générale, on passa donc le marché suivant :

« Aujourd'huy dimanche, vingt-neuf octobre mil sept cent quarante-un, à l'issue des vêpres de Joué-du-Bois, à la cloche sonnante, se sont assemblés les habitants en général, les présents faisant fort pour les absents, d'une part, et M. Joseph Gallot, architecte et entrepreneur de bâtiments, d'autre part, demeurant ordinairement à Sées (1), paroisse de Saint-Gervais, lesquels ont fait et convenu ce qui suit : C'est à sçavoir que moy. dit sieur Gallot, promets et m'oblige envers les susdits habitants de faire et construire une maison presbitérale au dit lieu, sur les mêmes emplacements de l'ancien, suivant et conformément au devis et plan qui en ont été faits en présence de Monsieur de la Fresnaye, subdélégué à Falaise, à la réserve de la boulangerie et de quatre croisées de moins, suivant la convention d'entre le sieur curé de la paroisse et les susdits habitants. Lequel bâtiment sera fait et parfait en toutes circonstances et en état d'estre reçu après visite faite, dont la parfaite construction sera dans la Toussaint mille sept cent quarante-deux ; en sorte que le dit sieur Gallot le rendra fermant à clef et généralement parfait comme il est ci-devant dit, au moyen et parce que les susdits habitants, en général, se sont soumis et obligés lui payer la somme *de quinze cents livres*, avec cinq tonneaux de chaux rendus sur le lieu, sans comprendre en ce les *mil livres* que M⁰ Jean Lysieux, curé de la dite paroisse payera au dit Gallot, en outre la somme susdite à fur et à mesure du travail entre les mains d'un préposé qui sera nommé par le général, lequel en retirera acquit du sieur Gallot. Bien entendu que tout le dit travail sera fait à chaux et à sable, quoy qu'il soit dit dans le devis que le blocage serait fait en terre. Il a été convenu qu'il sera composé d'un tiers de chaux et des deux tiers de sable. Fait et arrêté double, le dit jour et an que dessus. Bien

---

(1) En 1743, au baptême d'une fille de Fr. Chesnel, entrepreneur de bâtiments, à Alençon, Joseph Gallot est dit de Saint-Martin Bocheville, bourgeoisie de Rouen.

entendu que les frais du devis et du *parfait jugé* seront payés par le dit sieur Gallot, suivant la taxe de M. de la Fresnaye. Signé : Gallot, Lysieux, curé de Joué-du-Bois, Chauvin, de Récalde, du Bois-Tesselin, Gérard, Brout, Guérin, Catois, Gérard, Manson, Dalifard, Gérard, Gautier, Catois et Robichon de Livet. »

Le devis exigeait bois sans roulure ni gelivures et une foule de détails onéreux ; nous avons lieu de croire que l'entrepreneur passa légèrement sur une partie de ces conditions.

Le subdélégué de Falaise n'eut qu'à ratifier le marché. En effet, aucun entrepreneur ne pouvait proposer de rabais (1).

En 1746, la reconstruction était achevée ; et Mᵉ Lysieux avait la satisfaction de faire les honneurs de sa nouvelle maison à son évèque, Louis-François Néel de Christot.

Après un ministère fructueux, Mᵉ Lysieux, entouré de l'affection de ses paroissiens, chéri des pauvres, honoré de l'amitié de ses confrères et de l'estime du neveu de Claude Desanière, Mᵉ Fr. Pierre Anceaume, régent au collège d'Alençon (2), s'éteignit, le 26 novembre 1772, dans sa 77ᵉ année. Mᵉ Debrais, curé de Rânes et doyen d'Annebecq, présida à son inhumation. Son corps fut déposé devant l'autel du Rosaire, sous une pierre blanche replacée dans la nouvelle église, au pied de l'autel de la Vierge (3).

---

(1) Archives de la mairie de Joué-du-Bois (devis).

(2) Sa mère, sœur de Cl. Desanière, était partie des Grandières en Joué-du-Bois.

(3) Un mémoire de Guérin Raitière, un de ses neveux par alliance, fournit quelques détails sur sa succession : « Pour la succession de M. le curé de Joué-du-Bois, mort le 26, enterré le 27 novembre.

« Le 29 novembre, pour dépense de bouche en allant consulter M. de la Corderie .... 17 s.

Le 30 novembre pour aller à Carrouges prier le notaire de délivrer une copie de la fondation 17

Pour la délivrance de la dite fondation .... 24 l.

Pour trois avis à Falaise 18

Pour nourriture et dépense pour ferrer un cheval 11   6   6 d.

56 l. 3 s. 6 d.

Puis plus bas :

« Reçu 150 l. pour donner à M. le prieur (1) et de Blot 24 l. pour le même prieur. Son cher père lui avait donné 36 h. pour aller à Falaise (2).

---

(1) Le prieur, dont il est ici parlé, était le prieur du Mesnil, parent de M. Lysieux. En 1767, il avait assisté au mariage de sa nièce Huard avec Raitière.

(2) Papiers de Raitière.

4

·VI. Fr. Engerrand et son frère. — Mᵉ François-Nicolas Engerrand, né à Joué-du-Bois en 1735, et tenu sur les fonts du baptême par Fr. Engerrand, sous-diacre, et Cécile d'Origny, dame de la Poterie et Joué-du-Bois, lui succéda.

Présenté par M. de Vitrey de Bâmont, le 21 décembre 1772, il reçut institution et collation de Mgr Néel de Christot, le 5 janvier 1773, et prit possession, le 16 avril suivant (1).

Pendant la vacance, Mᵉ André Lemeunier ayant quitté Joué-du-Bois, le vieil abbé Delaunay de la Carneille remplit les fonctions d'administrateur, et bientôt l'abbé Chauvière, nommé par l'autorité épiscopale, s'occupa de la paroisse. Ce prêtre signa *desservant* comme l'avaient fait Claude Desanière et Etienne Gérard après la mort de Mᵉ de la Lande. Les rédactions sont remarquables par leur belle calligraphie et leur français enfin correct. Mᵉ J. Guillouard devint son vicaire.

Curé de Joué-du-Bois à 38 ans, Fr. Engerrand se promettait une longue et fructueuse carrière.

Du 16 avril au 30 juillet 1773, Mᵉ Delaunay et André Engerrand, chapelain de Beauvain, lui prêtèrent leur concours. Un ancien vicaire, Gervais-Mathurin Guernon, originaire de Sainte-Marguerite, rentre dans la paroisse, assiste au mariage du sieur de la Héronnière, à l'inhumation de Pierre Gauthier du Haut-Désert (2), dont il était le cousin, et meurt quelques mois après à la Villière.

Au cours de juillet apparut, avec sa jolie petite écriture, l'abbé de Saint-Martin, le futur martyr de Pont-Ecrépin (3). Son vicariat de sept années est resté mémorable. Malgré un siècle écoulé, plusieurs savent encore l'énergie et le zèle *du petit* de Saint-Martin, sans avoir oublié son *grasseyement*. Il prêchait avec ardeur, catéchisait avec vigilance, stimulait et punissait vigoureusement les enfants, recourant volontiers à l'instrument traditionnel loué par le sage de l'Ecriture.

Mᵉ Fr. Engerrand obtint la restauration de la chapelle de Joué

<hr>

(1) L'acte de présentation fut rédigé par Fr. Guil. Dupont, notaire royal à Argentan et notaire apostolique de l'évêché de Séez.

(2) Pierre du Haut-Désert avait épousé la sœur de Dominicain Nicolas Lettard du Parc, prieur de l'abbaye royale de Perseigne, ordre de Citeaux, qui baptisa, le 25 mai 1784, le fils du sieur de l'Aitre-Gautier et de Marie Challemel. Un de Récalde était un des religieux de ce monastère, à la même époque.

(3) *Les Martyrs pendant la Révolution,* par M. l'abbé Blin, t. I, p. 29.

si négligée depuis de longues années. Madame d'Amanville dut seule, après d'infructueuses tentatives, en supporter les frais. Car ayant découvert qu'un seigneur de la Beslière avait droit de séance dans la chapelle de Joué, elle avait écrit à M. de Chambray, pour lui demander de contribuer à cette restauration. Avec la courtoisie ordinaire de la haute société, M. de Chambray remontra à Mme d'Amanville qu'elle faisait erreur, la Beslière de Joué-du-Bois étant un fief tout différent de celui sis en la paroisse de la Beslière relevant de sa seigneurie (1).

La chapelle restaurée fut bénite :

« Ce 4 septembre 1775, je, prêtre curé de Joué-du-Bois, sous-signé, ai bénit la chapelle de Joué qui est sous l'invocation de saint Hubert, interdite depuis près de cent ans, après quoi j'ai dit une messe haute, en présence de Me Huard du Plessis, chapelain de saint Michel et du saint Rosaire (2). »

Malheureusement attaqué d'une grave maladie, qui lui rendait difficile l'usage de la parole, Fr. Engerrand donna sa démission en faveur de Jean Engerrand, son frère. Le souverain pontife, le seigneur patron et l'évêque approuvèrent un changement qui permit au digne prêtre de continuer à habiter « le manoir presbytéral » où il décéda le 30 octobre 1787, à l'âge de 52 ans (3).

Me Jean Engerrand, né en 1749, nommé par L. Jacqueline Es-tienne du Taillis, dame du Belle et Julien Robichon du Mesnil installé le 4 novembre 1785, n'avait pas la fermeté de caractère nécessaire en ces temps malheureux et difficiles. Le vicaire, Me Besniard, découragé, s'éloigna discrètement en 1788, devint chanoine de Carrouges et fut l'un des martyrs de la Révolution. L'abbé Vains, né à Séez, le 4 mai 1757, quitta le vicariat de Mieuxcé dans l'espoir de recueillir, avec celui de Joué-du-Bois, la prestimonie du Rosaire qui lui revenait à titre de proche parent, après la mort de Me Huard (4).

(1) La Beslière, canton de Mortrée (Orne).

(2) Archives de la fabrique.

(3) A son inhumation très solennelle, on vit Me Renut, curé de la Chaux, de Brais, curé de Rânes, de Robillard, curé du Champ-de-la-Pierre. Riblier, Vic. de Saint-Martin, Trocherie, titulaire des Buards, Ernult, prêtre, L'Orguelieux, chape-lain de Rânes et Anceaume, curé-doyen de Saint-Georges d'Annebecq.

(4) En 1742, l'avocat Vains, sieur de la Pigeonnière, en la Ferté-Macé, avait usé de son droit de présentation à la chapelle du Rosaire, en faveur de Jean Lysieux, son cousin.

Pendant la Révolution, Vains prêta serment à la constitution civile et entraîna son curé Jean Engerrand, dans la même faute. Cette double défection attrista les fidèles et rendit plus douloureuses les scènes inoubliables de la Terreur.

CHAPITRE IV. — Le Trésor.

—

I. Revenus. — L'église, ou mieux une partie de l'église,
était le principal terrain que le trésor eût à exploiter ; les trois
chapelles adjacentes appartenaient aux seigneurs de Joué, du
Belle, à la famille Robichon ; et le chœur restait au clergé. Une
nef de 99 mètres superficiels formait donc le premier chapitre de
l'actif ordinaire, et quel maigre chapitre ! Alors, en effet, deux
bancs, ceux de Claude Guillouard l'Estang et de Guillouard la
Rivière seuls *fieffés*, payaient la modeste somme de 20 sols.

On quêtait, il est vrai, dans une partie de la nef ; un employé
de l'église passait dans les rangs avec une coquille, afin de percevoir les deniers des personnes qui assistaient aux offices. Le
bénéfice était minime. En 1656, la coquille valut au trésor 7 l.
10 sols ; si elle produisit, en 1659, 12 l. 4 sols, elle redescendit
quelque temps après à 40 sols. Une partie des assistants restaient
debout, comme cela se pratique encore en certaines églises de la
contrée.

On « *gageait* » (affermait) aussi certaines places à un ou plusieurs individus qui, en sous-baillant ou en quêtant, réalisaient
au profit de la fabrique une somme relativement considérable
puisqu'elle s'élève, en 1656, à 63 l. 17 sols. Heureusement, quelques fondations et des legs particuliers assurèrent des rentes
supplémentaires qui permirent de faire face aux dépenses néces-

saires. Les fidèles y ajoutèrent souvent des offrandes mobilières d'un prix plus ou moins grand. Ainsi, en 1654, Madame de Joué donna une aube de lin en compensation de la cire fournie par la fabrique « lors de l'inhumation de son fils, M. de Saint-Roch. »

II. ADMINISTRATION. — Quoique pauvre, le trésor n'en avait pas moins une administration soignée. La comptabilité de cette époque suivait des règles précises qu'il fallait minutieusement observer. L'acte même le moins important exigeait de nombreuses formalités (1).

Les deux trésoriers, nommés chaque année par le *général assemblé*, devaient être agréés par l'archidiacre lors de sa visite annuelle. Ils avaient « à tenir un compte exact des recettes et de la *mise* et à employer une vigilance entière à faire rentrer des fonds dont ils devenaient responsables ». Quand leur gestion arrivait à sa fin, les comptes étaient examinés et approuvés dans leur totalité ou seulement en partie, suivant les bons ou mauvais résultats du contrôle. L'examen devait être passé par l'envoyé de l'évêque, ordinairement l'archidiacre, qui leur donnait « décharge » ou les condamnait à diverses obligations. Le trésorier ancien remettait alors les titres de la fabrique à son successeur. A la mort du curé, la remise se faisait aux mains d'un procureur du roi (2).

(1) Le 17 septembre 1775, après délibération et enchères publiques, le « curé, trésoriers et habitants » adjugaient à F. Blot, aubergiste de Joué-du-Bois, les fruits du cimetière et du Clos de la Maladrerie pour la somme de 24 l., payable dans la quinzaine. (*Archives de la fabrique*). La vente d'un pommier sec réclamait autant de formalités (1778).

(2) « Copie du récépissé que j'ai donné à M. de Boisperey comme trésorier concernant les titres du trésor, lesquelles pièces il faudra mettre au coffre et en porter la remise sur le registre du trésor.

Comme trésorier de l'église paroissiale de Saint-Jean de Joué-du-Bois, j'ai reçu de M. de Boisperey, exécutant le testament de feu Mᵉ Jean Lysieux, décédé, curé de Joué-du-Bois, du nombre des pièces trouvées et repertoriées à sa succession, celles qui suivent, sçavoir :

La troisième liasse dix-neuf pièces, cy.	3 l.	19 p.
La cinquième liasse six pièces, cy.	5 l.	6 p.
La dix-septième liasse trente-neuf pièces, cy.	18 l.	39 p.
La dix-huitième liasse cinq pièces, cy.	17 l.	5 p.
La trentième liasse huit pièces, cy.	30 l.	8 p.
La trente-et-unième liasse onze pièces, cy.	31 l.	11 p.

Toutes lesquelles liasses et pièces m'ont été remises par M. le Procureur du Roy comme concernant le trésor de notre fabrique et pour être reçues au coffre du dit trésor à ma diligence. Ce 7 avril 1773.   GUÉRIN DE LA RAITIÈRE. »

La charge de trésorier, bien qu'elle occasionnât plus d'ennuis que de profits, plus de responsabilité que d'agrément, ne manqua jamais de titulaires. En 1643, Louis Estienne, écuyer, sieur du Taillis et Guillaume Guérin la Vallée, trésoriers, présentèrent leurs comptes à l'archidiacre qui les signa avec M⁰ Pierre de Lonlay. En l'an 1657, François Langlois, écuyer, sieur de Joué, et Claude Guillouard de la Rivière remplirent les mêmes fonctions. Leurs comptes, admirablement calligraphiés, ont une clarté merveilleuse. Presque tous les trésoriers agissaient de la même manière, aussi leurs registres nous donnent, par la variété et l'élégance des écritures, la preuve vivante du degré d'instruction qu'on recevait à Joué-du-Bois à cette époque.

D'après le compte de 1656 (1), les rentes de cette année se montèrent à la somme de cent quinze livres, un sol, six deniers. Grâce à de nouvelles générosités, les revenus augmentèrent, mais toutefois d'une manière si modérée qu'ils n'ont jamais atteint 200 livres. Il n'est pas besoin d'ajouter ici que le trésor n'avait presque rien au commencement du xvii⁰ siècle ; les perturbations engendrées au siècle précédent par le protestantisme avaient mis le désarroi dans toutes les églises de la contrée.

III. Dépenses. — Les revenus du trésor n'étaient pas exempts de charges régulières. Ainsi, en 1656, il fallait prélever tout d'abord les honoraires bien modestes, il est vrai, de 17 messes. En plusieurs circonstances, ils nous ont paru s'élever à 10 sols, et ceux de la recommandation à 5 sols ; mais la suite de nos observations nous porte à croire que ces honoraires, non tarifés par l'autorité supérieure, varièrent beaucoup. Le grand nombre de prêtres qui résida à Joué-du-Bois dut les rendre peu exigeants. Ce qui nous le prouve en particulier est la fondation par laquelle M⁰ Michel Chauvin, prêtre, sollicita et obtint à perpétuité une messe basse tous les mardis de chaque semaine, pour le pré de la Queue et une pièce de terre labourable située à la Hersonnière, donnés « par contrat passé devant Jean le Rouge, tabellion à Carrouges, le 9 février 1659 ». Or, Jean Gérard, le locataire, ne servait que 23 livres chaque année. Les honoraires furent donc réduits à près de huit sols, probablement moins encore, car,

---

(1) Voir aux *Pièces justificatives* le détail de ce compte.

d'après le contrat, « il fallait chanter un *libera* à la fin d'icelle (messe), au bout du tombeau du dit feu messire Michel Chauvin, qui est inhumé dans la dite église, devant l'image du crucifix, et recommander son âme aux prières de l'église ».

D'après un document de 1660, les honoraires des messes de cette fondation furent fixés « à 14 l. chacun an ». Une autre pièce de 1669 indique 11 messes payées à M. le curé par les trésoriers « à raison de 9 sols par chaque messe », tandis que deux messes du Saint-Rosaire avaient 25 sols d'honoraires en 1671.

Les recettes du trésor ne permettaient pas de dépenses considérables. La *mise* d'une année ordinaire (1656) atteignit seulement 35 l. 8 sols 6 deniers, mais quelquefois elle s'éleva à des sommes importantes. Les comptes du trésor au xviie siècle nous ont fourni, sur les usages d'autrefois, d'intéressants détails.

Ainsi on n'entretenait pas de lampe devant le saint sacrement en 1645 (1) ; on se servait de chandelle de suif quand on le portait aux malades. Au Belle, on acheta même de la *rousine* pour le luminaire. On façonnait à Joué-du-Bois les pains nécessaires pour la sainte communion avec des fers gravés, propriété d'une famille qui ne cessa sa fabrication qu'à l'avènement de M. Loublier (1851). Les chapes étaient nombreuses et plus communes que maintenant ; aucune couleur ne faisait défaut.

Un crucifix était placé devant la chaire. On distribuait du pain bénit, aux frais du trésor ; un gros cierge, qui coûta 41 sols de façon en 1652, était allumé aux fêtes de Pâques.

On devait parfois avoir un luminaire spécial ; à la Saint-Jean, en 1665, on le paya 20 sols ; « à la Saint-Sacrement », il fut de 19 sols en 1672 ; un autre au Grand Rosaire coûta 20 sols en 1663.

Pendant le carême, on plaçait les armes de la Passion aux pieds du crucifix. En 1671, le peintre reçut, pour ce travail, 60 sols. Pour 30 sols, le même artiste avait refait l'agneau du tableau de saint Jean-Baptiste. Aucun employé du chœur ne recevait d'honoraires du trésor. Si celui-ci fournissait aubes, ceintures, surplis, ornements, encens et cierges au curé et aux vicaires, il était contraint de ne pas agir avec la même générosité à l'égard des

---

(1) Les vicaires déclarèrent qu'il y aurait eu péril de mort à en installer une à cause de l'élévation de la voûte.

chapelains et des prêtres habitués. Pendant la vacance (1643-1644) (1), alors que Claude Lenoir administrait la paroisse, les prêtres habitués protestèrent contre cette parcimonie du trésor à leur endroit et s'abstinrent d'apporter leur surplis et de prendre part à la psalmodie. Ils reçurent, en 1644, l'ordre formel de se conduire d'une manière plus édifiante, d'apporter leur surplis et d'aider à la psalmodie les fêtes et dimanches, « car, ajoute l'archidiacre, le contraire était chose scandaleuse et opposée à leurs charges et fonctions de chapelains ». En 1663, ils payèrent au trésor, pour les luminaires de leurs messes, 6 l. 61 sols de cire. Quand ils refusèrent de s'acquitter de leurs dettes, les trésoriers en adressèrent des plaintes à l'archidiacre.

C'est encore à l'aide de ces comptes du trésor que nous avons pu nous former une idée du mobilier de l'église et du soin qu'on en prenait.

En 1652, on acheta les deux confessionnaux qui existent encore, du moins dans leurs parties intérieures. Avec une petite armoire que nous avons conservée, ils coûtèrent 115 l. 10 sols.

On acquit, en 1671, pour 28 l., deux tableaux que l'on plaça, l'un devant l'image de la sainte Vierge, l'autre devant saint Étienne.

La tour avait ses deux cloches et de plus une horloge, à laquelle on remit, en 1669, un *quadran* de 40 sols.

IV. VALEUR DES MARCHANDISES.—Vingt-cinq années de comptes (1643-1672) nous fournissent des estimations nombreuses de travaux et d'objets divers. Nous en transcrivons quelques-unes. Elles compléteront les récits des vieillards qui nous parlent constamment du bouleversement complet, opéré, au commencement du second empire, dans la valeur des produits et le salaire des ouvriers. Au commencement du siècle, comme du temps de Louis XIV, des ouvriers ont été payés 6, 12 et 15 sols par jour. Un tonneau de cidre valut 30 l. à Joué-du-Bois comme aux alentours, et une livre de viande 3 et 4 sols. Jusqu'à cette époque, les prix anciens demeurèrent stables malgré la Révolution, l'Empire, la Restauration et le règne de Louis-Philippe. Si des années de disette ou

(1) M⁰ Fr. Robichon, ancien curé, vivait encore. Il a acheté et vendu des parcelle de terre à cette époque ; de sorte que nous nous demandons si jamais il a sub l'exil auquel il avait été condamné.

des guerres malheureuses amenèrent des secousses, elles n'interrompirent le cours ordinaire que momentanément.

En 1660 et les années qui suivent ou précèdent, le trésorier de la fabrique de Joué-du-Bois paya un maçon 13 sols la journée, un couvreur 13 sols 2 deniers et une couturière 3 sols et demi et 4 sols. Dix-huit sols de chandelle suffisent à l'illumination de Noël (offices de la nuit) et à l'entretien de l'église pendant une année entière ; avec 44 sols, on peut donner le dîner à « tous ceux qui avaient aidé à monter les cloches ». Celui qui alla chercher un tonneau de chaux de 12 l. 1 sol prit, pour son harnais, 41 sols, 2 sols pour sa dépense et 18 sols pour *éteindre* la chaux. Deux mille d'ardoises, en 1660, coûtèrent 14 l. et 4 sols avec un surplus de 20 sols pour le transport.

Avec 35 l. 10 sols, on acheta, en 1656, « un psaultier, un processionnal, une étolle et des chappes blanches, rouges et noires ». Une livre d'encens coûte 4 sols, une *quanelle* pour la fontaine 7 sols. Le trésorier demanda 30 sols pour deux voyages à Falaise, afin de faire rentrer l'argent des trésoriers et des pauvres.

V. Cloches. — Dans l'espace de trente-cinq ans (1661-1696), cinq fois les cloches ont été ou cassées ou imparfaitement accordées ; cinq fois on les a fait refondre.

Une première fois, « en mai 1561, se sont réunis MM. (suit un grand nombre de noms), les présents faisant fort pour les absents, lesquels, aprés avoir délibéré, ont consenti et voulu que messire René-François de Broon, chevalier, seigneur fondateur de la paroisse de Joué-du-Bois, Champ-de-la-Pierre, Saint-André de Messey, des Fourneaux, Saint-Laurent de X... et autres lieux, nomme la grosse cloche avec noble damoiselle Marie de Saint-Remy de la Motte-Fouquet, marraine. Et, pour la petite cloche, ont nommé messire Henry de Broon, chevalier et seigneur fondateur de Saint-Patrice, Joué-du-Bois, Aligny et autres lieux et seigneureries, et, pour marraine, noble damoiselle Suzanne Matrop de Tressaints et ce présent François Langlois, escuyer, seigneur de Joué-du-Bois, qui a déclaré et confessé la qualité de seigneurs de Joué-du-Bois aux dits sieurs des Fourneaux et d'Aligny et la qualité de patron (1). »

(1) Voici le mémoire des dépenses pour la refonte des cloches, en 1661 :
« Pour le suif à faire le moule des cloches...................... 3 l. 2 sols.

En 1666, la grosse cloche se casse, et il faut la refondre. L'opération coûta 12 écus de principal et 30 sols d'accessoire. C'était presque pour rien ; aussi l'on recommençait en 1669.

La fonte se faisait ordinairement sur la place. Nous en avons retrouvé, à l'endroit où est maintenant la tour, des vestiges non équivoques. Afin d'atteindre le degré de chaleur nécessaire, les fondeurs allumaient un véritable brasier, qui n'était pas sans danger. En effet, après la refonte de 1669, le général assemblé fut obligé de voter une indemnité à M⁰ Michel Levannier, prêtre, dont la maison avait été ainsi fortement endommagée.

Cette fois on avait pris beaucoup de précautions et de garanties pour obtenir « bon métal, bonne fonte et bon accord » (délibérés). Peine inutile ! Les cloches cassaient comme verre.

« En juillet 1685, les habitants ont consenti à donner 40 livres à Abel Audouin de la ville d'Angers, de la paroisse Saint-Pierre, et à J.-B. Roch de Langres, en Champagne, autre fondeur de cloches, lesquels se sont solidairement obligés à faire fondre la dite grosse cloche dans la quinzaine de septembre prochain, la rendre bien sonnante, battante et d'accord avec la petite. Le

Pour de la bourre pour les dits moules .... 8 sols.
Pour avoir tiré de la terre et fait les vidanges du cimetière contre la chapelle du Belle (1) .... 12 sols.
Pour le *métail* et *estain* pour fondre les dites cloches et pour le port du dit *métail* venant de Caen .... 73 l. 9 sols.
Pour avoir voiture, de la terre (argile) et fagots pour les dites cloches 15 sols 6 den.
Pour avoir chauffé le four pour sécher le bois .... 15 sols.
Pour deux douzaines *d'ocre fin* pour les moules des dites cloches .. 4 sols.
Pour la dépense du jour que les cloches furent fondues .... 44 sols.
Plus pour avoir accord du métail à Marin Josselin, fondeur....... 7 l. 12 sols.
Pour le fondeur pour avoir fait fondre les dites cloches .... 42 l.
Pour avoir envoyé du bois pour fondre les dites cloches.......... 30 sols.
Pour avoir acheté du bois à chauffer le four..................... 5 l. 5 sols.
Pour du charbon.. 4 l. 1 sol.
   id.   id. .... 23 sols.
Pour avoir été quérir la Romaine à peser les cloches............ 6 sols.
Pour du parfum à bénir les cloches............................. 20 sols.
Pour avoir du cuir de Paris à pendre les battans............... 12 sols.
Pour la ferrure.. 8 l. 4 sols.
   Et en 1663, on voit de plus :
« Pour le maçon qui a fait le four pour fondre les cloches..... 53 sols.
Pour avoir fait les hunes des cloches........................... 6 l. 10 sols.
Le maréchal de Beaudouet pour avoir accommodé le *batail* et le *marteller* .... 4 l.
Pour les autres ferrures........................ 7 l. »

(1) Nous avons, lors du déblaiement de 1878, découvert cette terre calcinée.

trésorier est autorisé à acheter le métal et à faire les autres dépenses pour la fonte de la dite cloche, laquelle somme sera délivrée aussitôt la cloche fondue et jugée d'accord. »

L'année suivante, en may 1686, fut présent Me Thiboust, maître fondeur de la ville du Mans, paroisse Saint-Benoist, qui refondit la grosse cloche ; le métal coûta 14 sols la livre. Il fut accordé un an de garantie. On paya en deux termes : 22 livres après le travail et 22 après l'expiration de la garantie.

« Enfin, le 11 juin 1696, à l'issue des vêpres, cloches sonnan-tes, devant nous, Claude Desanières, prêtre, vicaire de la paroisse, se sont assemblés les paroissiens.... ils sont convenus avec Jacques Turmelle, maître-fondeur, domicilié en la ville d'Argentan, grande-rue Sainte-Thomas, proche de la Croix Blanche, lequel est obligé de fondre bien la grosse cloche à ses périls, et la mettre d'accord avec l'autre et mettre les armes du sieur marquis de Broon, patron de l'église de Joué-du-Bois, pourquoi ils se sont obligés de payer la somme de 30 livres pour tout droit, peine et vacation, à cette fin lui sera fourni les matériaux nécessaires sur le lieu. »

La façon d'un rouet pour cloche coûta 40 sols. La façon des cordes, 25 sols.

Au siècle suivant, on recommençait :

« Le 29 juillet 1779, ont été bénites par nous curé de Joué-du-Bois soussigné, deux cloches, la première nommée Marie-Jacqueline par messire Jacques-René Ricœur de Bâmont, capitaine de cavalerie, chevalier de l'ordre royal et militaire de Saint-Louis, seigneur patron de cette paroisse, et par noble dame Marie-Françoise du Coudray de Bâmont ; la seconde cloche, nommée Jacqueline-Pélagie, par messire Jacques-Constantin du Bois, du Bois-Tesselin, chevalier, seigneur et patron du Belle, seigneur haut justicier de Joué-du-Bois, ancien mousquetaire du roy, et par noble demoiselle Ricœur de Vitrey... » Le reste est laissé en blanc (1).

Une des cloches était brisée dès l'année suivante. La fabrique se déclara dans l'impossibilité de couvrir la dépense de la refonte et la commanda néanmoins. Quand les fondeurs réclamèrent

1) Archives de la fabrique.

leur salaire, on se décida à adresser à Monseigneur l'Intendant de la généralité d'Alençon une supplique ainsi conçue :

« Monseigneur l'Intendant de la généralité d'Alençon,

Supplient humblement les habitants en général de la paroisse de Joué-du Bois..... A ce qu'il vous plaise leur accorder une somme au moins de trois cents livres pour la refonte et déchet de la dite cloche, laquelle somme sera assise au marc la livre de la taille, et levée sur les taillables de la dite paroisse et sur ceux qui y ont des biens fonds et avancée par cinq des plus haut cotisés après ceux qui ont fait la dernière avance pour *les chemins* comme étant leur rang pour les avances de la dite somme, lesquels en feront la cueillette lorsqu'il vous aura plu la taxer. En leur accordant leurs justes demandes, ils ne cesseront de prier pour votre prospérité.

« Fait à Joué-du-Bois, en présence des et signée des dits habitants suivant les règlements, le cinq janvier mil sept cent quatre-vingt-trois.

« F. Engerrand, curé de Joué-du-Bois, Jean Engerrand, vicaire de Joué-du-Bois, Du Bois-Tesselin, Lemeunier-des-Champs, Gauttier de l'Aître-Gauttier, Jacques Engerrand, Louis-Jacques Guérin, Estienne Guillochin, Etienne Gérard, Daniel Engerrand, François Robichon-du-Mesnil, J. Rousse, J. Dalifard, trésorier, Urbain Fromont, J. Challemel-du-Plessis, sindic. »

En marge, l'Intendant écrivit :

« Avant faire droit, il sera convoqué une assemblée de tous les possédants fonds qui y seront appelés tant par annonces au prosne que par billets de convocation envoyés aux propriétaires, lesquels délibèreront sur l'objet de la présente requête, pour leur délibération avec le marché fait pour la refonte de la cloche nous être renvoyée pour être par nous statué ce qu'il appartiendra.

« A Alençon, ce 7 janvier 1783 (1). »

Le curé exécuta les ordres de l'Intendant, et le 9 février, il rédigea la délibération qui suit :

« Aujourd'hui dimanche 9 février 1783, à l'issue et sortie des vêpres paroissiales de Joué-du-Bois se sont assemblés en général

______

(1) Archives de la fabrique.

lcs habitants de la dite paroisse au son de la cloche en la manière
accoutumée et au lieu ordinaire...... Les dits habitants assemblés,
comme il est dit cy-dessus, ont consenti et consentent d'un
commun accord et d'une voix unanime, vu la modicité des revenus du trésor, qu'il y ait une somme au moins de 300 livres prise
et levée au marc la livre sur les habitants et possédants fonds en
la dite paroisse, laquelle somme sera avancée par cinq des plus
haut cotisés après ceux qui ont fait les avances pour les chemins,
de laquelle somme les dits cinq haut cotisés feront la cueillette.

« Fait et arrêté en présence de nous curé, syndic et trésoriers
de la paroisse.

« Suivent dix-huit signatures et celle du syndic, J. Duples-
sis (1). Nous apprenons ici avec quelle promptitude on traitait
autrefois les affaires publiques (la requête ne resta que deux jours
à Alençon) et avec quelles précautions l'on répartissait les impôts ;
comment s'entretenaient nos vieux chemins et le luxe de publicité
requise pour asseoir un impôt extraordinaire.

VI. Visites de l'Archidiacre. — Dans le cours de ses
visites, l'Archidiacre contrôlait la régularité des comptes de la
fabrique et jugeait les différends.

En 1643, il ordonna aux trésoriers de poursuivre Mlle du Belle
qui se refusait à payer les luminaires de sa chapelle. La pour-
suite eut son effet puisque, dans le compte suivant, nous avons
remarqué cette ligne « 15 sols pour achat de *rousine* pour
faire de la bougie pour la chapelle du Belle à quoy le trésor est
obligé, suivant les deux arrêts rendus par la cour contre Étienne
Coupry, ancien chapelain du Belle et doyen d'Annebecq en
1657 (2). » Plus loin on lit :

« Celui qui dira, pour la fondation Michel Chauvin, une messe
basse tous les mardis, est ordonné par l'Archidiacre de la com-

---

(1) Cette cloche fut enlevée durant la Révolution. La clochette de l'autel probablement fondue à la même époque porte d'un côté une fleur de lys, de l'autre la
marque estampée du fondeur Pierre Bessin, qui est un coq hardi.

(2) Vingt ans plus tard, les trésoriers furent également autorisés et contraints
de poursuivre Jean Coupry, doyen d'Annebecq et curé de Saint-Georges « pour
mettre en leurs mains l'arrêt de la cour par lui obtenu pour dix livres de rente à
prendre sur les héritiers de feu Mlle du Belle, données au profit du dit chapelain
(du Belle) et du trésor, pour lequel il lui sera baillé bon reçu. » (Archives de la
fabrique).

mencer à huit heures du matin au plus tard, afin que les parents du défunt y assistent (1). » En 1671, l'archidiacre reçoit et approuve un amortissement fait par François Chauvin, *l'aisné.* En 1647, on lui fait observer que, lors du trépas d'une personne, l'on sonnait démesurément les cloches, avec ennui des voisins et danger de les casser ; alors il rend une ordonnance par laquelle il est prescrit « que l'on ne sonnerait pas de nuit, et qu'après avoir tinté les coups pour avertir du trépas de la personne décédée, on donnerait trois volées de chacune une demi-heure environ, et lors de l'enterrement, la même affaire et durant le service si besoin est. »

Le même jour, ayant appris que les deniers quêtés pour dire la messe Saint-Jean-Baptiste étaient mal administrés, il ordonne de les déposer désormais entre les mains du curé ou vicaire.

En 1648, Guillaume Guérin reçut ordre de rendre compte de la quête de la messe Saint-Jean-Baptiste et des trépassés, et Jehan Herbinière, de celle du Rosaire. En 1663, l'Archidiacre approuva une dépense de 60 sols à laquelle le trésor avait été taxé pour les pauvres par l'autorité civile (2).

Nous donnons ici un des procès-verbaux rédigés à la suite d'une visite :

« Le présent compte-rendu par Me Michel Robichon, prêtre, et Michel Chauvin, trésoriers de l'église paroissiale de Joué-du-Bois, a été vu et examiné par nous Gervais Bazire, prêtre, licentié en droit, archidiacre du Houlme et chanoine de l'église cathédrale de *Saïs,* qui s'est monté en rentes à la somme de trois

---

(1) Une procédure eut lieu entre les habitants de Joué-du-Bois et leur curé, au sujet de la célébration d'une première messe le dimanche (1681). (Renseignements fournis par M. Darpentigny), greffier de la justice de paix à Putanges.

(2) L'autorité civile s'ingérait fréquemment dans l'administration du trésor, commandant des poursuites et envoyant des sergents qui couchaient leurs ordonnances sur les registres (1673). Vers 1660, l'Intendant prescrivit aux habitants de Joué-du-Bois de procéder à la nomination de nouveaux trésoriers, le délai ayant été dépassé sans autorisation. Le 21 janvier 1773, fut rendu un arrêt du procureur du roi prescrivant aux trésoriers de la fabrique de présenter immédiatement leurs comptes. Le mémoire, très bien exposé par Guérin Raitière, comprit la gestion de huit années conformément aux trois avis pris à Falaise par Raitière du consentement et par procuration de ses cohéritiers. Les recettes ne s'élevèrent qu'à la somme de 163 l., car Mme d'Amanville, fille et héritière d'Urbain Langlois, avait refusé de verser une rente due à la chapelle du Belle sans titulaire depuis 1762, et douze bancs seulement étaient loués à M. du Bois-Tesselin et aux principaux habitants.

cent quarante livres un sol (il y avait deux années), et la mise et dépense à la somme de deux cent quatre-vingt-six livres seize sols, et partant les recettes s'élèvent au-dessus des mises à la somme de 63 l. 10 sols. Ce à quoy les avons condamnés, sauf leur recours sur les redevables, à la charge et décharge aux trésoriers de poursuivre la clôture des comptes le jour de la Toussaint, ce fait, nous venons interdire et défendre d'y toucher ; fait ce 5ᵉ jour de juin 1668. Présent le sieur curé, Mᵉ Estienne et Jean Broust, Pierre Léger, prêtres, Marin Gauthier, François Louin et Michel Catois. »

L'archidiacre était payé 20 sols, son greffier 3 sols d'abord et plus tard 5 sols.

En 1672, après la mort de l'évêque, les vicaires capitulaires, administrateurs du diocèse, députèrent pour la visite, M. le curé de Rânes, doyen d'Annebecq, qui rédigea le procès-verbal suivant :

« Du neuvième juillet mil six cent soixante-douze, devant nous Jacques Héron, prêtre, curé de Rasnes et doyen d'Annebecq, vice-gérant de Monsieur l'Archidiacre du Houlme, suivant la commission de Monsieur le Grand Vicaire de Séez, à nous adressée, le siège épiscopal vacant, après la visite faite en l'église de Joué-du-Bois, présents Guillaume de la Lande, prêtre, escuyer, curé du dit lieu, les paroissiens, *Jean Coupry*, prêtre, Jean Guillouard, trésoriers, pour eux et pour défunt François Chauvin et Louis Guillouard, cy-devant trésoriers du trésor et fabrique du dit lieu, nous ont présenté leurs comptes pour les deux années dernières jusqu'à ce jour. Ce que nous avons vu et examiné et calculé présence du dit curé, et nous avons trouvé que la *recepte* se monte à la somme de neuf vingts onze livres neufs sols dix deniers, et la mise, y compris le dernier *debet*, se monte à la somme six vingts quatorze livres onze sols, et partant, sauf erreur de calcul, la *recepte* excède la mise de la somme de vingt-six livres dix-huit sols dix deniers, en quoy nous les avons condamnés envers le dit trésor, sauf pour eux de se faire payer les derniers comptes et sans *reçuts*. Les dits trésoriers destitués, et mis en leur place les personnes de... (rien d'écrit). A l'égard de la nomination vacante et de la constatation par les dits trésoriers, nous avons renvoyé à dimanche prochain par devant le général. Pour la nomination des trésoriers a été nommé les personnes de François Louin et Michel Cathois, pour vaquer à la ditte charge.... »

VII. Participation des habitants dans la gestion des affaires du trésor. — Les paroissiens nommaient les trésoriers, sauf acceptation par l'Archidiacre. Ils supportaient difficilement les infractions aux décisions arrêtées et à leur droit de contrôle. En voici quelques exemples :

« 1° Le dimanche 18 février 1646, les habitants de Joué-du-Bois, réunis pour les affaires concernant le trésor de la fabrique, ont déclaré qu'ils n'entendent dorénavant que Louis Étienne, écuyer, sieur du Taillis, ne pourra gérer ou négocier aucune affaire des choses concernant le dit trésor suivant et conformément à la sentence de l'Archidiacre du Houlme en date du 9 mai dernier, faisant la visite de la dite église, et qu'ils veulent que les personnes nommées sur le registre prennent, dès à présent, le soin du trésor. »

On se le tint pour dit, et Louis Étienne remit les registres et les deniers de la fabrique aux nouveaux titulaires.

« 2° En 1692, les habitants délibèrent sur l'assignation qui a été commise par J. Daliphard, sergent ordinaire de Carrouges, à la requête de Jean Broust et de Jean Catois, trésoriers de cette église, et consentent que la somme de 48 livres 10 sols demeure en surséance entre les mains de son trésorier sans préjudice du surplus de leurs comptes cy-devant rendus en attendant la restitution qui en est due et que les paroissiens prétendent être due par le chapelain de la fondation de feu Mᵉ Michel Robichon, curé de la Chaux, et de Jean Robichon, son frère, ou par leurs héritiers qui seront poursuivis par Jean Broust, en sa qualité de procureur »

« 3° Le 15 mars 1778, en présence des habitants assemblés, MM. le Curé, les prêtres et trésoriers se sont assemblés au banc de l'œuvre et ensuite au presbytère, pour cause de grand froid, afin de délibérer sur la réception de compte que rendent au trésor et fabrique, Louis-Jacques Guérin, sieur de La Vallée, et Jean Ernut, trésoriers, pour les années, depuis 1773 jusques y compris 1777, à laquelle assemblée ont été présents Mᵉ F. Nicolas Engerrand, curé, Mᵉ Jean Delaunay, Mᵉ Pierre-François Lemeunier, sieur de La Martinière, prêtres habitués, Jean-Toussaint Chal-

mel, sieur du Plessis, Julien Gautier, sieur de l'Aître-Gautier.
Alexandre Lemeunier, sieur Deschamps, le sieur Marin Esnu,
Jean Fouret, Étienne Gérard, Jean Dalifard, François David,
Urbain Fromond, Michel Levannier et Jacques Samson, tous
habitants de la paroisse, les présents faisant fort pour les absents,
lesquels ont accordé acte aux trésoriers de la présentation du
compte qu'ils rendent de leur administration pendant les cinq
années et de ce que, par l'arrêté du compte, les dits trésoriers se
trouvent redevables pour reliquat d'une somme de 890 livres cinq
sols deux deniers, laquelle somme les dits trésoriers s'engagent à
verser aux mains de Julien Gauthier qui leur succède aux dites
fonctions, ce faisant les dits sieurs de la Vallée et Jean Ernut bien
valablement déchargés.

« Et en ce qui touche les représentations faites par M. le Curé
qui, pendant la précédente gestion des dits sieurs, avait échangé
une vieille croix contre une neuve sans préalablement avoir pris
la forme d'une délibération ; et pour raison de l'eschange il
déclare avoir payé de retour 72 livres ; quoique les dits sieurs
trésoriers et habitants assemblés soient en état de soutenir que,
sans autorisation, il n'y a rien de valable, pour le bien de la paix,
ils consentent et agréent le dit échange.

« En ce qui touche la déclaration faite par le dit sieur curé
que la feute dame du Belle avait donné au trésor de la dite église
la somme de 200 livres et comme le dit sieur curé déclare en
avoir employé le montant en trois chapes noires et deux chasubles de couleur et quatre palles suivant la quittance de la sœur
Cauvin, religieuse Solertisme de l'Hôtel-Dieu de Falaise, en date
du..... les dits habitants, quoique la dépense ait été faite sans
autorisation, en déchargent le dit sieur curé.

Et en ce qui touche les fondations, il a été convenu qu'il sera
dressé incessamment un tableau qui sera affiché dans la sacristie,
et que les services des dites fondations seront annoncés au plus
prochain dimanche de leur échéance, et que les dits sieurs curé
et prêtres qui les auront acquittéj seront payés du passé par le dit
trésor sur leur déclaration et quittance (1). Et comme le dit sieur

(1) Cette mesure n'était pas une innovation. En effet, par quittance du 22 janvier 1775, nous savons que Mᵉ Delaunay, prêtre, avait reçu de M. de la Raitière,
trésorier de l'église de Joué-du-Bois, 62 l. 34 sols pour les messes de Mᵉ Thomas
Guillouard (années 1773 et 1774), 4 l. pour messes de Mᵐᵉ des Chardières, 10 l.
pour celles de M. de La Lande, ancien curé de ce lieu, et 14 l. pour celles de
Mᵉ Jean Boismalle, prêtre.

curé déclare avoir versé 72 livres pour la croix, les habitants lui donnent acte de ce qu'il renonce à rien exiger à cet égard. Et d'autant que les dits sieurs habitants ont représenté à M. le Curé qu'il s'emparait des luminaires des défunts, le dit sieur curé ayant répondu qu'il se conformait à l'usage, les dits habitants lui ayant soutenu le contraire, le dit sieur curé, pour éviter toutes contestations pour le bien de la paix et sans préjudice aux droits et usage de la dite cure et aux droits de ses successeurs, a déclaré que personnellement il consent que la moitié des dits luminaires restassent au trésor et qu'il disposerait de l'autre moitié à son gré, ce qui a été consenti. De plus, le dit sieur curé a déclaré que, sans préjudice à ses successeurs, il consent généreusement, quoiqu'il ne soit pas obligé, à fournir le vin de toutes les messes pendant toute son existence. Ensuite toutes les pièces et quittances sont remises au nouveau trésorier pour être remis au coffre, après qu'il sera rempli du dit reliquat, n'entendant le dit sieur curé et habitants de rien innover (1). »

Dans le second *délibéré*, nous trouvons le tarif du fossoyeur-sonneur et un certain nombre de clauses qui devaient mettre la fabrique à couvert contre les réclamations des parties intéressées et les décrets du parlement sur la police des cimetières.

« Aujourd'huy dimanche dix-huitième jour de novembre mil sept cent quatre-vingt-un, issue et sortie des vêpres paroissiales de Joué-du-Bois.... se sont assemblé les trésoriers en charge du trésor et fabrique de Joué-du-Bois et les habitants en général de la ditte paroisse au son de la cloche en la manière accoutumée, les présents faisant fort pour les absents, pour délibérer des affaires concernant les fosses pour enterrer les défunts, et notamment pour élire un fossoyeur et sonneur pour les dits défunts et même tant pour mettre au rabais les dittes fosses à faire en le simmetière de Joué-du-Bois, que pour sonner les cloches en mort pour ceux que Dieu appellera à son commandement. Pour cet effet s'est présenté François Catois, sacriste de la ditte église de Joué-du-Bois, qui les a mises à cinquante sols ; si est aussi présenté Louis Guillochin, journallier, qui les a mises à quarante sols ; par le dit Catois à trente-cinq sols et par le dit Guillochin à trente, par le dit Catois, sacriste, à la somme de vingt sols ; à ce dernier adjugé par nous curé, trésorier et habitants de la ditte paroisse à la charge par le dit Catois de faire les dittes fosses pour les deffunts en le dit simmetière de Joué-du-Bois et sonner les cloches en mort pour eux à commencer comme de ce présent pour et continuer à l'avenir, sans y manquer. Et sera tenu, en cas d'absence ou maladie, mettre un homme en son lieu et place : faute par lui de le faire, le sieur curé ou les trésoriers en charge pourront mettre une personne pour faire les dittes fosses à ses frais et dépens, se conformera pour faire les dittes fosses à l'arest du parlement de Rouen, en date du 23 juillet mil sept cent quatre-vingt-un, à nous envoyé par le procureur général du roi et lut au prosne de notre grande messe paroissiale de Joué-du-Bois. Le dit Catois, sacriste, se fera payer tant pour chaque fosse que pour sonner les cloches en mort pour chaque défunt la somme de vingt sols par les héritiers ou représentant chaque défunt à commencer depuis l'âge de treize ans jusqu'au dernier âge ; et en cas de refus des héritiers ou représentant le défunt, le dit fossoyeur pourra les contraindre au paiement même par justice. Les pauvres qui n'auraient pas le moyen de payer les salaires du dit fossoyeur, le dit fossoyeur faira conaître au sieur curé et au trésorier en charge la pauvreté des héritiers ou représentant le dit défunt pour, par eux, estre ordonné qu'il prenne et persoive cette somme du procureur de la charité, et sur le champ, il lui expédiera quittance de la somme qu'il percevra. Et pour les fosses des petits enfants depuis le premier âge jusqu'à celui de sept ans ont été également mises au rabais par le dit François Catois, sacriste, à la somme de quinze sols ; par le dit Louis Guillochin à la somme de douze sols ; par le dit François Catois à la somme de dix sols et par le dit Louis Guillochin à la somme de neuf sols. Reste adjugé par préférance au dit Catois, sacriste de Joué-du-Bois, par nous curé, trésorier et habitants de la dite paroisse de Joué-du-Bois, à la charge par le dit Catois de faire les dites fosses de la longueur, profondeur et largeur convenable et de sonner les cloches en mort pour les dits enfants qui viendront à mourir au-dessous de sept ans jusqu'à celui de treize. Les enfants que les nourrisses apporteront de Paris en cette dite paroisse et qui viendront à mourir, les fosses en ont été réservées à faire au dit François Catois, sacriste, sans que le dit fossoyeur puisse y rien demander ni prétendre.

« Le dit adjudicataire se réserve la liberté de se décharger de son obligation toutes fois et quantes en faisant avertir un mois avant.

« Fait et aresté ce dit jour et an que dessus.

« Signé : F. Engerrand, curé de Joué-du-Bois, du Bois-Tesselin, Lemeunier des Champs (1). »

VIII. Visites épiscopales. — Les visites de l'Evêque ne portaient pas seulement sur la gestion du trésor ; elles embrassaient absolument toutes les branches de l'administration ecclésiastique. Il veillait au bon ordre et à la conservation de tout ce qui concernait le culte et les cérémonies. L'ensemble des questions posées en la circonstance s'élevait alors au chiffre de 440. Nous avons relevé sur le mémoire rédigé à l'occasion de la visite épiscopale de Louis d'Aquin, en 1701, les points les plus intéressants.

« Hosties renouvelées tous les quinze jours ; pas de dais pour porter le saint sacrement aux malades ; ornements en nombre suffisant ; le change de nappes pour les autels ; deux aubes avec de la dentelle et une unie, avec amicts, ceintures, etc. ; trois corporaux et un petit pour mettre dessous le saint sacrement au tabernacle ; sept purificatoires ; quatre nappes pour attacher au balustre pour la communion selon que le temps le requiert ; un surplis pour aller porter le saint sacrement aux malades.

« La chapelle du Rosaire (2) a ses ornements et linges particuliers confiés à la garde du chapelain, vases sacrés d'argent, soleil, ciboire, boîte pour porter le saint sacrement aux malades, deux calices. Les chandeliers sont en bois peint.

« Pour la procession, une croix de bois couverte de *ficelles* d'argent, mais point de bannière ; il y a ceinture ou litre funèbre avec les armoiries du patron ; on sonne chaque jour l'*Angelus* gratis ; le cimetière n'est pas fermé à clef à cause du monde qui arrive par plusieurs endroits. L'œuvre n'a de revenu fixe que 50 ou 60 livres, sur quoi il faut entretenir la nef, fournir la cire, les livres nécessaires pour le service divin et faire les réfections du cimetière. Ce revenu ne consiste pas en fonds, mais vient de la

(1) Archives de la fabrique.
(2) Cette chapelle s'appelait aussi la chapelle de la « confruirie ».

charité publique. En 1701, la coquille produit souvent un seul liard par quête. Il n'y a point de tronc; le trésor est tenu de payer, chaque année, aux prêtres qui font les services en messes basses dont l'église est chargée, 60 livres, faute de quoi les héritiers feraient saisie de leurs biens.

« Il y a des fondations de rentes dans les chapelles pour six prêtres, dont l'une se nomme la chapelle du Belle, et les dits prêtres de la paroisse, suivant le désir du sieur fondateur en ont chacun 41 livres, à charge de dire une messe haute tous les jours et y assister tous en habit de chœur, pour chanter et se fournir d'ornements. L'autre nommée de Saint-Hubert, ou de Joué, où six prêtres de la dite paroisse comme dessus qui ont chacun douze livres environ par chacun an pour dire une messe tous les jours et paient décimes. Les fondateurs ou représentants ci-dessus sont obligés d'entretenir les dites chapelles de réfection et réparations. Et sont en très méchant état, n'ayant le pouvoir de plaider contre. Et ont leurs bancs et droit de sépulture en les dites chapelles. En la dite chapelle du Belle, il y a une fenêtre maçonnée de pierre et une petite vitre très obscure et une petite porte à y entrer. Il y a encore une chapelle en forme de prestimonie, fondée par des particuliers qui présentent un chapelain de leur famille, tant paternel que maternel, à côté du chœur, dont le chapelain est obligé d'entretenir de réparations et réfection, et de dire cinq messes par semaine, et de faire sonner l'*Angelus* au soir, et faire des prières et le salut de la Vierge, et y réciter un rosaire selon l'intention du fondateur, et y dire en outre une haute messe tous les mois et fêtes de la Vierge et aux deux fêtes saint Michel, et y faire dire les sept psaumes à la Toussaint à de petits garçons de la paroisse. Et 32 sols pour le prédicateur qui prêche la Passion et payer les décimes : dont le revenu consiste en de grandes carrées de logis de grand entretien, couvertes partie d'ardoizes et de paille, et en terre labourable et prés et bois taillis dont je ne sais pas nom, et ont les héritiers du fondateur droit de sépulture en la dite chapelle. Le tout peut valoir pour le fonds 80 ou 90 livres de rente. sans compter *cy* peu de rentes qui peuvent y être.

« Il y a sept prêtres originaires de la paroisse avecque le sieur curé, tous du diocèze de Séez, sçavoir :

« M⁰ Guillaume de la Lande, prêtre curé de Joué-du-Bois, âgé de quatre-vingt-cinq ans ;

« Estienne Gérad, prêtre vicaire, âgé de 34 ans environ ;

« Claude Desanière, prêtre vicaire, âgé de 35 ans environ ;

« Jean Beroust, prêtre, âgé de près de quatre-vingts ans ;

« Michel Levannier, prêtre, âgé de soixante-huit ans ou environ ;

« Jean Gérard, prêtre, âgé de soixante-sept ans (1) ;

« Jean Couppry, prêtre, âgé de 55 ans ou environ ;

« Mathurin Manson, prêtre, âgé de 55 ans ou environ ;

« Pour leurs vies et mœurs, plus gens de bien que moy dont il n'y a pas un docteur en théologie, ont étudié en l'Université d'Alençon, ont toujours servi en la paroisse, se sont disposés aux ordres en les séminaires de Sées, autant de temps qu'ils ont été obligés pour recevoir les ordres, chacun demeure chacun chez soi avec leur père, mère, frères et sœurs ; ils assistent aux services en surplis et *sotane*.

« Aux dimanches et fêtes, grand'messe à l'heure ordonnée par les canons, constitutions ecclésiastiques et ordonnance du roi et des magistrats. Le retour des processions se fait *tellement que tellement*. »

On était assidu aux conférences ecclésiastiques en chaque endroit, excepté le curé à cause de son âge. La mission avait été donnée 15 mois auparavant ; il y avait 4 à 5 seigneurs temporels, 7 à 800 communiants. « Ceux qui donnaient le meilleur exemple étaient les plus dévots ».

Les pauvres honteux étaient nombreux. Mathurin Manson montrait aux enfants sans aucun salaire.

Cette année-là, il n'y avait pas de maîtresse d'école, ni de médecin, mais un chirurgien et des sages-femmes (2).

Si l'on en croit le rapporteur, il n'y avait ni blasphémateurs, ni jureurs, ni impies, ni concubinaires, ni femmes de mauvaise vie, ni sorciers, ni inimitiés, ni superstition, ni usures. Tout était parfait ; il y avait seulement quelques petits différends. Heureux temps ! mais les réponses ont-elles été aussi exactes que

----

(1) Il fut chargé par M⁰ de la Lande du soin de la sacristie. En sortant de charge, il dressa un inventaire de l'état du linge et des ornements. — V. Pièces justificatives.

(2) Suzanne Retout, sage-femme en 1674.

charitables ? L'évêque précédent avait porté une ordonnance ; on s'était dispensé de l'exécuter. On fera de même pour une partie des ordonnances postérieures.

Ce questionnaire, divisé en deux chapitres, dont le premier contient 43 numéros et le second 30, devait être retourné à l'Évêque huit jours avant la visite épiscopale. On fut fidèle à la recommandation, puisque la pièce en question est du 12 juillet, et la visite du 1er août, ainsi que le constate le procès-verbal suivant :

« L'an mil sept cent un, le premier août, nous Louis d'Aquin nous étant transporté dans la paroisse de Saint-Jean de Joué-du-Bois, doyenné d'Anebec, de notre dit diocèse, pour y faire notre visite épiscopale, dûment indiquée à cejourd'huy, tant pour le spirituel que pour le temporel, accompagné du sieur Bernard, chanoine de Sées, de notre secrétaire soussigné et de nos aumôniers. Où étant arrivés, avons été reçus par M⁰ Guillaume de La Lande, prêtre du lieu et du diocèze de Séez, curé de la dite paroisse, et conduits processionnellement en l'église paroissiale de Saint-Jean de Joué-du-Bois, où étant, après les prières ordinaires, avons fait une exhortation aux paroissiens ; ensuite nous avons fait l'absoute générale des vivants et des morts. Puis, ayant interrogé ou fait interroger devant nous les enfants sur le catéchisme, nous nous sommes informés de l'état des écoles, sur quoi on nous a dit que M⁰ *Mathurin Manson* enseigne la jeunesse.

Ensuite nous avons administré le sacrement de confirmation, puis en procédant à notre dite visite, avons trouvé comme il est porté aux articles suivants (1) :

Soleil. — D'argent.

Fonts baptismaux. — La cuvette de plomb, mais assez propre.

Saint-Chrême. Huile des cathécumènes. — Les boîtes et ampoules fort propres, d'argent.

Registres des baptêmes, mariages et sépultures. — En état.

Église. — Le chœur pavé et lambrizé, la nef aussi.

Bancs de l'église. — Il y en a un.

Maître d'école. — Mathurin Manson et Catherine Lorel que

___

(1) Pour abréger, on ne citera que les articles qui ne sont pas mentionnés dans le rapport précédent ou l'ordonnance qui suit.

nous avons nommée sur le témoignage et la réquisition du sieur curé pour être maîtresse d'école et enseigner les petites filles.

Compte des marguilliers. — Le dernier rendu est du 10 juillet par lequel il paraît que la recette monte à 299 l. 15 sols, la mise à celle de 82 l. 13 sols, partant, Jean Cuiller et François Gauthier, trésoriers, doivent 217 livres que nous les condamnons de payer au dit trésor pour être incessamment employées suivant et conformément à notre procès-verbal et ordonnance rendue en conséquence.

Revenus de la fabrique. — 127 livres. Charges à prendre là-dessus.

De quoi et de tout ce que dessus, nous avons dressé le présent procès-verbal les jours, an et lieu susdits.

Sur lequel présent procès-verbal de visites, nous avons ordonné et ordonnons comme s'ensuit : Que dans la Guibray prochaine, on fera dorer le dedans de la boîte qui sert à porter le saint viatique aux malades, et le dedans de la coupe du ciboire, consacrer la pierre du grand autel et mettre sur les deux autels de la nef des pierres consacrées et des croix et chandeliers et pareillement une pierre consacrée sur l'autel de la chapelle du *Baile*, que le plus tôt qu'il sera possible, on fera faire quelques fenêtres pour donner du jour à la nef, de laquelle auparavant cela, on fera visiter par des experts, le mur qui est du côté de l'Évangile qui est étayé et qui menace ruine. On fera paver la sacristie et les chapelles qui ne le sont pas, dont on fera en outre les réparations bien et dûment et les recrépis en blanchissant, que même on travaillera sur la couverture ainsi que sur celle du chœur et de la nef et du clocher.... et que incessamment on ôtera, pour les enterrer dans le cimetière, deux petites figures qui sont au chœur de la chapelle du Baile et une autre qui est petite aussi dans la chapelle de Joué, qui demeure interdite à moins qu'on ne la décore dans six mois ; nous ordonnons qu'on en démolira l'autel. Ordonnons que dans six mois elle sera rétablie pour y faire les divins offices décemment sous les peines de droit. »

Lorsque, sept ans plus tard, le même Évêque revint à Joué-du-Bois accompagné du sieur de Courtouse, docteur en théologie, chanoine et archidiacre du Corbonnais et son promoteur en cette partie, il fut reçu par Mᵉ Étienne Gérard et Julien Gauthier, prêtres vicaires et originaires de la paroisse. Alors il manquait une petite charnière aux vases des saintes huiles des infirmes, quelques barreaux à la grille du confessionnal, des lambris à la nef, du pavé à la sacristie, et un carton pour la préparation et l'action de grâces avant et après la messe, le précédent ayant été brûlé dans l'incendie de la sacristie. Un des calices appartenait au sieur Coupry, prêtre ; les livres avaient besoin d'être raccommodés. Le maître d'école était Julien Gauthier. M⁰ Étienne Gérard, trésorier en charge avec le feu sieur curé ne peut rendre ses comptes n'ayant point les titres et n'ayant rien reçu : ces comptes n'avaient pas été rendus depuis M⁰ Guillaume de La Lande. L'Évêque se plaignit de ne trouver inventaire, ni des ornements, ni des titres et papiers. Il exigea une table des objets et fondations de l'église dans la sacristie et un coffre fermant à deux clefs différentes, dont le sieur curé en a une et le trésorier l'autre. La chapelle du Rosaire, fondée de 5 messes la semaine, était en état ; celle du Saint-Sauveur, fondée d'une messe haute tous les jours, avait des murs menaçant ruine et un sommier tombé. Celle de saint Hubert, fondée d'une messe basse chaque jour, était tout en désordre de la couverture au pavé. Les murailles du cimetière avaient des brèches.

Une ordonnance épiscopale fut, comme à l'ordinaire, la conséquence de cette visite (1).

En 1746, Louis-François Néel de Christot vint sur l'invitation de M⁰ Lysieux visiter Joué-du-Bois, et fit rédiger le procès-verbal suivant :

« (1746). Nous, Louis-François Néel de Christot, par la grâce de Dieu et l'authorité du Saint-Siège apostolique, Évêque de Séez, conseiller du roy en tous ses conseils et son conseiller d'honneur au parlement de Rouen, assisté du sieur de Beaurepaire, licentié de Sorbonne et grand archidiacre en notre église cathédrale, faisant notre visite épiscopale à cejourd'hui dûment indiqué dans l'église de Saint-Jean-Baptiste de Joué-du-Bois, après avoir été reçu à la manière accoutumée par M⁰ Jean Lysieux, prêtre, curé de la dite paroisse, avons procédé à notre dite visite ; et d'abord nous avons fait notre prière devant le grand autel pendant que le dit sieur curé a chanté les oraisons, après quoi nous avons été conduit processionnellement aux fonts bap-

____

(1) Archives de l'évéché.

tismaux, où nous avons trouvé les eaux baptismales décemment enfermées dans un vase de plomb. Après les avoir encensées, nous avons fait la procession autour de l'église et nous avons fait l'absoute des morts dans le cimetière. Après quoi, étant rentré dans la dite église, elle nous a paru assez belle. L'autel, le tabernacle et le tableau sont en bon état. Le chœur et la nef sont lambrissés ; il y a deux ailes des deux côtés du chœur : celle du côté de l'Évangile est en très mauvaise réparation. Le Seigneur en partie de la paroisse et présentateur au bénéfice est René Ricœur de Basmont, gentilhomme servant du roy. M. le Curé est seul gros décimateur. M. Henry-François Gérard, prêtre, est vicaire de la paroisse. Le trésor peut valoir 30 livres de revenus. Il y a environ 700 communiants. Au côté gauche du chœur est une petite sacristie où nous avons trouvé deux calices et patènes dorés ; le ciboire et le soleil le sont aussi. Trois chasubles pour les fêtes et trois quotidiennes blanches, trois rouges, une violette et une noire, dix-huit nappes d'autel et plusieurs serviettes. Nous avons ordonné qu'on fera raccommoder la chapelle qui est à main gauche du chœur, appelée la chapelle de Joué et qu'on la mettra dans un état décent, qu'on fera raccommoder les lambris du chœur et de la nef, qu'on fera mettre des jalousies au confessionnal, qu'on fera blanchir en entier la dite église, qu'on achètera tous les ornements et les linges nécessaires et qu'on prendra incessamment tous les livres nouveaux afin de se conformer dans l'office divin au rit du diocèse (1).

Après quoi, nous avons donné la bénédiction du saint sacrement (2).

IX. Fondations. — Josselin Le Verrier et Michel Robichon avaient établi les deux plus importantes. A leur exemple, Michel Chauvin donna un pré et quelques pièces de terre labourable.

Thomas Guillouard, aîné, le pré de la Noë à Brais (vingt livres) par acte du 16 mars 1649, passé à Carrouges.

(1) L'empressement pour la liturgie nouvelle agréée par le chapitre et imposée par Mgr Lallemand, n'avait pas été grand. Malgré la pressante circulaire de 1737 les livres nouveaux étaient encore à acquérir en 1746.

(2) Archives de l'évêché. Avant la Révolution, les fondations étaient nombreuses à Joué-du-Bois.

Mathurin Catois s'assura 4 messes bassès.

Jean Dalifard et son frère en fondèrent huit pour 6 livrés de rente.

Le sieur de la Pichardière légua 4 livres de rente et M° de La Lande 4 livres 10 sols à prendre sur Gilles Le Noir (fief des Bissons), suivant le contrat passé devant Jean le Rouge, tabellion à Carrouges, à la charge de faire dire 4 messes du Rosaire aux quatre fêtes solennelles de la sainte Vierge, et à la fin de la messe un *libera* (1660).

Enfin Mathurin Guérin fit en faveur du trésor deux contrats de rentes également passés à Carrouges, et plusieurs autres agirent de la même manière. Les tabellions prenaient si péu chér ! 20 sols par acte ! c'était un plaisir de les faire travailler !

En 1645, on ne parle que de rentes dues au trésor. Louis Guillouard en amortit une à la décharge de Simon Restout.

Jean Guillochin en accepta une pour Macé (Mathieu) Guillochin son père ; Guillaume Dalifard, pour Mathurin Catois, prêtre, et Nicolas Restout, pour Marin Broust. Jean Gérard et Mathurin Christophe, Michel Gérard et Jean Gérard, les Gautier du Haut-Désert firent de semblables reconnaissances.

Ces fondations suscitèrent beaucoup de difficultés. En 1680, M° de La Lande, curé de Joué-du-Bois, et M. le Curé de Rânes, présentateur à cause de sa parenté avec la famille Robichon, se trouvèrent en désaccord. La pièce suivante nous en donnera les motifs :

« Le 19ᵉ jour de juin 1680, après midi, au bourg de Lignières, devant nous Jullien Broussin, notaire et tabellion en la cour royale du Mans.

« Fut présent Messire Guillaume de La Lande, prêtre, escuyer, curé de la paroisse de Jouey-du-Bois et trésorier du trésor de la dite paroisse en ces dites qualités : Comme ainsi soit que deffunt M° Michel Robichon, en son vivant prêtre curé de la paroisse de la Chaux, et deffunt Jean Robichon, sieur du Mesnil, son père, ayant fondé, dans la chapelle du Rosaire de la dite église paroissiale, deux messes à estre dites par chaque semaine en la dite chapelle, suivant qu'il est porté par le contrat de fondation passé devant le tabellion de Carrouges, le 24ᵉ jour de juin l'an 1675 et dont le sieur curé de Rânes doit être présentateur pendant sa vie et le trésorier en charge en la dite paroisse de Joué-du-Bois après la mort du dit curé de Rânes. Et parce que la dite fondation porte expressément que le plus pauvre prêtre de la dite paroisse de bonne vie et mœurs sera nommé de préférence à l'exercice d'icelle, et que ce nonobstant, le dit sieur curé de Rânes y a nommé Me Jean Coupery, prêtre, qui est un peu plus riche et le mieux accommodé en la dite paroisse, ayant beaucoup de biens de son patrimoigne. A ces causes et attendu que la dite présentation et nomination est tout à fait nulle et contraire à l'intention du fondateur. Et le dit sieur de La Lande, considérant que le dit sieur curé de Rânes, qui en a usé de la sorte, doit être privé d'user de son droit du moins pour cette fois. Et dans cette considération, le dit sieur de La Lande se servant du droit à lui subsidiairement donné par le dit fondateur, il a nommé et présenté Me Zacharie Guérin, prêtre de bonne vie et mœurs, comme le plus pauvre prêtre de la dite paroisse auquel conséquemment l'exercice de la dite fondation appartient de préférence au dit Coupery, autre prêtre de la dite paroisse ; à laquelle le dit sieur La Lande prie Mgr l'ill. et rév. évêque de Séez, qu'il lui en accorde collation et toutes provisions au nécessaire, dont le présent fait irréprochable de vérité ; Gérard et Mathurin Addenal de la dite paroisse de Joué-du-Bois, témoings soussignés avec le dit sieur de La Lande et nous notaire.

« Signé : J. BROUSSIN. »

Une seconde difficulté vint d'une absence de régularité dans les comptes du trésorier de la fondation.

Un Robichon, également nommé Michel, premier titulaire de cette prestimonie, s'était cru dispensé, probablement à cause de son titre, de déposer au trésor dont il était le comptable les sommes dues par les siens en vertu de cette fondation. Quand le curé Guillaume de La Lande en eut connaissance, il fit des réclamations immédiates, déposa ses réserves et rédigea même un long rapport à Monsieur le bailly de Caen ou à son lieutenant au siège de Falaise, expliquant le bon droit du trésor et donnant comme preuve de la justice de sa demande la conduite du nouveau titulaire, Me Pierre Robichon qui, depuis cinq ans, versait scrupuleusement la rente entière bien qu'il fût en possession de ce titre de chapelain dont son cousin avait joui longtemps.

Le curé de La Lande eut gain de cause et, dans la suite, les Robichon s'acquittèrent fidèlement de leur obligation.

Au XVIII° siècle, toutes les fondations de Joué-du-Bois furent réduites sur la proposition de M° Lisieux. Les pièces relatives à la réduction de la fondation du Rosaire feront connaître non seulement la manière dont on procédait, mais encore une partie des clauses constitutives de cette riche prestimonie (1).

Le 24 novembre 1751, M° Jean Lysieux adresse une supplique à l'évêque de Sées et fait remarquer la manière dont les charges ont été augmentées sans augmentation de revenus. Il dit que le chapelain, si on acceptait cette augmentation de charges, se trouverait obligé de dire cinq messes par semaine sans compter les autres obligations, ce qui lui serait onéreux.

Et pour que Monseigneur se décide à faire une réduction, M° Lysieux rappelle que précédemment les sieurs chapelains ne disaient que trois messes chaque semaine par une permission verbale que le prédécesseur du dernier chapelain disait avoir obtenue de défunt Mgr Turgot. Ce qui l'a engagé, étant un des plus proches parents à la desservir, à n'avoir dit et fait dire que trois messes par semaine depuis la première semaine de may de l'année 1741 jusqu'à ce jour.

« A ces causes, je supplie votre Grandeur, vu le peu de revenu, qui n'est que de 175 à 180 livres, trouvant 24 livres de rente en moins suivant la fondation, et ne pouvant connaître les héritiers de ceux qui étaient obligés les faire, qu'il ne soit célébré que trois messes et que celle qui se dit en l'église de la Ferté-Macé soit célébrée à l'avenir en la chapelle du fondateur qui est érigée dans notre église, que les hautes messes soient dites basses ; de dispenser de faire le salut tous les soirs après le soleil couché où il s'y trouverait personne ou peu de personnes. Il serait bien impossible de trouver non seulement dans notre bourg, mais dans notre paroisse quatre enfants clercs qui voulussent s'y assujettir, ce serait une grande *suggestion* (sic) à un chapelain d'y être obligé, le revenu n'est pas assez considérable ; de disposer aussi des 25 sols le jour de la Toussaint pour les enfants, où il y a plus d'abus que de mérite, des 30 sols pour le prédicateur et des 5 sols pour M. l'Archidiacre qui est bien payé pour la visite de notre église.

« Présenté le 24 de novembre 1751.

« Signé : J. Lysieux, curé de Joué-du-Bois. »

(1) Nous donnerons plus tard au chapitre des chapelles les pièces qui ont rapport à la réduction de la fondation de saint Roch.

Le prélat, se conformant aux règles de prudences dictées par les saints canons, prit la décision suivante :

« Nous, Évêque de Sées, vu la requête ci-dessus, avant faire droit, avons commis le sieur curé de Rânes pour dresser procès-verbal des titres, revenus et charges de la fondation mentionnée dans la dite requête. La requête et notre présente ordonnance seront lues par trois dimanches consécutifs au prône de la messe paroissiale de Joué-du-Bois pour après le certificat des dites publications, ensemble le procès-verbal, être par nous ordonné ce qu'il appartiendra.

« Donné à Sées, ce 28 novembre mil sept cent cinquante-et-un. »

L'évêque de Séez fut obéi, ainsi que le constate le certificat de l'abbé Delaunay, vicaire de la paroisse.

Plus de six mois après, l'enquête ordonnée se fit par les soins de M. le curé de Rasnes, dont nous citons le curieux procès-verbal, notablement en désaccord avec la supplique de M* Lysieux.

« Aujourd'hui lundi 21 août 1752, en la maison presbytérale de Joué-du-Bois, sur les deux heures d'après-midi, nous Pierre de Brais, prêtre, curé de la paroisse de Rânes, commissaire député par Monseigneur l'Illustrissime et Révérendissime Évêque de Sées, suivant son ordonnance du 28 novembre dernier, pour dresser procès-verbal des titres, revenus et charges de la chapelle du saint Rosaire bâtie et construite au côté droit du chœur [de l'église de Joué-du-Bois. Étant assisté de M⁰ Jacques Guillaume, chapelain de Rasnes notre vicaire que nous avons prié d'être notre greffier en cette partie, avons procédé à l'examen d'yceux ainsi qu'il en suit :

« 1° Il nous a été représenté par les héritiers du sieur Henry Gérard, prêtre, dernier titulaire d'ycelle chapelle, le consentement des habitants de Joué-du-Bois, en date du 5 mai 1613, pour la construction d'y celle chapelle aux charges d'être bâtie entretenue et réparée par le sieur fondateur et ses ayants-cause.

« 2° Le titre de fondation et dotation en date du 26 septembre 1618, par lequel, M⁰ Michel Robichon, prêtre, curé de Joué-du-Bois, donna à la dite chapelle du saint Rosaire, une maison, un pressoir, une grange, un *pray* et plusieurs pièces de terre labourables qui valent de revenu annuel cent soixante-et-cinq livres, six poulets, un quartier de mouton, trente livres de beurre sans sel et quarante *gleux* de longue paille que le fermier doit faire employer chaque an sur les bâtiments à ses frais, comme il est justifié tant par le bail qu'en avait fait le dit sieur Henry Gérard, dernier titulaire à Jean Catois, devant le notaire d'Orgères, le 15 novembre 1749, qui s'était retenu deux pièces de terre et un petit *Bosquet taillable.* ainsi que par la déclaration de M° Jean Lysieux, prêtre, curé de Joué-du-Bois, titulaire actuel d'y celle chapelle ; plus le dit sieur fondateur a donné par le même titre de dotation 39 livres de rente en différentes parties et d'autant qu'il s'en est trouvé une de 24 livres perdue, les héritiers du dernier titulaire consentent la faire et payer à l'avenir. Ce qui fait que le revenu annuel et actuel de la dite chapelle monte à la somme de *240* livres, six poulets, un quartier de mouton et 30 livres de beurre sans sel, de 40 *gleux* de longue paille qui sont employés aux frais du fermier sur les bâtiments de la dite chapelle : Pourquoi le chapelain est obligé par le susdit titre de fondation de dire et célébrer deux messes par chaque semaine dans la dite chapelle et d'en faire dire une troisième dans l'église de la Ferté-Macé, aussy chaque semaine, de dire encore et célébrer dans la dite chapelle une haute messe à chaque fête de Notre-Dame et deux aux deux fêtes de saint Michel, en étant le patron, de donner tous les ans douze livres à 4 enfants clercs pour assister à la célébration des dites messes de Notre-Dame et de saint Michel et chanter, après le soleil couché, le salut avec le *De Profundis*, l'oraison de la Sainte Vierge et celle des défunts, de donner en outre au jour de vendredi-saint 30 sols à celui qui prêche la passion de N. S., 25 sols au jour et fête de la Toussaint aux enfants de la dite paroisse pour dire *les sept psaumes*, aussi à l'intention du dit sieur fondateur et 5 sols à M. l'Archidiacre qu[i] fera la visite de la dite chapelle du saint Rosaire, de payer encore pour les décimes 46 sols.

« Par le dit acte de donation, le sieur fondateur s'est réservé la liberté et le pouvoir d'augmenter ou diminuer le service divin, en augmentant le revenu ; par son testament du 9 janvier 1625, il a augmenté le service de deux messes par semaine et a donné pour ce, le même pressoir et le même pray qu'il avait donné par son titre de dotation, d'où il s'en suit qu'il a augmenté le service sans avoir augmenté le revenu. Quant aux réparations des bâtiments de la ferme de la dite chapelle, on estime que les 40 gleux

que le fermier est obligé de faire employer à ses frais chacun an
pourraient suffire pour l'entretien de ceux qui sont en paille ;
pour ceux qui sont en *tuilles* et ardoises, ils sont censés être
aujourd'hui en bon état, les héritiers du dernier titulaire devant
les y mettre et pour les entretenir dans le même état, on pense
qu'une somme de 15 livres par chacun an peut suffire. Et sont
tous les revenus et charges que nous avons pu trouver.

« Le présent fait et arrêté aux présences du sieur Louis-
François Vaincs de la Pigeonnière (1), présentateur d'ycelle
chapelle qui a déclaré. sous le bon plaisir de sa grandeur, ne
vouloir s'opposer à la réduction des deux messes augmentées par
chacune semaine, par le testament du dit sieur fondateur, attendu
qu'il paraît qu'il n'a point augmenté les revenus puisqu'il donne
par son dernier testament ce qu'il avait donné par son titre de
dotation. Consent encore le dit sieur de la Pigeonnière que la
messe qui se doit dire dans l'église de la Ferté-Macé, le soit à
l'avenir dans la dite chapelle du saint Rosaire et au surplus
désire que la fondation soit exécutée en tout son contenu suivant
et au désir du défunt sieur donateur.

« GUILLAUME, vicaire de Rânes ;
VAINCS, notaire royal ; P. de
BRAIS, curé de Rânes. »

L'Évêque de Sées confirma les conclusions de ce rapport.

(1) La Pigeonnière, commune de la Ferté-Macé (Orne).

CHAPITRE V. — Charité et Assistance publique

—

Avant la Révolution, toutes les villes et les grosses bourgades possédaient une *Maison-Dieu* pour l'assistance et le soulagement des pauvres et des infirmes. Mais qu'avait-on fait pour ceux de la campagne ? Que devinrent en particulier ceux de Joué-du-Bois ?

I. Maladrerie. — A deux cents mètres de notre bourg, on bâtit, au Moyen-Age, une petite maladrerie. Combien y recueillit-on de lépreux ? Nous l'ignorons, mais nous savons que bientôt il fallut abandonner l'idée de réunir les malades d'une paroisse en un même lieu, cette combinaison étant trop onéreuse. En 1585, il n'était déjà plus question de la maladrerie. L'expérience fit préférer un système en apparence beaucoup plus commode.

II. La Charité. — De généreux chrétiens avaient, dès le xvi⁰ siècle, assuré aux pauvres de la paroisse des rentes destinées à les secourir (1556 et 1578). L'ensemble de ces rentes, les règlements qui les concernaient et le personnel chargé de leur répartition formaient une société légale, à laquelle on donna le nom de charité (1).

(1) Chartrier des Le Verrier.

En 1585, Me Jean Retout était le receveur de la Charité fondée en l'église de Joué-du-Bois.

A cette époque, Josselin Le Verrier, seigneur de Champsegré et de Joué, n'ayant plus l'espoir d'avoir de postérité et prévoyant sa fin prochaine, eut la sagesse d'arrêter de bonne heure ses dispositions dernières. Il pensa à sa famille, à son âme, à l'instruction de la jeunesse et au soulagement des indigents. De concert avec Guyonne de Marconnay, son épouse, il fixa les sommes annuelles que les possesseurs futurs de ses biens auraient à verser, ainsi qu'il suit :

« A tous ceux qui ces présentes lettres verront ou ouiront, Jean Lonrey, escuyer, licentié en droit, garde des sceaux de la vicomté de Falaise, salut : Scavoir faisons que par devant nous Pierre Guenoust et Pierre Aumouette, tabellions royaultx, jurés et établis en la dite vicomté ès parties de Rânes et Carrouges, au siège de Briouze, fut présent haut et puissant seigneur Messire Josselin le Verrier, chevalier de l'ordre du roy, seigneur de Champsegray, Joué-du-Bois, du Bois-Josselin et Saint-Denis, présente aussi noble dame Guyonne de Marconnay, son épouse, de luy suffisamment autorisée, quant à faire et passer ce qui s'ensuit d'une part.

« Et Maistre Michel Hubert, prêtre, curé de la dite paroisse de Joué-du-Bois, et Mathurin et Thomas De Sanières, trésoriers d'icelle paroisse, et Maistre Jean Retout, receveur de la charité fondée en la dite église de Joué-du-Bois, et Léonard et Guillaume Coupry, Vespasien Aumouette, Michel Renut et son fils André et Jean Broust, Marin Retout, François et Jean Chauvin, Lislière, Louis Chauvin, François Chauvin, Jean Chauvin, Thomas et Eudin Christian, Fermin des Rochers, Denis Guérin, Michel Roy et Michel Gautier, Julien Gauthier et ses frères, François Gautier, André Gauthier cadet, Louis et Jacques Gautier, René Guillochin, Jean et Nicolas Roussel, Colas Catois, Michel Catois et ses frères, Benoist De Sanière, Jean Gérard, Gérard et ses frères, Guillaume Manson, Guillaume Jean, François et Jacques X... et tous autres paroissiens habitant en icelle paroisse congrégés à l'issue de la messe paroissiale, selon la dénomination publique que le dit curé a dite avoir été faite à son prône, tant dimanche dernier que ce jourd'hui d'autre part.....

« Les deux époux chacun pour son fait et regard s'obligèrent donc, eux et leurs héritiers, à payer et continuer annuellement et perpétuellement au trésor et fabrique de la dite église, à scavoir : le dit sieur la somme de *huit vingt livres de rentes et* la dite dame *cent livres de rentes* acquitables toutes fois et quantes au dernier dix. »

En retour, les trésoriers et paroissiens s'engagèrent à faire dire une messe « journellement et perpétuellement pour le repos des âmes des dits donateurs, leurs parents et amis trépassés et prospérité des vivants ».

Viennent ensuite une foule de prescriptions concernant la manière de célébrer les services, la nomination des cinq chapelains, l'instruction de la jeunesse et l'enregistrement du contrat aux assises de Falaise.

Quant à la clause concernant les pauvres, Guyonne de Marconnay, étrangère à Joué-du-Bois par sa naissance, ne consentit pas à participer aux nouvelles générosités de son mari. Josselin Le Verrier n'en dicta pas moins aux tabellions l'article ayant trait à la question de charité qui nous occupe.

« Et outre ce que dessus, le dit sieur donateur a donné, aumosné la somme de trente-trois escus, un tiers, de rente par chacun an, acquitable à dix pour cent comme dessus, pour luy ou les siens sans que, en ce, le bien de la dite dame, sa femme, y soit compris en cet article, à prendre sur tous et chacuns ses biens, laquelle rente sera mize entre les mains des trésoriers de la dite église de la dite paroisse, et sera distribuée aux pauvres de la dite paroisse par le curé et celuy qui sera seigneur de la dite paroisse, et par le consentement de tous les dits paroissiens, lesquels tous ensemble adviseront au prosne de la messe de la distribution d'icelle rente, au mieux et plus saintement que faire se pourra, selon l'intention du dit sieur donateur pour aider à marier pauvres filles, pour mettre à métier pauvres orphelins et autres nécessiteux de la dite paroisse et pour exercer toutes œuvres de charité au mieux et plus saintement que faire le pourront ; lesquels curé, sieur et paroissiens après la mort et trépas du dit sieur donateur exerceront la dite charité, et rendront compte des deniers et charité qu'ils en auront faite devant M. l'Archidiacre, au jour de la visitation, et se payera la dite rente par le dit sieur ou ses successeurs du jourd'hui en un an jusques à ce qu'elle soit par le dit sieur donateur ou ses successeurs amortie et les deniers mis entre les mains des dits paroissiens, lesquels les employeront bien et assurément comme dessus : et pour faire sortir les deniers de la dite charité pour la dite aumosne, les trésoriers ou receveurs pourront prendre deux sols pour livre pour leur vacation si bon leur semble. »

Trente-trois écus, en un siècle où le numéraire avait une très grande valeur, constituaient une somme considérable. Les nécessiteux bénirent la mémoire de Josselin Le Verrier.

Au point de vue de l'administration des deniers, ni le seigneur de Joué, ni le curé de la paroisse ne furent investis de pouvoirs illimités. L'accord de tous ne parut pas, au pieux fondateur, une précaution inutile pour éviter le favoritisme et les abus. On fit plus ; afin d'obvier, dans la suite des siècles, à toute irrégularité de comptes, le représentant de l'évêque, l'archidiacre du Houlme, fut prié de vérifier chaque année les registres de la charité ; il reçut à cet égard 10 sols d'honoraires.

Le 8 décembre 1585, en la fête de l'Immaculée Conception, à l'issue de la grand'messe, entre *unze* heures et demi, on donna, aux paroissiens, lecture de toutes les clauses de la fondation, qui fut approuvée.

L'année suivante, Josselin Le Verrier remit lui-même au receveur de la charité les sommes promises. Il avait eu soin, par excès de précaution, « de bailler des rentes hypothéquées en assiette jusqu'à la concurrence de la dite somme ». Chacun de ses hoirs eut l'obligation de donner la même garantie avec liberté d'amortir au denier dix. Mais alors les paroissiens furent « sujets de remplacer les dits deniers en pareille rente et somme ».

Cette belle fondation, placée sous la garde de l'Immaculée Conception, a glorieusement traversé deux siècles jusqu'à la Révolution, qui abolit la majeure partie des rentes servies par ceux qui faisaient valoir les terres hypothéquées (1).

III. Administration de la Charité. — En 1607, le receveur, Thomas Aumouette, eut la faiblesse d'employer à ses besoins personnels les sommes disponibles. Dénoncé aux tribu-

---

(1) On connaît encore dans la paroisse les pièces de terre sur lesquelles étaient assises les rentes de la charité. On les désigne toujours sous le nom significatif de **Champs de l'Aumône.**

naux, il expliqua sa conduite et ses intentions futures. Le jugement qui ordonnança « la manière dont la charité rentrerait dans ses deniers » lui permit de conserver sa charge. Il rendit son dernier compte en 1626 et solda son arriéré en présence du curé Michel Robichon « en son lit retenu en une longue maladie (1) ».

Quelques années plus tard, la gestion de Guillaume Samson, plus imparfaite encore, suscita de nouveaux embarras. Le receveur infidèle fut destitué et sa liquidation traîna jusqu'en 1663 (2).

Néanmoins le bien se faisait d'une manière assez régulière. La veuve Leroy, affligée d'un mal qui l'empêchait de gagner sa vie, reçut en 1632 « 8 livres 16 sols pour le chirurgien qui avait promis de la guérir » ; et, la même année, Jehan Cuillier eut « 15 livres pour apprendre un métier » (3).

En 1633, le général extraordinairement assemblé, « voyant l'extrême nécessité à laquelle sont réduits les habitants du village du Hamel, à cause de la peste et épidémie qui est en celui village, et que la plus grande partie des habitants est sans parents ni amis qui les puissent assister, est d'avis qu'il sera baillé aux pauvres nécessiteux du village une somme suffisante pour les nourrir chaque semaine » (4).

Nous n'en finirions pas s'il fallait tout citer. La fondation était donc pour la paroisse une ressource providentielle.

IV. Contestation et Procédures. — La présidence de l'assemblée souleva bientôt une autre source de difficultés. Sans être premiers seigneurs de Joué du-Bois, les de Broon, s'appuyant sur leur double titre d'héritiers de Josselin Le Verrier et de patrons de l'église, voulurent s'arroger, pendant la minorité de Cl. Langlois (1622), l'honneur de présider les réunions de charité.

En 1657, le seigneur de Joué n'avait pas encore recouvré son droit de préséance et les enfants de René de Broon étant mineurs, le baron de Cholet y avait député un procureur. Voici le procès-verbal rédigé en la circonstance :

(1) *Registre des délibérés.*
(2) *Id.*
(3) *Registre des délibérés.*
(4) *Id.*

« Ce 23 décembre 1657, devant nous curé... et M⁰ Jean Catois, conseiller et procureur du roy aux eaux et forêts en l'élection et grenier à sel de Falaise, procureur spécialement fondé de M. le baron de Cholet, conseiller du roy et conseiller tuteur de M. des Fourneaux (de Broon) de notre advis et de celui des paroissiens du lieu, dont les noms s'ensuivent.... avons donné et par le présent donnons à Guillemie Chauvin, fille estropiée et incommodée de sa personne, ne pouvant gagner sa vie à cause de son incommodité, lui accordons les arrérages de la rente qu'elle devait à la fondation de charité, également à *plusieurs autres nommés*, lesquels arrérages dus seront déduits des comptes du procureur de la charité fondée par feu Josselin Le Verrier (1). »

Guillemie Chauvin et les *autres nommés* étaient donc de ces personnes dont nous avons parlé précédemment. Le seigneur fondateur avait reporté les redevances dues à lui-même par les auteurs de la fille Chauvin et autres sur les pauvres qu'il voulait soulager. Les administrateurs de la charité, en usant d'indulgence à son égard, diminuèrent leurs revenus, mais seulement pour un temps, car les héritiers de la malheureuse estropiée et des autres dénommés n'étaient pas admis à profiter de la dispense.

Cependant Fr. Langlois poursuivait activement l'affaire, intentée depuis longtemps contre les de Broon, à l'occasion de la présidence de la fondation. Vers 1662, on fit même défense aux paroissiens de Joué, ayant signé l'acte de fondation, de verser leur part des redevances. Le seigneur du Champ de la Pierre les pressait au contraire de s'acquitter à bref délai.

Pour se tirer d'affaire. les habitants, par l'intermédiaire de leur procureur, eurent l'habileté de prendre une délibération remplie en apparence de bon vouloir, et se résumant en réalité à dire aux deux partis : « Ceci ne nous regarde pas, arrangez-vous »... Qu'on en juge :

« Aujourd'huy mardy, vingt-cinquième avril mil six cent soixante-deux, à l'issue de la grande messe paroissiale de la paroisse de Joué du-Bois, devant nous Jean Gérard, prêtre, vicaire de la dite paroisse, se sont assemblés les paroissiens en général, etc.. . tous lesquels ont nommé et constitué la personne

---

(1) *Registre des délibérés.*

dé Guillaume Guérin, pour dire et déclarer et signer en justice en bailliage à Falaize, à l'assignation faite faire audit général par François Langlois, escuyer, sieur du dit lieu de Joué, qu'ils renoncent à disposer en aucune façon de la charité qui a été cy-devant laissée à la dite paroisse de Joué, par feu M. de Champsegrèy et la dame, sa femme, et qu'ils n'entendent en percevoir ni en jouir en aucune façon et que le dit sieur de Joué ayt à se prendre et adresser aux particuliers de la dite paroisse qui en ont contracté par cy-devant avec le dit sieur de Champse-grey, obéissant les dits paroissiens et général payer leurs taxes pour les pauvres de la dite paroisse, à quoy ils se trouvent obligés chacun suivant leur contingent à mesme leur propre bien, sans toucher l'intérest de la dite charité.

« Fait ès présence, etc.... »

Quelques mois plus tard, Sonnard de Brochard, sieur de Saint-Ouen, délégué à cet effet par le tribunal de Falaise, rendait en faveur de François Langlois, une sentence définitive. Les oppositions des de Broon, leurs titres de seigneurs patrons et d'héritiers de Josselin Le Verrier et les droits de la prescription qu'ils invoquèrent, ne parurent pas assez forts contre le texte si clair de la fondation qui attribue la présidence « à celui qui sera seigneur de Joué ». Les de Broon rentrèrent néanmoins peu à peu dans une partie de ce qu'ils regardaient comme leurs priviléges, et, en 1663, nous voyons les habitants de Joué nommer un procureur de la charité du consentement de M. de Broon.

Pendant que les seigneurs se disputaient la présidence de la charité, la majeure partie des paroissiens se préparait à l'anéantir. Le curé avait beau dresser ses listes et stimuler le trésorier, les ressources n'arrivaient pas. Les pauvres auraient étrangement souffert si Fr. Langlois et son beau-frère, Jacques Marie, n'avaient eu la générosité, à leurs risques et périls, de faire les avances nécessaires (1).

Les habitants étaient encouragés dans leur résistance par des conseils perfides et surtout par le non accomplissement d'une partie des clauses de la fondation.

La présence de cinq chapelains à Joué-du-Bois, la nécessité

____

(1) *Registre de la charité.*

pour eux de chanter chaque jour, un grand service n'était pas, on le reconnut bientôt, une institution praticable. Il aurait fallu pour cela une paroisse importante et d'autres ressources. Les 40 livres qu'ils avaient à percevoir étaient une trop maigre rétribution. L'evêque, sur la proposition de M⁰ Lysieux, fit de sages et nécessaires réductions. Les débiteurs entendaient faire aussi les leurs en supprimant une partie, sinon la totalité des rentes.

L'affaire, portée au tribunal de Falaise, fut jugée contre les habitants en faveur des pauvres. La sentence rendue au bailliage reçut une prompte et entière exécution, comme nous l'apprend le délibéré suivant :

« Aujourd'huy dimanche, septième de may mil six cent soixante et deux, à l'issue de la messe paroissiale de Joué-du-Bois, devant nous Guill. de la Lande, escuyer, prestre, curé de Joué-du-Bois, se sont assemblés les paroissiens en forme de commun, dont les noms et surnoms ensuivent ...

« Pour délibérer en exécution de la sentence donnée en bailliage à Fallaize, sur le fait de la charité et fondation qui aurait esté autrefois faicte par le sieur de Champsegrey, pour marier des jeunes filles et faire apprendre mestier à de pauvres garçons du dit Joué ; lesquels après avoir entendu la lecture du roole des pauvres de la dite paroisse et de la taxe qui en aurait esté faicte par le sieur curé et trésoriers de la dite paroisse, en exécution des arrêts de la cour en la présence des paroissiens qui s'y sont réunis, ont dit et déclaré qu'ils n'empêchent que la taxe faicte par le sieur curé et les trésoriers sur la dite charité ne soit mise en exécution, mais qu'ils n'entendent qu'elle aille à leur aquit ; au contraire, ils obéissent payer les sommes à quoy ils sont taxés par le dit roole sans toucher à la dite charité et en cas que les dites taxes ne suffisent, ils obéissent d'estre taxés tout de nouveau en leurs biens renonçant à toucher à la dite charité sans empêcher l'exécution des sentences données à Falaize. Louys Estienne, escuyer. sieur du Taillis et du Belle en partie, stipulé et représenté par Thomas Estienne, escuyer, sieur du Belle, son fils, Jacques Marie, escuyer, sieur du Bois-Noirville, et demeurant à Lignières, pays du Maine, ont dit qu'ils consentent que les cent livres destinées par la sentence rendue en bailliage à Fallaize, du vingt-sixième jour d'avril dernier, contre les dits habitants de la dite paroisse, soient employées pour la nourriture des pauvres de la dite paroisse, et en cas que la dite somme ne suffise, sont prêts de nourrir encore les pauvres suivant qu'ils ont *sy devant faict*, en attendant que le trésorier de la dite charité ait rendu son conte pour après en délibérer à quel usage que l'argent qui se trouvera excédent sera employé, interpellant les dits paroissiens de déclarer sy ils empeschent que les dites cent livres, portées par la dite sentence, soient employées pour la nourriture des dits pauvres, les sus dits paroissiens sy dessus dénommés déclarent aux dits sieurs qu'ils s'arrêtent et se tiennent à la déclaration sy dessus faite.

« Fait ès présence, etc. »

Le membre actif et indispensable de la charité était le receveur ou trésorier.

En 1663, Jacques Couppry-Tanques mourut. On s'empressa de le remplacer au plus tôt et, sans attendre le dimanche, jour ordinaire des réunions du général, les habitants en délibérèrent, au soir du vendredi-saint, à l'issue de l'office des ténèbres, sur le cimetière :

« Lesquels (présents) du consentement de hauts et puissants seigneurs Nicolas-René-François de Broon de X... et autres seigneuries, seigneurs et patrons de Joué-du-Bois, ont élu la personne de Guy Chauvin et de son consentement, ainsy qu'il a signé pour cueillir les dits deniers conformément à la dite fondation....

« Les dits Guillouard et Desnos et Blanchet sy dessus sont représentants de la quinzième partie d'une teste d'un des dénommés de la dite fondation de la dite charité et est entendu que le dit procureur n'est que pour un an. »

Nous ne suivrons pas la fondation de la charité dans toutes ses phases. Nous pourrions placer ici un grand nombre de documents et surtout de quittances la concernant, au cours du xviiie siècle : ils ne nous apprendraient rien de bien nouveau (1).

---

(1) La charité appauvrie eut cependant ses procureurs d'une manière régulière. Les nombreuses quittances délivrées, particulièrement à Marin Dalifard qui servait une rente de 10 livres, nous ont permis de relever les noms des procureurs suivants : Étienne Gérard (1750) ; Jean Christophe (1762) ; un autre Étienne Gérard (1768), et François Catois (1772). Ces fonctionnaires s'occupaient spécialement du soin des pauvres qui, en 1781, étaient encore inhumés aux frais de la charité.

Si la Révolution a rendu quelques services, il faut avouer au moins que les pauvres de Joué-du-Bois y ont perdu 100 livres de rente qui pourraient en faire maintenant, vu la dépréciation de l'argent, environ 300. Ces 100 livres, qui suffisaient dans les temps ordinaires, ne parvenaient pas à satisfaire tous les besoins, quand une épidémie venait à sévir dans la paroisse. C'est ce qui arriva en 1774. Cette année, il est vrai, fut exceptionnellement malheureuse. Les rapports, adressés à M. l'Intendant, accusent l'un 150, l'autre 100 malades, et pour comble d'infortune, il n'y avait pas un seul chirurgien (1). Guérin de la Raitière venait de mourir, et Guillaume Guillouard la Vallée étudiait la médecine à Écouché. La supplique très plaintive, rédigée par le curé, signée du syndic, du trésorier, du collecteur et du préposé, réussit fort bien. M. J. C. du Bois-Tesselin l'avait, il est vrai, fortement recommandée. Les secours accordés à Joué-du-Bois montèrent à l'importante somme d'environ 4.000 fr. Jamais on n'a vu depuis une pareille munificence.

Respect donc à l'ancienne charité. Nos pères nous ont valu en cœur et en intelligence. Les mépriser serait une impiété qu'un homme bien né ne doit pas se permettre.

(1) *L'Assistance médicale dans la Généralité d'Alençon, etc.*, par M. l'abbé Ph. Barret (*Bull. arch., historique de l'Orne*, t. VII, p. 455).

CHAPITRE VI. — L'Instruction

—

Quelle fut, à Joué-du-Bois, l'instruction avant 1789 ? L'Église a-t-elle aussi, de ce côté, rempli ses importants devoirs ? Afin d'ajouter notre humble page à celles que de patients chercheurs ont déjà recueillies, nous allons donner quelques documents sur l'état des écoles à Joué-du-Bois, depuis 1585.

Dès cette année 1585, on rencontrait à Joué-du-Bois des personnes convenablement instruites: Le curé, Michel Hubert, le trésorier de la charité, M⁰ Jean Retout, et les deux vicaires, Claude Coupry et Guillaume Broust, aussi bien que le restaurateur de la Raitière, M⁰ Ambroise Daliphard, étaient de la paroisse. C'est ce qui permit au charitable et pieux seigneur Messire Josselin Le Verrier de pourvoir immédiatement aux cinq charges de chapelains qu'il eut la pensée de créer en cette année mémorable. Comment avaient-ils pu développer leur intelligence et se mettre en mesure d'arriver aux Saints Ordres ? Comment beaucoup d'autres avaient-ils acquis cette science qui leur donnait les moyens de remplir les nombreuses fonctions administratives de collecteur, procureur spécial, sergent, sénéchal et prévôt ?

A toutes les époques de son histoire, l'Église se fit une obligation capitale de travailler à l'éducation du peuple. Dès le neuvième siècle (750-821), Théodulphe, évêque d'Orléans, d'accord avec tous les conciles de l'Église de France, ordonnait : « Que les prêtres établissent des écoles dans les bourgs et les bourgades. Si quelques fidèles leur amènent leurs enfants pour leur apprendre les lettres, qu'ils ne les refusent pas, mais qu'ils accomplissent cette tâche avec une grande charité... En retour de cette éducation, ils n'exigeront aucune rétribution, hormis celle que les parents leur voudront bien donner à titre de don » (1).

Les prêtres, auxquels leurs bénéfices laissaient des loisirs, se firent donc un devoir de communiquer leurs connaissances. On s'occupait spécialement de ceux qui semblaient destinés à recruter le sacerdoce ; toutefois on ne refusait personne. C'était une école gratuite ; elle n'était pas obligatoire, mais, en revanche, elle était religieuse, ce qui ne pouvait nuire à la moralité de la jeunesse.

I. FONDATION JOSSELIN-LE VERRIER. — Ce généreux seigneur, dont on a vu la charité envers les pauvres, donna à l'instruction populaire à Joué-du-Bois, une heureuse et féconde impulsion, en assurant au maître d'école une dotation permanente. Il fit insérer dans son testament cette précieuse clause que nous en détachons :

« Et afin que plus facilement soient nourris et élevés gens d'église en la dite paroisse, le dit sieur, pour luy et ses hoirs, a promis faire payer et continuer à l'avenir sur tous et chacun ses biens, la somme de quarante livres de rente acquittables au denier dix et employables comme dessus pour les gages et salaires d'un précepteur et maître d'école qui instruira la jeunesse et enfance de la dite paroisse aux lettres pour les rendre capables et dignes d'être pourvus, puis après, aux saints ordres ; lequel précepteur sera tenu chacun soir de faire chanter par les écholiers *Salve Regina* ou *Gaude Virgo*, aussi *De Profundis* et antiennes accoutumées pour les trépassés, aussi l'antienne de Monsieur *Saint-Sébastien*, lequel précepteur sera commis, nommé et justifié par le dit sieur donateur tant qu'il vivra, et, après son décès, sera le dit précepteur nommé par celui de ses héritiers, auquel succédera la terre et sieurie de Joué-du-Bois. »

Cette clause du grand acte de fondation, produisit à Joué-du-Bois une vive satisfaction. Les parents y virent le moyen de procurer à leurs enfants le bienfait de l'instruction. Les jeunes gens accoururent à l'école avec un empressement extraordinaire, et, tout en étudiant, chacun d'eux apercevait, dans un avenir pro-

(1) *Labbei concilia,* t. VII, p. 1140.

chain et dans sa propre paroisse, un titre de curé, vicaire ou chapelain (1).

La fondation Le Verrier ne venait-elle pas de créer encore deux autres fonctions : celle du maître des écoles et celle de receveur de la charité aux émoluments « de deux sols par livre, si bon leur semble ». Les deux sieuries de Joué et du Belle, les forges nombreuses qui existaient dès lors offraient, d'un autre côté, des postes très recherchés. Quelques-uns désiraient l'instruction pour devenir hommes d'affaires, avocats de village et chirurgiens, et d'autres, doués de goûts plus modestes, n'avaient en vue que de se mettre en état de faire un commerce avantageux, en parcourant les régions du Maine, de l'Anjou et du Poitou. On les appelait les *camelots*.

La nouveauté, l'engouement, l'exemple et sans doute les bons procédés du maître produisirent un entrain admirable. Dix-huit ans plus tard (1603), Joué-du-Bois avait fourni treize nouveaux prêtres à l'Église ; un Guillouard la Vallée était chirurgien, son frère Michel écrivait du Poitou et annonçait à sa famille qu'il faisait des marchés heureux ; tous les *aînés* étaient en mesure de régler les affaires de leurs *aînesses* (2). On avait partout le personnel nécessaire.

Les plus intelligents allaient compléter leurs classes aux colléges d'Alençon et de Séez. Manquaient-ils des ressources nécessaires? On venait à leur aide. Le conseil d'administration de la fondation Le Verrier avait retenu, parmi d'innombrables recommandations, cette clause précieuse : « Je laisse 33 écus de rente pour exercer toute œuvre de charité au mieux et plus saintement que faire le pourront » En conséquence, on se servit de ces 33 écus pour soutenir les jeunes clercs. En effet, un document de 1632 nous apprend qu'on remit 60 livres à M° Claude Le Noir, sous-diacre, et à Étienne Manson, tous deux enfants de la paroisse « pour les aider à parvenir à l'État Sacerdotal, à s'entretenir aux études et à continuer leur bon dessein » (3). On dut renouveler souvent cette pieuse générosité.

(1) Un curé, 2 vicaires, 5 chapelains à la paroisse : 1 à Saint-Roch, 1 à la Raitière, 1 au Belle et 1 à Saint-Jacques.

(2) Papiers de famille.

(3) A Bréel, François Longuet dit des Rochers fit à la fabrique une donation avec charge d'instruire douze enfants. Son fils, bachelier en Sorbonne, fut le premier maître (xvıı° siècle).

A cette époque, le nombre des élèves allait toujours grandissant. En 1630, on ajouta 18 livres à la solde ordinaire. En 1631, « on bailla 24 livres à Pierre Gérard, diacre, pour son salaire et vacation d'avoir instruit et *fait instruire* la jeunesse de la dite paroisse, d'autant plus que la majeure partie est si *pauvre* qu'elle ne pouvait pas payer celui qui l'instruisait ».

II. Fondation Michel Robichon. — Mᵉ Michel Robichon encouragea à son tour ce beau mouvement. La fondation de la chapelle du Rosaire (1618) créait un nouveau poste de chapelain. De plus, quatre petits clercs eurent 12 livres : « 1° pour assister à deux grandes messes (fêtes Notre-Dame et Saint-Michel) et 2° pour chanter, après le soleil couché, le salut avec le *De Profundis*, l'oraison de la Sainte Vierge et des défunts. Enfin au jour de la Toussaint, on offrit 25 sols aux enfants de la dite paroisse pour dire les sept psaumes à l'intention du sieur foudateur ».

Il y avait par là même une ardente émulation parmi les jeunes gens ; c'était à qui serait capable de bien lire pour participer à ces avantages.

Le Joué-du-Bois du XVIIᵉ siècle dut à toutes ces sages et charitables fondations une période intellectuelle et libérale qu'il ne retrouvera peut-être jamais. Nous avons relevé, dans la seconde moitié de ce siècle, quarante-huit noms de jeunes gens ayant reçu les Saints Ordres. Tous, excepté P. Robichon, eurent l'honneur d'arriver au sacerdoce et d'obtenir des bénéfices, ou dans la paroisse, ou dans diverses contrées des diocèses de Sées et de Coutances. Leurs signatures et leurs lettres nous les montrent dispersés de tous côtés. Les familles Robichon, Guillouard la Vallée, Coupry, Catois, Gautier et Lavannier sont celles qui ont fourni les sujets les plus nombreux à l'Église (1).

Nous connaissons les registres, les procès-verbaux de délibérés, contrats, etc.... Nous avons vu leurs comptes du trésor, leurs pétitions à l'intendant de la généralité ; nous possédons quelques testaments (2). Nous avons lu leurs rapports à l'évêché et autres

(1) Papiers de ces diverses familles.

(2) Celui de Chartier, mort à Paris, est un modèle de rédaction et de sentiments élevés. Celui de Guillouard le jeune, sieur de Goulet, est presque aussi bon.

écrits. Si tout n'est pas admirable, cependant tout est suffisant, bien écrit parfois et souvent d'une manière touchante (1).

Les laïques n'avaient pas moins bien réussi dans le monde que les prêtres dans le clergé. J. Catois de la Fontenelle devint conseiller du roi au grenier à sel à Falaise (1640-1680) ; Julien Guillouard-l'Étang-de-la-Vallée était chirurgien à la même époque ; son fils exerça la même profession à Faverolles, où l'avait attiré son mariage (Jacques de Thiboult avait été son parrain). Un autre fils, Michel, dit de l'Étang, s'adonna au commerce. Nos registres sont pleins des plus belles signatures. Ils contiennnent hélas ! aussi une certaine quantité de marques ; car plusieurs négligèrent leur instruction : beaucoup de bûcherons, de forgerons, d'ouvriers et même de laboureurs se contentaient de savoir lire à la messe et n'écrivaient jamais. Ils ne voyaient pas qu'il leur fût avantageux de parapher comme des notaires et de parler comme des avocats.

Le xviiie siècle eut un début très avantageux. Les évêques, qui s'intéressaient, dans chacune de leurs visites, à la bonne tenue des écoles, y firent une attention plus soutenue encore à cette époque. Jusqu'alors les filles avaient été presque délaissées. Monseigneur Savary s'occupa de leur triste sort et leur fit désigner une maîtresse. Louis d'Aquin, son successeur, ayant visité Joué-du-Bois en 1701, donna des éloges à Mᵉ Mathurin Manson qui instruisait les petits garçons, et, « sur la réquisition et bon témoignage du curé, Catherine Lorel, après avoir subi un examen, fut désignée pour être maîtresse d'école et enseigner les petites filles ».

En 1708, le même évêque revint à Joué-du-Bois. Mᵉ Julien Gautier était maître d'école et Catherine Lorel toujours institutrice.

III. Une école de hameau. — Un chrétien fervent et charitable, mort à Rânes et enterré à Joué-du-Bois (1737), Ch. Poullain de Beauchêne, bailli de notre haute-justice, eut le désir de contribuer pour sa part à l'amélioration du sort de la jeunesse. Il rebâtit la chapelle Saint-Jacques et laissa une rente suffisante

(1) L'orthographe française n'est devenue un peu fixe qu'à la fin du xviiᵉ siècle. Bossuet lui-même en a changé plusieurs fois.

pour la création d'une chapellenie, à la condition espresse que le titulaire emploierait son temps « à instruire aux petites écoles les enfants de huit villages de Joué-du-Bois et d'Orgères ».

Il en résulta une nouvelle génération d'hommes instruits. Dix-huit prêtres et presque autant de laïques sortirent des rangs du commun. Les prêtres eurent de petits bénéfices à la Motte, à Beauvain, à la Chaux, à Sainte-Marie, à Saint-Martin, à Longuenoë, à Joué-du-Bois et ailleurs. Les Broust, les Engerrand, les Guillouard et les Gérard sont les noms les plus communs que nous ayons relevés à cette époque. Un Robichon (M. de Livet) devint curé de Saint-Ouen de Séez et chanoine de la cathédrale ; un Coupry, Étienne, avait été doyen de Saint-Georges ; un Anceaume, qui se rattache au village de la Grandière par sa mère (Desanière), fut régent au collége d'Alençon (1764) avant l'expulsion des Jésuites (1).

Parmi les laïques, un Guillouard la Vallée, connu sous le nom de sieur de Glatigny, obtint le diplôme d'avocat du grand conseil, fut conseiller du roi et lieutenant des eaux et forêts de Caen.

R. Robichon, avocat et juge présidial d'Alençon, devint le bailli de la haute justice de Fontaine-Riant (1763) ; M. de Récalde fut avocat ; son fils, Henri, un militaire distingué ; Guérin Raitière, deux Guillouard la Vallée prirent la profession de chirurgiens. Fr. Côme du Bois était bailli de plusieurs hautes justices. Tous les habitants un peu aisés écrivaient admirablement. Les contrats de mariage de Raitière et de plusieurs autres, nous l'ont montré jusqu'à l'évidence. Fr. Côme du Bois et Raitière composaient même des chansons : nous avons retrouvé quelques-uns de leurs brouillons (2).

De 1585 à la mort de Me Delaunay, « chapelain de Saint-Jacques et maître des enfants, il n'y eut pas de notables changements dans la manière de donner l'instruction. Les prêtres eurent constamment la direction de l'école des garçons.

IV. INSTRUCTION DES FILLES. — Les maîtresses des jeunes filles nous sont moins connues. Les pièces officielles qui les concernent ont été peu nombreuses. Nous n'en savons pas moins

(1) Papiers des diverses familles énoncées ci-dessus.
(2) Papiers de famille.

7

certainement que la formation de cette moitié de la jeunesse ne
fut pas négligée et l'on a vu les efforts de nos évêques, Mathurin
Savary et Louis d'Aquin, pour lui assurer ce bienfait.

Sur les registres de baptêmes, sur les *contrats* de mariage, les
aveux et les quittances, les signatures de femmes sont aussi
nombreuses et aussi belles que celles des hommes. De plus, au
XVIIIe siècle, quatre jeunes filles de Joué-du-Bois, des familles
Robichon et Guillouard la Vallée, furent jugées capables d'entrer
aux Ursulines. Lorsque la Révolution eut anéanti ce qui restait
des anciennes institutions, on fut très heureux de rencontrer
parmi les anciennes élèves de ces temps si décriés des personnes
capables de faire des maîtresses, et assez dévouées pour remplir
volontairement et gratuitement cette pénible fonction (1).

Il en fut de même pour les garçons. Michel Gérard n'avait pas
été trop mal formé par les prêtres, ses maîtres, puisqu'à son
retour du service, il fut en état de rédiger fort bien les actes
civils. Il eut en outre la charge de greffier de la justice de paix.

Nous supposons toutefois que la plupart de nos jeunes gens de
la fin du dernier siècle étaient allés au dehors compléter leurs
études. Les deux Lenoir (Grandpré et Bois-Gautier), Messieurs
Lemeunier-Deschamps et son fils Martinière, Challemel-du-
Plessis, Gautier-de-l'Aître Gautier, Guillaume Guillouard-la-
Vallée, R. Robichon et de Récalde avaient une science et une
éducation qui dépassaient le degré qu'on pouvait atteindre à
Joué-du-Bois.

Jean Robichon du Mesnil et son frère Charles, le premier
instituteur de Sainte-Honorine-la-Chardonne en ce siècle, avaient
étudié à Séez, sous la direction du chanoine de Livet, leur oncle ;
les autres avaient achevé leur instruction à la Ferté-Macé.

Joué-du-Bois eut, de 1775 à 1786, un maître capable. Sa belle
écriture et les rédactions, que nous avons vues de lui, en fournissent la preuve.

Ce maître, pris cette fois hors des rangs du clergé, était un
pieux laïque de Mayenne, nommé Omer du Tertre. Il mourut
malheureusement trop tôt. Sa sépulture fut présidée par le Père
Guillaume Étienne, cordelier de la ville d'Alençon, un de ses
amis, peut-être même un de ses parents (1786). M. du Tertre

(1) Mlles Huard, Chesnel, Bousse, etc.

laissait un fils excellent et également très instruit ; mais il fut bientôt obligé de partir à l'armée où il a fait sa carrière, sans oublier jamais les amis d'enfance et surtout Jean Catois de la Beslière avec qui il entretint longtemps une correspondance empreinte des sentiments les plus affectueux.

A la mort d'Omer du Tertre, la classe de Joué-du-Bois fut négligée pendant plusieurs années. Bientôt du reste, les graves événements qui se succédaient avec une rapidité vertigineuse firent tourner les têtes et paralysèrent toute action.

Les Assemblées, qui gouvernèrent la France de 1789 à 1800, firent sur ce point des décrets qui, chez nous, demeurèrent lettre morte. Le presbytère ne fut pas affecté à l'instruction de la jeunesse et personne n'y tint les écoles. Michel Gérard lui-même était alors bien trop occupé par les événements pour se confiner dans une classe et demeurer immobile. D'un autre côté, les courses effrayantes des bleus, des chouans et des voleurs, qui se multipliaient dans le pays, effrayaient naturellement les familles ; aucune mère n'aurait consenti à exposer ses enfants aux avanies possibles ou aux brutalités des partis.

CHAPITRE VII. — Chapelles

—

Avant la Révolution, la paroisse de Joué-du-Bois ne possédait qu'une seule chapelle publique : N.-D. de Liesse, au village de la Raitière (1).

Les chapelles domestiques étaient relativement nombreuses. Nous terminerons cette première partie par une courte notice sur chacune d'elles.

I. Notre-Dame de Baudonnet (2) vulgairement Saint-Roch. — A quinze cents mètres du bourg de Joué-du-Bois, sur le vieux chemin de La Motte-Fouquet (3), Jean Le Verrier, seigneur de Joué, érigea ou répara vers 1520 un assez vaste sanctuaire, en l'honneur de Notre-Dame et de Saint-Roch (4). Faisant aveu à Jean d'Harcourt en 1522, il put affirmer son droit de proposer un chapelain à ce bénéfice.

(1) Notice sur la Raitière. (*Bullet. de la Soc. arch et hist. de l'Orne,* VIII).

(2) Nom d'un petit ruisseau qui passe au bas de la terre de Saint-Roch.

(3) Ce vieux chemin traversait la cour et longeait les communs de la ferme.

(4) Le propriétaire de Saint-Roch nous a montré l'emplacement de cette chapelle. La grande porte était tournée vers Joué-de-Bois ; la porte *Tudor* qui se voit encore était latérale : le lambris en bardeaux était peint dans le genre du xvie siècle, l'aiguille qui soutenait le faîte est encore à la remise de la ferme.

La rente fondée fut seulement de 40 livres. Saint-Roch n'en eut pas moins ses titulaires pendant environ cent ans (1).

A partir de 1650, personne ne voulut plus d'une fondation si minime : les revenus disparurent et la chapelle fut convertie en grange.

Ni Urbain Langlois et sa fille Marie-Madeleine d'Amanville, ni Thomas Le Noir et son gendre Oudineau-Faverie (2) ne songèrent à la rétablir malgré les vives réclamations des fermiers qui attribuaient à cette profanation des pertes continuelles de bestiaux.

François Lainé et Marie Defais, sa femme (3), ont été mieux inspirés. L'an 1839, ils bâtirent sur le bord de la route de Carrouges un modeste oratoire qui fut béni par Pierre Neveu, curé-doyen de la Ferté-Macé.

II. CHAPELLE DE NOTRE DAME DES AIDES. — Un jour, nous dit la légende, le jeune seigneur du Belle prenait ses ébats sur le bord des douves du vieux manoir. Un faux pas le précipite à l'endroit le plus profond. Il crie, se débat; personne ne l'entend. Embarrassé par les grandes herbes, il sent ses forces s'épuiser, il va périr. A ce moment, la pensée lui vint d'invoquer Marie la mère et le secours des chrétiens ; il promet de lui témoigner sa reconnaissance s'il peut échapper à ce danger. Quelques instants après, il avait escaladé la rive, il était sauvé.

Sa famille le reçoit avec des transports de joie et remercie avec lui sa céleste bienfaitrice. Tous ratifient son vœu et bientôt une gracieuse chapelle s'élevait au milieu de la prairie sous le titre significatif de Notre-Dame des Aides (4) *(de auxiliis)*.

(1) Chapelains de Saint-Roch : 1° Thomas Guillouard, né à la Vallée en Joué-du-Bois, propriétaire à Brais (Saint-Martin-l'Aiguillon), où se trouvait le pré de la Noë donné au trésor de Joué-du-Bois (16 mars 1649). Il résilia son bénéfice le 24 août 1649, aux mains de Catherine Du Four, comme ayant la garde noble des enfants de défunt Claude Langlois ; 2° Jacques Fleury, sieur des Coutures (Annebecq) ; 3° Jessé Jardin, 16 mars 1650 ; 4° Pierre de la Ruë, et comme le bénéfice était vacant *per desertionem*, dit le Pouillé, le curé de Joué-du-Bois voulut bien s'en charger le 3 juillet 1650

(2) Conseiller de préfecture de l'Orne sous le premier Empire (Annuaire 1811), d'une famille originaire de Rasnes. Fr. Robichon de Joué-du-Bois était son neveu. Son fils, Achille Oudineau, artiste de talent, est mort à Paris, le 24 décembre 1891 (Voir Article nécrologique, *Journal d'Alençon*, 2 janvier 1892).

(3) Riches propriétaires de la Ferté-Macé, acquéreurs de la terre de Saint-Roch.

(4) Pouillé et pièces des Archives de l'Évêché.

Le 8 août 1522, Thomas de Fontenay, sieur du Belle, et demoiselle Jacqueline Regnault, sa femme, la dotèrent de quinze livres de rentes par contrat passé devant Nicolas Leboucher et Richard de la Noë, tabellions royaux à Briouze, à la charge de dire trois messes, savoir les dimanche, mercredi et vendredi de chaque semaine (2).

Le 12 février 1676, par la générosité de Louis Étienne, sieur du Belle, et de Marguerite Matrot, son épouse, la fondation de N.-D. des Aides fut considérablement augmentée. Outre la dite rente de 15 livres assignée sur leurs terres, les châtelains donnèrent par acte passé devant Jean Gérault et Jacques Des Cours, tabellions à Briouze, six acres de terre labourable et six acres de pré et cela sans augmenter les charges de messes. Ils se contentaient de réclamer un *de profundis* avec oraison à la fin de chaque messe et d'imposer au bénéficiaire la récitation du petit office de la Vierge dans le cas où il ne serait pas *in sacris* (3).

En 1752, Jacqueline-Catherine-Henriette Étienne du Taillis du Belle, autorisée par l'Évêque de Sées, reconstruisit la chapelle de concert avec sa sœur, demoiselle de Montfort.

Par ordonnance de l'Évêque de Séez, Me Pierre de Brais, curé de Rasnes, doyen d'Annebecq, en fit la visite dont il dressa procès-verbal (1). Toutes choses étant en bon état, il inaugura le nouveau sanctuaire (24 août 1752).

Six ans plus tard, en vertu d'une nouvelle commission, il y bénissait les statues de Saint-Roch et de Sainte-Barbe.

En 1630, Jean Coupry du Bas-Désert et après lui son neveu, Étienne Coupry (2), avaient desservi la chapelle du Belle. En 1759, Louise-Jacqueline Étienne présenta François Engerrand. Le jeune abbé n'était que sous-diacre; il fut stipulé dans l'acte passé à Argentan, rue de la Poterie « qu'il serait tenu, en attendant qu'il ait reçu l'ordre de prêtre, d'y faire acquitter les messes et le tout en conformité, tant des anciens contrats de

---

(1) Archives de l'Évêché.

(2) Chartrier du Logis de Joué.

(3) Le procès-verbal fait de la chapelle une description qui serait encore vraie actuellement ; il énumère ensuite tous les objets mobiliers et réclame une chasuble de toutes couleurs qui fut présentée le 24 août 1752.

(4) Doyen d'Annebecq quelques années plus tard vers 1680.

fondation de 1522 et de 1676, que de celui passé devant les notaires d'Argentan, le 23 août dernier (1).

A Fr. Engerrand succéda Joseph Guillouard de la Vallée (1562) (2) et, le 20 novembre 1766, Louis-Julien Dupont-Boismartel, prêtre du Mans (3).

Après la mort de la dernière des Étienne, Renard du Buct (4) et P. Fr. Morel d'Aché (5', ses héritiers, vendirent le Bel (6) aux du Bois-Tesselin (1777).

P. Fr. Morel, ayant pris à sa charge une partie des services religieux, construisit à Aché un oratoire et obtint de l'Évêque de Séez l'autorisation d'y faire acquitter la moitié des messes fondées, l'autre moitié devant être dite à l'autel de la chapelle Saint-Sauveur en l'église paroissiale (28 septembre 1781).

Le curé et les paroissiens, par suite de ce nouvel arrangement et en vertu d'une ordonnance de Mgr J.-B. d'Argentré devaient nommer le titulaire, percevoir et conserver 150 livres pour le prêtre qui dirait les messes et 20 livres pour la fourniture du pain et du vin.

Les seigneurs d'Aché et du Bel lésés dans leurs priviléges commencèrent une série de réclamations pendant lesquelles les débiteurs de la fondation se refusèrent à verser les rentes échues.

Quatre ans plus tard, dans le désir de mettre un terme à ce triste état de choses les parties intéressées adressèrent à l'évêque de Séez un rapport très long et très circonstancié.

Les suppliants ne réclamèrent pas contre la réduction, division et translation ordonnée par l'Évêque (28 septembre 1781) ; mais les sieurs du Bois-Tesselin, nouveaux seigneurs, prétendirent avoir droit à la nomination du titulaire, exigèrent qu'on célébrât les messes non au maître autel, mais en la chapelle Saint-Salvateur qui, bien que faisant corps avec l'église paroissiale, appartenait propriétairement aux seigneurs du Belle et enfin protestèrent contre l'immixtion des trésoriers de Joué-du-Bois dans l'administration de la fondation.

(1) Par ce contrat, la terre de la Houssière (225 livres de rentes) fut attribuée au chapelain.

(2) Joseph Guillouard divint curé de Beauvin.

(3) Il habita la Conilière chez son cousin Gérard (la collation eut lieu le 16 février 1767).

(4) Canton de Verneuil.

(5) Canton d'Alençon, paroisse de Congé.

(6) C'est à cette époque que l'on commença à écrire le Bel au lieu de le Belle.

En vertu de cette interminable supplique, le 30 novembre 1785, le sieur d'Aché et ses successeurs furent autorisés à percevoir la rente de 250 livres au capital de 5.000 livres faisant partie des revenus attachés à la dite fondation et due, nous ne savons comment, par le sieur marquis de Falconer, seigneur de la Motte, à la charge de faire célébrer une messe aux jours de dimanches et fêtes en la chapelle du manoir seigneurial d'Aché.

De leur côté, les sieurs du Bois du Bel purent recueillir les arrérages de la dite rente de 250 livres et les autres rentes dues par la fondation, à la charge de faire dire et célébrer dans leur chapelle Saint-Salvateur en l'église de Joué-du-Bois une messe basse tous les jours de dimanches et fêtes à heure convenable pour qu'elle pût servir de seconde première messe aux habitants, et par un prêtre qui serait *présenté* par les dits sieurs (1).

La Révolution supprima la fondation : la terre de la Houssière sur laquelle une partie des rentes était assise fut temporairement attribuée à l'hospice d'Alençon. A son retour de l'émigration (1815), le chevalier Alex. du Bois-Tesselin réunit un énorme dossier pour faire valoir ses droits ; les réclamations ne furent pas écoutées et la chapelle de N.-D. des Aides demeura sans rentes et sans chapelain (2).

III. Chapelle Saint-Jacques. — La première chapelle dédiée à St-Jacques fut bâtie à la fin du xvᵉ siècle sur le bord du grand chemin *perré* d'Alençon à Domfront par Josselin le Verrier seigneur de Joué. Spacieuse comme celle de la Raitière, elle possédait une élégante façade, une tour avec clochette et à l'intérieur les statues de St-Jacques, de Ste-Barbe, de St-Vaast et de Ste-*Uralie* ? à laquelle la croyance populaire attribuait la vertu de favoriser les enfantements laborieux.

Jacques de Broon, seigneur du Champ-de-la-Pierre et en partie de Joué-du-Bois depuis son héritage de 1597 céda sa terre de la Fouquière aux Poullain de Beauchêne (3). La chapelle St-

(1) Par délibération du 26 octobre 1783, les habitants de Joué-du-Bois avaient déjà reconnu que les trésoriers précédents n'avaient jamais présenté de titulaire et demandaient à être déchargés de ce soin et de faire rentrer les rentes (Arch. Évêché).

(2) Chartrier de Beauvin communiqué par M. Achard.

(3) Beauchêne, manoir sis en St-Martin-l'Aiguillon détruit vers 1880. Un Poullain de Beauchêne a joué un rôle pendant la Révolution.

Jacques précédemment négligée fut l'objet d'une restauration complète. Charles Poullain avocat et bailli de la haute-justice de Joué y consacra la majeure partie de sa fortune. Il tint à la pourvoir de tout et à lui assurer un entretien convenable. Entre autres ornements, il offrit un beau calice d'argent martelé et ciselé, qui appartient maintenant à la fabrique de Ste-Marie-la-Robert (1), et fonda en trois fois une rente de 300 livres (2).

Cette rente abaissée à 200 l. par un jugement rendu à Falaise, le 19 oct. 1740, amena le chapelain, Jean Delaunay, à réclamer une réduction. La requête fut présentée à Fleuré, le 18 août 1746.

L'Evêque de Séez donna commission au curé de St-Martin-l'Aiguillon de faire les informations nécessaires et d'examiner les contrats de fondation.

Le Commissaire adressa ensuite son procès-verbal à l'Evêque qui octroya, du consentement de M⁰ Charles Poullain, héritier et présentateur de la dite prestimonie, la réduction demandée (10 oct. 1746). J. Delaunay en demeura le chapelain jusqu'à sa mort (1781).

Pendant la Révolution, quelques uns de ces fanatiques qui n'avaient pas peur des saints, détruisirent le modeste sanctuaire avec une rage vraiment infernale (3).

Il a été rebâti en 1882 par la générosité de Jacques Lesage, et Mgr Trégaro, évêque de Séez, a daigné le bénir solennellement, le 29 mai 1888.

IV. L'ORATOIRE DE LA BOUCHERIE. — Il est situé sur le bord du grand chemin de Pré-en-Pail à Argentan. La solitude qui l'entoure, le cercle de sapins qui l'abritent, lui donnent un

---

(1) Ce calice porte l'inscription suivante : Donné à la Chapelle de St-Jacques paroisse de Joué-du-Bois par Mre Charles Poullain, advocat, fondateur d'ycelle et sur un écusson, un poulain caracolant. L'abbé Ch. Poullain de Beauchêne le légua en 1820 à la fabrique de Ste-Marie-la-Robert à la charge de faire acquitter quelques *obits*.

(2) Le premier acte fut passé devant Guillaume Broussin not. royal du *Menne* (3 may 1716) il fondait 50 liv. pour un obit et une messe par semaine. Le 2⁰ passé devant le même (19 may 1725), élevait la rente à 200 l. Le 3⁰ passé devant Thomas Potier, notaire au Val-d'Écouves (18 juin 1735), stipulait que 200 l. seraient prises sur la terre du Rouvray (Rasnes) et 100 l. sur les biens sis à Orgères, à diverses charges et spécialement à celle de tenir les écoles aux enfants de sept villages de Joué-du-Bois dénommés.

(3) C s profanateurs ont été poursuivis et frappés par la Providence.

aspect très mystérieux. Le Christ et les statuettes qu'on y vénère sont protégés par une forte grille de fer. Mme de Vigan, la propriétaire actuelle, l'a restauré il y a quelques années.

A côté de ces nombreuses chapelles, nous devons mentionner les onze croix de granit érigées par les ancêtres : Croix, 1° de la Bruyère, 2° des Pallières, 3° de la Maladrerie, 4° de la Barillère, 5° de la Heurteventière, 6° des Liens, 7° du Rosaire, 8° du Mesnil, 9° de la Hersonnière, 10° du Bourg, 11° de la Raitière (1).

(1) De pieux fidèles ont relevé et restauré ces croix abattues pendant la Révolution.

FIN DE LA PREMIÈRE PARTIE.

IIe PARTIE. — LES FIEFS. (1)

CHAPITRE I. — Fief principal dit : Fief de Joué.

Sommaire : I. Le Manoir. — II. Les Ressources du Seigneur. — III. Les Seigneurs.

Le fief principal de Joué-du-Bois était un fief de chevalier ou de haubert (2) relevant de la baronnie d'Annebecq (3). Son territoire s'étendait du sommet des collines de St-Georges-d'Annebecq aux Feugerets d'Orgères (4) et de la route de Prez-en-Pail aux forges de la Poëlerie. Les bois de Blancfief (5) se rattachaient

(1) Dans le partage qui suivit la conquête de l'ancienne Neustrie par les Normands, on attribua les baronnies et autres grandes circonscriptions aux officiers de premier ordre ; les chefs d'un rang inférieur reçurent des fiefs de haubert, de demi haubert, de quart de haubert.

Tout seigneur ainsi récompensé avait le devoir de veiller à la sécurité de ses vassaux et celui de répondre à l'appel du souverain quand la patrie était en danger.

(2) Pièces diverses du chartrier de Rânes ; lettre au roi en résidence à Compiègne (1539) ; aveu de 1541.

(3) Annebecq, actuellement petit village de St-Georges-d'Annebecq au canton de Briouze fut dans les temps reculés un lieu très important. C'est là que les Gaulois élevèrent sur les bords de la Rouvre leurs modestes cases en torchis d'où le nom d'Annebecq. (Asn, demeure ; bec, du ruisseau). Aux beaux jours de la baronnie les Normands bâtirent sur un terrain plus solide, mais non loin du premier emplacement un prieuré et divers logis. Là avaient lieu les foires qui se tiennent maintenant à Rânes. Sous Philippe-Auguste la baronnie comptait encore 29 fiefs nobles. En 1497, Aubert de St-Germain, seigneur de Rânes, voulut rattacher le fief de Joué à celui de Rânes. Un arrêt de l'échiquier de Normandie, rendu en 1505, annula une sentence antérieure Le fief de Joué servait à Annebecq 8 livres de tiers an.

(4) Au canton de Couptrain.

(5) Ce bois était situé tout près de l'ancienne forge de Carrouges. Le ruisseau de Rohan le partage du bois de Monthard.

à la seigneurie, qui, nous dit la lettre au roi (1539), avait des extensions en St-Martin-des-Landes et en St-Martin-l'Aiguillon.

Le fief du Belle dont nous parlerons plus tard était absolument secondaire.

Les aînesses du Gration, de la Barillère et des Grandières (1) relevaient de la maison de Rânes ; celle de Carrouges (2) avait la lisière de terrain qui est enclavée entre le moulin de Besnard (3) l'Oratoire et la Couperie (4).

En sa qualité de fief de haubert, la terre de Joué-du-Bois était tenue, quand le ban et l'arrière ban du roi étaient appelés, à fournir un archer monté et armé. L'aveu du 11 mai 1541, après avoir affirmé que cet archer était « pour aider Messire Josselin Hallay, sieur de Jouvilly, M^{tre} Louis de St-Germain, sieur des Noëcheries (5) et Ambroise Leroy, écuyers » ajoute ces mots significatifs : « ou leurs successeurs. »

Le fief de Joué fut à jamais désuni par les lots de 1516.

I. LE MANOIR. — Le manoir qui servit d'habitation aux vieux seigneurs existe toujours.

La tradition populaire et une certaine analogie de style avec la partie ancienne du château de Rânes nous portent à croire qu'il fut bâti au commencement du xve siècle, et probablement même cinquante ans plus tôt, au déclin de la possession anglaise (6).

Les lots de 1516 nous le montrent organisé comme il l'est présentement. Le jardin, la cour, le domaine et la métairie sont à peu près les mêmes. Il était entouré de douves et défendu par des communs munis de meurtrières et flanqué de sept tours. D'après les lots de 1530 une des douves traversait le grand jardin.

Il suffit d'un coup d'œil pour reconnaître que l'aile droite n'a pas été construite

Les trois ponts-levis qui mettaient cette demeure à l'abri d'un coup de main furent changés en ponts fixes sous Louis XIII, et

(1) Village de Joué-du-Bois.

(2) Plein fief de haubert relevant d'Annebecq (sentence de 1630 et divers aveux) faisant 7 livres de rente à la St-Rémy.

(3) Moulin banal du Belle.

(4) Rapport de l'avocat de François Robichon contre Thomas Lenoir (1788).

(5) Village de Rânes.

(6) De Contades (Rânes, p. 7).

les murs de clôture reçurent les couronnements en granit qu'on y voit encore.

La cour et les salles du rez-de-chaussée, envahies par l'humidité, ont été exhaussées d'environ 0 m. 50, ce qui a donné à la monumentale cheminée de la cuisine un aspect moins gracieux.

Les meneaux en forme de croix qui coupaient si bien les grandes fenêtres, ont été brisés et les petites ouvertures de l'aile du manoir agrandies.

L'oratoire adjacent à la chambre principale a été converti en cabinet. On y remarque encore des vestiges de fenêtres gothiques xive (1). En perçant le plafond, on retrouve, paraît-il, la voûte primitive.

Enfin l'on a fait disparaître les constructions qui avaient été accolées du côté des petites douves quand « M. de la Lande et ses belles-sœurs avec leurs maris » avaient été contraints d'y faire une commune habitation (2).

Les communs d'un beau style renaissance, ont été détruits, il y a vingt ans, et l'on ne peut plus admirer les avenues majestueuses. qui, allant au Theil et à la Drouarderie (3', dominaient la contrée et encadraient gracieusement le vieux castel.

II. Les Ressources du Seigneur. — Autour de leur château, les seigneurs de Joué possédaient douves, jardins, garennes, domaines, métairies et fermes (4).

Les fermiers et métayers apportaient leurs termes, les aînés ou vavasseurs (5) recueillaient les redevances des puinés (6) et payaient eux-mêmes celles de leurs belles terres.

Rânes comptait ses aînesses par centaines ; le fief de Joué n'en avait qu'un nombre relativement restreint et, parmi elles, plusieurs ne comptaient que deux à trois puinés.

(1) Plusieurs maisons de Joué-du-Bois, dites anglaises, ont les mêmes ogives.

(2) Lots de 1539.

(3) Villages à 600 mètres du logis.

(4) Lots de 1539.

(5) Il y avait un aîné dans chaque village. C'est avec lui que le seigneur traitait les affaires concernant ses intérêts. C'est lui qui rédigeait les aveux et en était responsable. Au besoin il avait aussi la délicate mission de réclamer contre les exactions du châtelain.

(6) Les puinés étaient des sous-bailleurs, des copartageants d'une aînesse.

III. Les Seigneurs. — Les de Beaurepaire (1) ont-ils été les premiers possesseurs du fief de Joué ? Y eut-il une famille primitive du nom de Joué ? Renoult de Joué, qui fieffa en 1298 le tènement des Grandières et le champ Durillon (2) était-il un des membres de cette vieille race ? Jean de Joué, prêtre qui fit aveu du fief de la Brumanière (3) l'an 1378 en fut-il le dernier rejeton ? Le fait est difficile à établir puisque les de Beaurepaire sont constamment désignés dans les actes publics sous le nom de Joué.

En tous cas, nous savons d'une manière positive par les pièces conservées au chartrier de Rânes qu'en 1381 un de Beaurepaire (Guillaume) fit aveu à Guillaume de Chamborand, baron d'Annebecq pour le fief de Joué (7 septembre 1381), et certainement de cette date à celle de 1515, époque de la mort de François de Beaurepaire, le fief de Joué-du-Bois est resté en leur possession.

Les de Joué de la Brumanière, de St-Georges, de l'Auramière, de Montreuil et de Loucé, dont parlent les pièces diverses du chartrier de Rânes, sont tous de la famille de Beaurepaire.

Parmi eux on cite les noms de :

Guillaume, prêtre, qui céda une partie de son patrimoine à Thomas de Joué son frère (1392); Jean, qui, par les lots de 1408, eut les seigneuries de Joué et de la Brumanière.

Robert, qui afferma en 1411 la noble sergenterie du Houlme (4).

Plus tard (1452) Jean de Joué mit à bail la terre du Châtel et la dîme de Montreuil.

En 1454, Samson de St-Germain, baron d'Annebecq, rentré

(1) De Beaurepaire, vieille famille noble de Normandie dont l'ancienneté de noblesse fut reconnue par Montfaut. Leur blason était de gueules à la croix ancrée d'argent liée en cœur d'azur d'après M Jules Appert : de sable à 3 gerbes d'or montantes, 2 en chef et une en pointe, suivant le comte de Contades. (*La Chaux*, p. 13).

(2) Terres sises en Joué-du-Bois.

(3) Village de Rânes.

(4) Les Parlements avaient mission de rendre la justice. Au dessous des Parlements, les sergenteries devaient maintenir le bon ordre, en imposer aux méchants, presser les retardataires et veiller à l'exécution des lois du royaume. La charge de la sergenterie s'achetait comme un régiment. Celle du Houlme, divisée en trois branches : du Houlme, de Briouze et de la Forêt Auvray fut tenue par les Fouquet, écuyers, de 1413 à 1663. La mort du dernier Fouquet permit à Henri d'Argouges de se rendre acquéreur de la sergenterie entière. Il en possédait déjà deux petites branches : celles de Rânes et de Carrouges. Le roi ratifia le marché. (Chartrier de Rânes, diverses pièces).

en possession de ses domaines confisqués par le roi Jean, *remit*, de concert avec son épouse Marguerite de Husson, le fief de Loucé à Ambroise de Beaurepaire, seigneur de Joué.

Le même Ambroise fit aveu de sa seigneurie de Joué en 1461.

Son frère Jean acheta le Bisson de Rânes de Louis de la Lande (1), seigneur du lieu, fieffa le Mesnil de Joué à Guillaume Sagot en 1465 et à Henri Gérard en 1474 et renonça (1488) à ses droits de propriété sur la chapelle St-Nicolas-de-Rasnes. A la même époque, on voit un Hector de Joué, faisant aveu de la Brumanière (1495) et Pierre de Joué curé de Neuvy-en-Houlme.

Ambroise s'était fixé à Joué-du-Bois, c'est là que lui naquirent d'Ambroise de Lamboul, sa femme, un fils et trois filles (2). Sa mort prématurée fut une source de difficultés. Michel Moignet, gendre de Jean de Joué et tuteur des enfants mineurs, osa se dire seigneur de Joué et de la Brumanière et faire aveu comme tel. Mais Jean de Gruel, son gendre, se contenta d'être seigneur de la Brumanière et des deux Mesnil, (ceux de Rasnes et de Joué). François de Beaurepaire devint donc, hélas pour peu de temps, le seigneur du fief de Joué (3).

La mort de Fr. de Beaurepaire, fils d'Ambroise, arrivée au commencement du XVIe siècle, fit tomber la seigneurie en quenouille, et le 4 fév. 1516 ses trois sœurs se partagèrent la succession de la manière suivante :

Le premier lot, comprenant la Motte du Château, eut son siège au bourg. On lui attribua tout ce qui avoisinait le manoir. Il s'étendit du pré de la Fontaine au bourg jusqu'au Vivier, et depuis le Theil jusqu'à l'étang de la Brousse et la Vallée (4).

C'est à ce lot que revenaient les grosses parts des libertés et dignités, c'est lui qui présentait au bénéfice de Joué. Il était obligé de faire les *foy* et hommage à la baronnie d'Anebecq. On lui donna pour tenants tous les hommes qui habitaient aux environs du domaine.

---

(1) Les de la Lande, écuyers, sieurs du Détroit (Calvados, canton de Falaise) ont habité Joué-du-Bois et Rânes. L'un d'eux a été curé de Joué-du-Bois de 1645 à 1703, pendant que son frère était curé de Caligny.

(2) M. Jules Appert dit Ambroise de Loré et non de Lamboul. D'après le même, un fils aîné, Samson aurait eu le fief de Beaurepaire en partage. Nous n'avons trouvé aucun document sur ces deux faits. (*La Chaux*, p. 8).

(3) Chartriers de Rasnes et de Joué (pièces diverses).

(4) Villages situés en Joué-du-Bois.

Les places et franchises que la seigneurie possédait en la baronnie de la Ferté-Macé demeurèrent communes aux trois lots.

Le siège du second lot était la Heurteventière (1), où l'on voit encore les armes des de Broon. Ce lot partant de la Fouquière allait jusqu'au chemin de La Motte-Fouquet à Joué-du-Bois et prenait les bois des Vallées. Il possédait au bourg une petite ferme dite de Joué, présentait à la chapellenie de St-Roch et avait sa part des priviléges et franchises.

Le troisième lot, désigné sous le nom de la Maillardière, ne fut connu sous celui de la Chaux que lorsque les nouveaux seigneurs habitèrent le manoir renaissance qu'ils firent construire à l'extrémité de la vallée de la Courbe (2). A ce lot revenaient les belles terres et l'étang de la Chaux avec l'étang de la Blandellière (à la Villière). Il présentait au bénéfice de St-Pierre-de-la-Chaux, et avait pour tenants tous les hommes qui se trouvaient sur le territoire de la commune de la Chaux avec des extensions dans celle de Joué-du-Bois.

Le premier lot échut aux enfants de feu Marguerite, femme de Edmond de Cobar, sieur de Loucey (3) ; le second, à Jeanne, qui se maria plus tard à Jean de Loré (4) ; et le troisième, à Suzanne, épouse de Jean Le Verrier, sieur de la Guiardière et autres lieux (5).

Jean Le Verrier devint sieur de Champsegré en 1527. La mort de son frère le fit peu après sieur du Champ-de-la-Pierre : enfin la vente de Joué-du-Bois par les gendres (6) de Edmond de Cobar

(1) Le fief de la Heurteventière ou du Plessis de Joué.

(2) Jolie rivière qui prend sa source à la Chaux et se jette dans la Mayenne à Mehoudin.

(3) Nous donnerons aux pièces justificatives la copie de ce lot, il fera connaître la nature et les charges des fiefs d'autrefois.

(4) Jean de Loré fit aveu en 1522 au baron d'Annebecq. Armoiries : d'hermines à trois quintes feuilles de sable.

(5) Le Verrier, nom très répandu dans la basse Normandie aux xvᵉ et xviᵉ siècles. On le retrouve à Champsegré, Taillebois, La Carneille, La Chaux, Le Champ-de-la-Pierre, Joué-du-Bois... Les armes ont varié suivant les branches de la famille. Celles des Le Verrier du Champ-de-la-Pierre étaient : d'argent fretté de gueules, ou d'après La Roque, à la hure de sanglier de sable, celles des Le Verrier Champsegré et Joué portaient d'argent au lambel de gueules de trois pendants abaissés sous un chef d'azur chargé de trois pesants rangés d'argent.

(M. Jules APPERT. *La Chaux*).

(6) Louis Desquez, sieur des Buats, époux de Suzanne de Cobar, fit aveu à Aubert de St-Germain (1528) ; Louis de la Lande, sieur du Détroit, mari de Roberde et Charles Desquez, époux de Isabeau fit aveu la même année. En 1530, des lots très détaillés, que l'on conserve encore au chartrier de M. Retout, fixèrent la part de chacun.

et celle de la Chaux par M. de Montreuil (1) (1539) lui remirent aux mains une grande étendue de terrre.

Après la mort de Jean (1550), Josselin Le Verrier, son fils, s'établit au manoir avec sa vieille mère Suzanne. Sa sœur Jeanne épousa Thomas Le Verrier sieur de la Chaux. Françoise, Claude de Broon (1561) ; la troisième, Guillaume de Ste-Croix ; la quatrième, Eustache Aubert, sieur de Caudemone, et une cinquième, Jacques de Valborel, sieur de la Penty (2).

Josselin vécut pendant la triste époque des guerres de religion et fut maltraité par les réformés. L'on montre, au haut de la tourelle de l'escalier les ravages faits par les boulets des protestants ; on dit même que la tour, dont les pieds se baignent dans la grande douve, eut de telles avaries qu'il fallut la reconstruire en entier.

Quand les troubles se furent un peu calmés, Josselin, de concert avec le curé de Joué, Mᵉ Michel Hubert, rebâtit la chapelle de Joué, fit réparer la nef de l'église et établit l'importante fondation dont nous avons parlé dans notre première partie.

Josselin Le Verrier mourut vers 1593, sa veuve, Guyonne de Marconney, lui survécut plusieurs années (1601).

Les héritiers furent nombreux. Le rapport d'un avocat (2 juin 1756) les divise en 4 têtes : 1° Jacques de Broon, fils Claude ; 2° Jean de Valborel, fils Jacques ; 3° Eustache Aubert de Caudemone, comme ayant épousé ou étant issus de trois sœurs de Josselin Le Verrier, et 4°, les enfants mineurs de feu Guillaume de Ste-Croix en son vivant sieur de Bons (près Falaise) et époux d'une quatrième sœur ; auxquelles trois sœurs (3) échurent le premier et le troisième lot.

Eustache Aubert de Caudemone, agissant au nom de son père trop âgé et aussi en celui de Gilles, son frère qui lui envoya procuration écrite au tabellionnage de Vimoutiers, s'établit pour peu de temps à Joué-du-Bois.

Le 9 juin 1596, il vendit, avec droit de réméré, St-Roch, l'étang de la Blandellière et les moulins de la Chaux, à Jacques Septvoye

---

(1) Le treizième de cette vente fut accordé provisoirement à la baronnie d'Anne becq au préjudice de la dame de Joué.

(2) Pièces relatives au procès Montreuil-d'Amanville et au partage qui suivit la mort de Josselin Le Verrier.

(3) Leur tuteur était Bavent de Sérans, sieur de la Tour.

sieur de la Bouverie et des Vieux-Parcs (1). Deux ans plus tard, Joachim de Falaise, sieur de la Ferrière et de Batilly, acheta les moulins, mais, Gabriel de Fontenay, sieur du Belle, profitant de la clause mise au contrat de 1596, clama à droit féodal la vente des moulins de la Chaux et les acquéreurs précédents furent obligés de lui en faire la remise.

Gabriel de Fontenay, seigneur du Belle, mourut au moment où il venait de réunir en ses mains les deux fiefs principaux de Joué-du-Bois.

Marguerite Terré, sa veuve, convola à de secondes noces, et apporta à Philippe Langlois son nouveau mari, non le Belle qui était le bien patrimonial de Gabriel de Fontenay, mais la propriété de tous ces acquêts dont nous avons précédemment parlé (2).

Philippe Langlois quitta le pays de Trun et vint se fixer au manoir de Joué-du-Bois. Le nouveau seigneur appartenait, dit-on à cette famille originaire du Passais qui fournit un évêque au diocèse de Séez (1379). En 1602 il était sieur de la Poterie, Mont-Ormel et Fierville (3). Il s'appliqua à augmenter l'étendue de son fief par de nouveaux acquêts et vendit même à cet effet sa terre de Fierville.

Philippe Langlois perdit sa femme en 1612. Ayant ajouté son nom de famille au sien, il s'appela désormais Langlois-Terré. Après avoir réglé avec Jacques Matrot, nouveau seigneur du Belle et damoiselle Vimon son épouse, les affaires concernant la succession de défunte Marguerite Terré, « en son vivant épouse du sieur de Fierville et par son premier mariage veuve de défunt Gabriel de Fontenay, sieur du Belle » ; il mourut en 1615.

Claude Langlois, fils de Philippe, épousa Catherine du Four (4).

---

(1) Jacques Septvoye avait épousé Renée, fille de Jeanne et de Thomas Le Verrier, sieur de la Chaux (sentence de 1763). (Bouverie et Vieux-Parc, villages de Joué-du-Bois).

(2) Les acquêts avaient été soldés des deniers de Marguerite Terré Elle acheta aussi la Heurteventière de Jean et Jacques de Broon, mais à la condition de réméré 1607.

(3) Arrondissement de Pont-Lévêque. Armes des Langlois : d'argent à la fasce de gueules accompagnée en chef de trois roses de gueules rangées en fasce et en pointe de trois cœurs de gueules 2 et 1.

(4) Les du Four ont été seigneurs de Sainte-Marie-la-Robert (canton de Carrouges). (Inscriptions à la tour et à la sacristie de cette paroisse) : Claude Langlois dit homme qui porte l'épée et riche de 600 livres de rente. (État des Gentilshommes, élection de Falaise 1639).

L'ainé de leurs enfants, Philippe, mourut en 1643 à l'âge de vingt ans « d'une maladie contractée au régiment. » Le cadet Henri (M. de St-Roch) eut une fin tragique, il fut traitreusement tué en duel pendant la guerre d'Italie (1657). Un de ses amis le vengea en perçant d'un coup d'espadon le bravache qui, dans une hôtellerie, se vantait de sa mauvaise action.

Devenue veuve en 1653, Catherine du Four mena en son logis une vie retirée et économe. La bonne gestion de sa fortune lui permit d'accroître ses propriétés par de constantes acquisitions (1).

En 1654, sa prévoyance fut néanmoins mise en défaut. A ce moment, l'aîné des fils qui lui restait avait 27 ans. Il était donc majeur et son père était mort depuis quatorze mois.

Or d'après les lois de la féodalité, un vassal devait, quand il prenait possession de son fief, faire aveu au suzerain. Pourquoi Catherine du Four n'avait-elle pas engagé son fils à s'acquitter de ses obligations ? Nous l'ignorons.

Le seigneur de Rânes patienta quelques mois et fit connaître ses intentions et ses droits. La patience d'un d'Argouges ne pouvait être éternelle. Son homme d'affaire, Me de Malfilâtre, sieur de Fontaine, arrive à Joué-du-Bois à l'issue de la grand'messe. Par son ordre, le général étant assemblé au son des cloches, d'une voix indignée, il prononce la signification suivante :

« A vous tenants du marquisat (2) de Rasnes, il vous est mandé à l'ordre de messire Henry d'Argouges, chevalier, marquis du lieu, *saisir* à jour de dimanche à l'issue de messe paroissiale, le fief de Joué-du-Bois, *faute d'honneur* et d'aveu non rendu (1654) (3).

Quelles furent les suites de cette saisie ? Nous supposons que tout s'arrangea à l'amiable, car Catherine du Four continua de se dire « dame de la Poterie (4) Mont-Ormel (5) et Joué-du-Bois ».

(1) Registre des ventes et acquêts publiés à la porte de l'église (archives, mairie de Joué-du-Bois).

(2) Le marquisat de Rânes était déjà érigé. L'acte de 1672 qui semble le constituer ne serait-il qu'une confirmation d'un titre déjà ancien ? La teneur de cette signification de 1654 nous le ferait supposer.

(3) Registres des délibérations (deuxième registre, archives de la mairie de Joué-du-Bois). Trois publications semblables étaient nécessaires avant la saisie (Coutumes de Normandie).

(4) La Poterie (canton de Trun), paroisse supprimée réunie à Guéprey, au religieux et au civil.

(5) Mont-Ormel au même canton possède une église richement réparée par les soins de Mme de la Drourie et un logis assis sur une colline très élevée.

Sur ces entrefaites, Fr. Langlois épousa l'aînée des filles de Jean Matrot, héritière en partie du fief du Belle. Elle avait dix ans de plus que son mari, mais les terres qu'elle mettait dans sa corbeille de noces firent oublier le désavantage de sa demi-vieillesse.

Jacques Langlois, frère cadet de François et sieur de Saint-Roch, épousa Anne de Gambier, sœur de Jean de Gambier, écuyer, sieur d'*Anouville* ?

Jacques Langlois perdit sa femme après peu d'années et ne lui survécut que de quelques mois. En 1665, Mlle de Saint-Roch était orpheline et sous la tutelle de la vieille grand'mère, Catherine du Four, qui défendit ses intérêts contre Me du Guerrier, le tuteur des enfants mineurs de M. d'Anouville. Mais Catherine du Four mourut elle-même sur ces entrefaites et Mlle de Saint-Roch quitta la paroisse pour suivre M. de Catey, son mari (1).

François Langlois eut au moins quatre enfants de Suzanne Matrot, deux filles et deux garçons. Catherine eut pour parrain M. de Cordé, écuyer, sieur de la Beslière, et pour marraine, Catherine du Four, veuve Langlois (1651). Marguerite fut nommée en 1652, par Jacques Langlois, écuyer, sieur de Saint-Roch, et damoiselle Marguerite Matrot. Henry, né en 1655, fut tenu par haut et puissant seigneur Henry le Veneur, chevalier, comte de Tillières et puissante dame Gabrielle de Droullin, dame de Rânes.

François Langlois devint veuf en 1661, sa femme fut inhumée dans l'église ; elle n'était âgée que de 45 ans.

Le seigneur de Joué continuant les traditions de sa mère soutint contre MM. de Saint-Germain et du Marais un procès qui lui assura l'héritage de Marie Langlois, sa tante. Il fit de nombreux acquêts : le mémoire qu'il en dressa huit ans avant sa mort en énumère cinquante-sept (2).

Ses épargnes lui permirent encore de faire des prêts à ses voisins. C'est ainsi que nous avons trouvé dans ses papiers un billet par lequel Jean de la Meslière (3), écuyer, sieur du Teilleul

---

(1) Chartrier de M Retout

(2) Il avait sur le chemin du Champ-de-la-Pierre un grand nombre de petites maisons. Jean Retout, maréchal, en loua une pour la somme de 13 l. (1684).

(3) Voir sur cette famille *Saint-Maurice-du-Désert*, par le comte de Contades. Le dernier rejeton mâle des de la Meslière est né à Saint-Samson-du-Désert. Il a passé sa jeunesse à Joué-du-Bois où ses sœurs sont établies. Devenu frère chez les Jésuites, il a été envoyé à Cayenne où il a séjourné longtemps ; depuis les décrets, il est en Chine. Deux de ses oncles ou grands-oncles ont été curés de Saint-Samson.

confessa avoir reçu de M. de Joué la somme de cent livres (16 mai 1693).

Pendant son existence, les douves du château furent curées deux fois par les vassaux, une première fois sous la direction de sa mère (1643), la seconde en 1693. En 1643, les tenants de la Heurteventière et de la Chaux (second et troisième lot) ne furent pas convoqués. Le précédent ne fut pas mis en oubli et lorsque le seigneur de Joué leur adressa en 1693 une convocation générale, ils refusèrent définitivement d'y obéir. L'affaire vint en justice et fut plaidée à Falaise. Là on remit en lumière le texte si clair des lots de 1516 et les vassaux de l'ancien fief de Joué non démembré comprirent qu'ils étaient tous tenus au curage des douves.

Ce seigneur économe décéda à l'âge de 68 ans (1692) et fut inhumé dans la chapelle de Joué, en présence de Jacques de Lonlay, écuyer, seigneur des Buats, son gendre, et de François et Pierre de la Rüe, écuyers (1).

Il possédait à Joué-du-Bois en plus du premier lot dont le siège était au manoir la terre de St-Roch, les aînesses de la Noë, de la Houssière, de l'Aitre-Desnos, de l'Aulne, de la Chasnerie et des Couperies relevant du Belle. Il avait même réussi à ramener au fief principal quelques parties du lot de la Chaux entre autres le petit moulin dit de l'Eschaloir (2), l'étang de la Blandellière et quelques parcelles moins connues.

En 1683, Jacques de Lonlay (3), seigneur des Buats et de Villepail, avait épousé l'aînée des filles de Fr. Langlois, Catherine, née en 1651, en présence de noble dame Jeanne de Guibert, baronne de Villepail, de messires Gilles et François de Lonlay, écuyers, de Gilles Lefebvre, écuyer, sieur du Champ-du-Gué, de Fr. de la Rüe, écuyer, sieur de Caligny, et de Charles Hachard, écuyer.

(1) Registres paroissiaux.

(2) Eschaler le blé, moudre gros, le concasser.

(3) De Lonlay vieille famille de Normandie encore existante. Pendant que le baron de Villepail épousait Catherine Langlois, son cousin Charles-Jacques de Lonlay, écuyer, garde du corps du roi et en 1742, officier commandant les Invalides, épousait Louise Le Maire de Champgeneteux Son père Christophe de Lonlay, sieur de Ste-Catherine habitait St-Arnoult au diocèse de Séez, sa mère Gillonne de Jammes; son oncle Fr. le Provost, sieur de la Mayronnière, paroissien de Coudehard. Son fils capitaine en 1764. Son petit-fils prit part, dans la salle des Actes de l'Oratoire du Mans, à l'élection de la noblesse (24 mars 1789). Chronique de Champgeneteux.

Marguerite Langlois se maria l'année de la mort de son père avec Jean-Alexandre de la Lande, écuyer, sieur du Détroit. Le mariage fut béni par M⁰ Thomas de la Lande, curé de Caligny, et frère du curé de Joué-du-Bois.

Après la mort de François Langlois, le logis de Joué fut habité par Jacques de Lonlay.

Sa femme, Catherine Langlois y mourut en 1717, à l'âge de 66 ans. Jean Lefebvre, écuyer, sieur du Champ du Gué, et un de Bannes, écuyer, assistèrent à son inhumation.

Marguerite Langlois, dame du Détroit, sa sœur, vint aussi s'y refugier après son veuvage arrivé vers 1720. Et quand Jacques de Lonlay se fut éteint à son tour en 1726, Urbain Langlois (1) apparut à Joué-du-Bois avec son épouse Marie-Cécile d'Origny de Roussel.

D'abord tout alla à merveille. Tant qu'ils voulurent distribuer des aumônes, multiplier les générosités et nommer les enfants de leurs vassaux, ils furent comblés de politesses ; mais lorsqu'il fallut renouveler les aveux (2), faire curer les douves et amener les vassaux au moulin de la Chaux, les sentiments ne furent plus les mêmes. On entra dans l'ère des réclamations, des oppositions et des procès. Les ancêtres du nouveau seigneur s'étaient probablement relâchés et avaient multiplié les concessions. Jacques de Lonlay n'avait réclamé que mollement contre les empiètements de Marin de Récalde, sur l'étang de la Chaux (1724). Ce précédent fâcheux occasionna des difficultés que M⁰⁰ d'Amanville débrouillera difficilement plus tard.

Les habitants de Joué s'étonnèrent et s'irritèrent en présence des strictes revendications d'Urbain Langlois. Marin de Récalde se mit au premier rang des mécontents. Pour être tranquille de ce côté, le seigneur de Joué consentit à une transaction (1739).

---

(1) Urbain Langlois était né le 23 mai 1698, de René-Claude Langlois, écuyer, seigneur de la Poterie et ancien cornette dans le régiment royal des Cravattes, et de Charlotte de Mannoury. Son oncle, Daniel Langlois, était curé et seigneur patron de la Poterie. Les Mannoury étaient seigneurs de Mont-Ormel. Alexandre de Mannoury, grand-père d'Urbain, avait épousé Françoise du Hamel, seigneur du Moullinet et de Boissevront.

(2) L'aveu, il convient de le dire, était un contrat où l'on cherchait souvent à glisser des inexactitudes Le vassal essayait de diminuer ses obligations. Le seigneur de son côté désirait ne perdre aucun de ses droits : de là, des contestations, des réclamations, des blâmes d'aveux et quelquefois des procès : Les séances des gages-plèges étaient souvent très remplies et animées par les plus chaudes discussions.

L'an 1736, le moulin de la Chaux manquait d'une grosse meule ; les tenants furent convoqués. François Le Maire, un petit écuyer de la Chaux, qui se faisait appeler humblement sieur de la Rochefoucauld, refusa d'abord de répondre à l'ordre de M. de la Poterie. Mais mieux avisé, il écrivit, le 3 avril 1736, une lettre très obséquieuse (1).

En 1740, Pierre Guérin était aîné du fief de la Monnerie (2). Il avait à servir une rente de dix sols six deniers. Avant de paraître aux plèges et gages-plèges de M. de la Poterie, il fut obligé d'écrire à sa nièce mariée à Rouen, paroisse de Saint-Ouen, car l'aveu aurait été défectueux si celle-ci n'avait envoyé sa procuration à son oncle et dit qu'elle n'avait ni vendu, ni échangé ses terres.

En 1734, les membres de la famille Robichon et beaucoup d'autres vassaux s'opposèrent à l'ordre de curer les douves. Par des aveux rendus à M. des Rotours, ils remontrèrent bien qu'ils relevaient de la seigneurie de la Chaux, mais on leur rappela les conditions portées aux lots de 1516 et il fallut se résigner et travailler avec les autres vassaux.

Les tenants de la Grandière avaient, en 1730, rendu leur aveu. Le seigneur le trouva incomplet.

En 1730, François Gérard, aîné du fief de la Frelonnière et du pré des Bouillons rendit également ses aveux. Le second qui est du 20 avril 1742 contient 16 belles pages fort bien calligraphiées.

Urbain Langlois comprit l'impopularité dans laquelle ses exigences l'avaient fait tomber. Il retourna à Mont-Ormel et à la Poterie, où il mourut le 17 novembre 1752 (3). Son corps rapporté à la Poterie fut enterré dans le chœur de l'église, à côté de F⁰ Langlois, en son vivant épouse de Jacques du Roger, écuyer, sieur de la Bretonnière, chevau-léger de la garde du roy et chevalier de l'ordre militaire et royal de St-Louis.

---

(1) Papiers de M. Retout. Le cachet en cire porte les armes de Fr. Le Maire : d'argent à la croix de sable chargé de 4 lionceaux de gueules.

(2) En 1760, Fr. Retout devient aîné du fief de la Monnerie ou Monderie.

(3) Nous avons remarqué souvent sa signature et celle de sa femme sur les registres de Mont-Ormel. L'un des membres de la famille eut l'heureuse pensée de bâtir la nouvelle église de Mont-Ormel à l'endroit où on la voit présentement toute gracieuse au milieu de son bosquet. Auparavant, elle était placée tout près de celle de Coudehard dans le champ voisin. Les armes des Langlois ont été gravées et peintes au sommet du maître-autel.

Marie-Madeleine Langlois devint l'héritière d'Urbain Langlois, son frère. Née le 1er juillet 1700 (1), la nouvelle maîtresse du fief et seigneurie de Joué-du-Bois avait épousé le 10 juillet 1730, noble homme Joseph-Alexandre Blanchard,, sieur d'Amanville, fils d'Alexandre, et de noble dame Gillette des Rotours, de la paroisse de *Neuvys*.

A la mort de son mari arrivée vers 1740, Marie-Madeleine s'empressa de rentrer au logis de ses pères et se fixa à la Poterie d'une manière définitive.

Si le manoir et les vassaux de Joué-du Bois ont peu connu la dame d'Amanville, des liasses énormes de papiers judiciaires nous apprennent qu'elle fut loin de se désintéresser de ce qu'elle appelait ses droits et priviléges.

Ses démêlés avec Mme de Montreuil, dame de la Chaux, durèrent de 1754 à 1764, ceux avec les de Récalde de 1752 à 1773.

Elle épuise en vain toute la série des tribunaux. La haute justice de Joué-du-Bois, les cours de Falaise et de Domfront furent successivement appelées à débrouiller les questions en litige ; il fallut en venir à des accords à l'amiable et à des transactions.

« Aujourd'huy, treize juillet mil sept cent soixante-huit, fut présent Messire Louis-Antoine des Rotours, chevalier, seigneur et patron de la paroisse de la Chaux et y demeurant, fils majeur de feu Messire Louis-Philippe des Rotours, en son vivant chevalier, seigneur et patron de la Chaux, d'une part ; et noble dame Marie-Magdeleine Langlois, veuve de Messire Alexandre Blanchard, escuyer, sieur d'Amanville, dame et patronne des paroisses de la Potrie, Montormel, et dame de Joué-du-Bois, demeurant en la paroisse de la Potrie, d'autre part. Lesquels pour éviter aux suittes d'un appel signifié à la dite dame d'Amanville, le neuf août mil sept soixante-quatre, à la requête de noble dame Charlotte de Montreuil, mère du dit seigneur des Rotours et cy devant sa tutrice principale, de certainne sentence rendue au bénéfice de la dite dame d'Amanville, en bailliage à Falaise, le vingt-cinq juillet de la dite année mil sept cent soixante-quatre ; ont observé que cette sentence avait été rendue sur un procès commencé au bailliage du dit Falaise, dès le vingt-trois décembre mil sept cent cinquante-quatre, de la part de la dite dame d'Amanville, pour faire condamner la dite dame de la Chaux, en sa qualité de tutrice

(1) Le parrain de Marie-Madeleine Langlois fut Jean-Charles de Mannoury, écuyer, seigneur et patron d'Aubry, conseiller du roi et son procureur au siège de Trun et d'Exmes ; la marraine, Marie-Madeleine du Four, veuve de Odet Gouhier, en son vivant écuyer, seigneur de Fontenay.

à faire suprimer et démolir un moulin à plusieurs tournants qu'elle avait fait bâtir et construire sur le fief de la Chaux (1), ce à quoy la dite dame de la Chaux a été condamnée par la sentence cy dessus datée, que la dite dame d'Amanville n'avait voulu jusques à présent poursuivre sur le dit appel par la considération particulière qu'elle avait tant pour le dit seigneur de la Chaux que pour la dite dame sa mère, mais cependant qu'elle était déterminée à faire venir des lettres d'anticipation aux fins de suivre en la cour de Parlement pour avoir arrêt confirmatif de la dite sentence, ce qui occasionnerait des frais considérables ; pour à quoy éviter les dites parties après avoir été averties qu'il n'y a point de relèvement contre les transactions sur procès, en ont transigé sous le bon plaisir de nos seigneurs de la cour ainsy qu'il ensuit, c'est à scavoir que le dit seigneur de la Chaux se désiste par le présent de l'appel cy dessus daté n'en voulant point suivre l'effet, reconnaissant qu'il n'avait été signifié à la requête de la dite dame sa mère que dans le dessein de faciliter un arrangement avec la dite dame d'Amanvil'e ; consent le dit seigneur de la Chaux l'entière et pleinne exécution de la dite sentence cy devant datée et en conséquence s'oblige et se submet à faire démolir et supprimer en entier le moulin que la dite dame sa mère avait fait construire sur le dit fief de la Chaux, laquelle démolition sera faitte dans le *premier jour* de janvier que l'on comptera *mil sept cent soixante-douze,* passé lequel jour, le dit moulin ne pourra subsister sous quelque prétexte et raison que ce soit, la dite dame d'Amanville n'ayant consenti ce retard que pour marquer de plus en plus sa bonne volonté pour le seigneur de la Chaux, lequel renonce expressément à jamais faire bâtir aucuns moulins moulants farine, sur l'étendue du dit fief de la Chaux, la dite dame d'Amanville possédant et tenant dans sa main le moulin bannal du dit fief de la Chaux, et s'est aussy submis le dit seigneur de la Chaux de payer à la dite dame d'Amanville la somme de six cent huit livres pour la remplir de ses frais et débours, laquelle somme sera payée en trois termes et payement égaux, le premier, au premier jour de janvier mil sept cent soixante neuf, le second au premier janvier mil sept cent soixante-dix et le troisième au premier janvier mil sept cent soixante et onze, le tout payable au domicile de la dite dame. Convenu que le dit seigneur de la Chaux ne pourra se servir que des vieux matériaux, des moulans déjà détruits pour servir à racommoder celuy dont on a fixé cy dessus la durée, parce que cependant si ils ne suffisaient pas pour son entretien jusques au dit temps, le dit seigneur de la Chaux ne pourra sous aucun prétexte y employer ou faire employer aucuns matériaux neufs, et à ce présent est intervenue noble dame Charlotte de Montreuil, mère du dit seigneur de la Chaux, laquelle a garanti et cautionné solidairement avec le dit seigneur son fils l'exécution de toutes les clauses cy dessus stipulées et convenues sans laquelle obligation solidaire le présent n'eut été fait. Pour toutes ces conditions, les parties sont demeurées d'accord.

Signée : Langlois d'Amanville ; de Montreuil de la Chaux des Rotours ; des Rotours de la Chaux.

(1) A la Brousse (Aveu des Robichon Du Mesnil).

Madame d'Amanville atteignit les années de l'extrême vieillesse. Elle mourut le 26 mars 1783 et fut inhumée non dans le chœur de l'église avec ses ancêtres, mais dans un caveau creusé au milieu du cimetière de la Poterie au pied de la croix que la pieuse châtelaine avait fait ériger l'année précédente (1).

Madame d'Amanville a-t-elle laissé des enfants ; l'une de ses filles épousa-t-elle M. du Saulcey, de Falaise ; l'autre a-t-elle vécu pauvre, après les malheurs de la Révolution dans un petit hameau de Mont-Ormel ? Sont-ce bien ces deux sœurs qui, à la même époque, ont bâti les églises de la Poterie et Mont-Ormel comme on le raconte communément dans ces deux localités ? Nous ne sommes pas en mesure de l'affirmer.

Ce que nous pouvons dire, documents en mains, semble même être en contradiction formelle avec une partie des récits de la tradition.

A la mort de Madame d'Amanville, il n'est nullement question de ses filles et Louis-François-Urbain des Rotours, chevalier de l'ordre royal et militaire de Saint-Louis et capitaine de cavalerie se dit seigneur et patron de la Poterie et Mont-Ormel et seigneur de Joué-du-Bois.

Louis des Rotours devait-il cet héritage heureux à un premier mariage avec une demoiselle d'Amanville (2) ou à son titre de neveu de Gillette des Rotours, mère de Joseph Blanchard d'Amanville, nous ne saurions le préciser.

---

(1) On plaça sur sa tombe une pierre tombale en granit d'un travail irréprochable. On y voit les armes de la famille Langlois et l'inscription suivante : Cy devant, sous la croix repose le corps de noble dame Marie-Madeleine Langlois, dame et patronne de la Poterie et de Mont-Ormel et dame de Joué-du-Bois, décédée le 26 mars 1783, âgée de 83 ans.

La croix également en granit de Joué-du-Bois porte au croisillon la date de 1782 et au socle les armes des Langlois. Brisée au moment de la Révolution, elle a été restaurée depuis et transportée au milieu du cimetière de Guéprey. Chacun peut admirer son élégance et l'originalité de son style.

La paroisse de la Poterie a été supprimée vers 1872 ; l'église n'a été démolie qu'en 1847. La ville d'Ecouché a fait l'acquisition des dalles qui pavaient le sanctuaire, de quelques pierres de la construction et du maître-autel.

Le cimetière perdit sa destination et l'on rapporta à Guéprey le cercueil de Madame d'Amanville retrouvé intact. Il fut placé ainsi que la pierre tombale auprès de la sacristie

(2) Au moment de la Révolution, la femme de Louis des Rotours était Marie-Madeleine Gautier. Elle est morte à la Poterie, le 7 février 1807, à l'âge de 66 ans.

Le nouveau seigneur de Joué, gêné dans ses finances, pensa tout d'abord à trouver acquéreur pour une partie de ses nouvelles propriétés.

La terre fertile de la Poterie et son vaste logis lui parurent préférables au sol rocailleux de Joué-du-Bois et à son manoir abandonné. Vincent, son homme d'affaires, eut la mission d'en traiter la vente. Le vieux fermier du moulin banal, Thomas Le Noir, trouva l'occasion favorable et passa de son humble condition de meunier à celle de seigneur suzerain (1).

Thomas Le Noir dirigeait depuis longtemps le grand moulin banal de Joué, dit de la Chaux. La roue bienfaisante de dame Fortune avait bien tourné pour lui, si bien que ses contemporains n'ont pu en découvrir l'explication. Peut-être les marchés de chevaux qu'il faisait en Bretagne avaient-ils été heureux et peut-être aussi trouva-t-il sous les décombres d'une vieille couverture un trésor considérable.

Le vieux meunier défendit les priviléges de sa seigneurie avec autant de vigueur que le plus exigeant des nobles.

François Robichon eut beau entasser rapports sur rapports, il lui fallut se courber comme autrefois sous le joug des vieilles lois féodales. Le tribunal déclara, après de nombreuses hésitations, que les droits de la banalité pouvaient appartenir à un simple roturier, lorsque ce roturier possédait les terres et logis auxquels ils étaient attachés.

Fr. Robichon eut la pensée d'en appeler de la sentence de la haute justice de Joué-du-Bois, contestant la compétence du bailly qu'il disait à tort « personne intéressée comme seigneur du Belle » et prétextant en second lieu qu'il n'était pas bannier des moulins de la Chaux.

L'avocat de Le Noir se mit en recherche et bientôt fut en mesure de prouver que cette banalité avait été constatée.

1° Par l'aveu du 2 mars 1655, par deux reconnaissances sous seing données par les auteurs du sieur Robichon ; 2° par la tran-

---

(1) Louis des Rotours ne jouit pas longtemps des rentes de son héritage. La Révolution, après l'avoir forcé d'émigrer, confisqua ses biens à l'exception du tiers que la loi concédait à sa femme. La Poterie fut achetée le 17 pluviose, an VI, par Louis-François Passy, ancien receveur des finances à Gisors. Après la Révolution, le vieil émigré vécut misérablement dans un des communs de la Poterie. Les héritiers de Louis Passy ont démembré la terre en 1828.

saction du 4 octobre 1693, où assista demoiselle Jeanne de Caignon, veuve de Jacques Robichon, aïeule du défendeur, et 3° par les sentences du bailliage de Falaise de 10 novembre 1734 et 25 juillet 1764.

Si l'on élevait des doutes sur cette vérité, continue l'avocat, le sieur Le Noir pourrrait encore « recouvrer une foule d'actes qui le constatent et joindre à sa possession publique et constante les aveux des seigneurs paragés et une multitude de sentences qui ont confirmé cette banalité ».

« Resterait donc la question de savoir si le sieur Robichon fait partie de ceux sujets à la banalité et cette question dépend du point de fait important de savoir s'il est vassal d'un des trois fiefs formant originairement la seigneurie de Joué-du-Bois.

« L'endroit où il demeure se nomme le Ménil, situé en Joué-du-Bois, sous le fief de la Chaux, sous les fiefs du Ménil, Mont-Guérin, Duval et Lelièvrecourt.

« Par les lots du 4 février 1516, il demeure constant que Jean Ménil était débiteur de cette seigneurie de trente-six sols tournois et trois gélines pour les fiefs Duval, du Ménil et de Lelièvrecourt.

« Par l'aveu rendu par le père et l'oncle du défendeur le 22 novembre 1751, il demeure constant qu'il 'est vassal du fief de la Chaux, sujet à la banalité du moulin de Lenoir, et que le sieur de Récalde, possédant partie de la menue terre du Ménil, en était également le vassal suivant son aveu du 3 septembre 1750.

« Il est donc démontré que Robichon du Ménil est vassal et demeurant sous le fief de la Chaux. Conséquemment, il est tenu à suivre la banalité.

« L'aveu de 1655 constate non seulement le droit de banalité réclamé, mais en même temps, il constate que la seigneurie de Joué-du-Bois, la Chaux et la Heurteventière compose un fief *de hautbert* et qu'il est absolument distinct et séparé des fiefs du Belle et de la Bellière auxquels est attachée la haute justice de Joué-du-Bois, sous l'étendue de laquelle demeure le dit sieur Robichon du Ménil. »

CHAPITRE II. — Le Belle (1).

—

Cette terre seigneuriale comptait, dans la moitié de la paroisse qui est sise à la droite de la route de Lignères à Rasnes, environ trente aînesses d'une importance et d'un produit relativement considérables ; celle de la Raitière qui prolongeait le fief du côté de la Chaux n'avait pas moins de cent hectares avec 32 puînés, au nombre desquels étaient le marquis de Rasnes, H. Fr. de Récalde, curé de La Motte-Fouquet, Jacques Poullain, sieur du Rouvray, échevin de la charité de Rasnes, et René Philippe, sieur de Saint-Nicolas (2).

Le Belle, quart de fief de Hautbert (3), était une seigneurie assez secondaire, si on la compare aux grandes propriétés féodales. A Joué-du-Bois, elle eut souvent une importance considérable, surtout depuis le moment ou Henry-Auguste Étienne eut acquis la charge de la haute-justice de Joué-du-Bois, vers 1720.

Relevant de la baronnie d'Annebecq, le Belle lui servait 60 sols de tiers ou une livre chaque année (4). Mais par une exception, dont nous ne devinons pas le motif, Guillaume de Fontenay fit aveu au roi, en 1503, pour ses terres et sieuries du Belle.

(1) Le nom de ce fief a été diversement orthographié. Dans des pièces très anciennes conservées au château de Rânes, on lit Bêle et Baile ; dans les documents multiples que nous avons trouvés sur les xve. xvie, xviie et xviiie siècles, on écrit le Belle. Depuis cent ans, on dit le Bel.

(2) Aveu du 27 juin 1731 rendu à Louis-Henri Étienne, seigneur du Belle et haut-justicier de Joué-du-Bois et de la Chaux. Dans cet aveu, on compte 121 acres de 100 perches. Le journal est porté à 100 perches. Il était payé annuellement pour l'aînesse 21 livres 1 sol 7 deniers.

(3) Chartrier de Rasnes.

(4) Chartrier de Rasnes.

I. Le Manoir. — Il y a cent ans, lorsqu'il n'était abordable que par le vieux chemin des Illières au moulin de Besnard ou par la mauvaise avenue des Pallières, l'humble manoir du Belle était très isolé.

Depuis la construction du nouveau château bâti vers 1780 par Constantin du Bois et le tracé d'une route, il n'en est plus ainsi. Vu des hauteurs du Haut-Désert, le Belle a l'aspect indiqué par son nom. Le Logis se présente avec grâce, au milieu d'une ceinture de sapins verts ; les *troches* qui le dominent, les prairies qui le précèdent, la petite chapelle, dont le clocher émerge au travers des hauts peupliers, les grands arbres qui ont poussé sur l'ancienne motte lui font un entourage vraiment agréable.

L'antique manoir s'avançait davantage dans la prairie. En suivant l'avenue des Pallières à l'étang de Saint-Joseph, on le laissait tout près sur sa droite. Les aveux du xviii° siècle et surtout les délibérés de la fin du xvii° nous apprennent qu'il fut souvent en mauvais état de réparation.

II. Les seigneurs. Les de Fontenay. — Les de Fontenay ont possédé le Belle pendant plusieurs siècles. Richard fit aveu au baron d'Annebecq, en 1373 et le 9 janvier 1382. La suite des aveux nous fait connaître Thomas de Fontenay (1450), Jean de Fontenay (1480, 84 et 86). Guillaume de Fontenay, qui lui succéda, semble avoir été le seul qui ait fait aveu au roi. L'aveu de Thomas (1523) fut porté au tribunal des gages-pleiges et frappé d'une sentence de blâme et nullité. Le Bisson de Rasnes, qui appartenait aux mêmes, fournit également de nombreux aveux. En 1555, Guillebert de Fontenay plaida à Briouze contre Jean Guillochin, curé de Joué-du-Bois ; enfin, Gabriel de Fontenay fit aveu à Jacques d'Argouges, pour la vavassorie du Bisson en 1581, pour le Belle, beaucoup plus tard, en 1596. Le même acheta le logis et une partie des terres de Joué, après avoir vendu le Belle à Jacques Matrot ou Matrot des Forges, sieur du Val (1597).

Nous avons cherché vainement le lieu d'origine de Jacques Matrot (1) sur les aveux, les registres de l'église et les délibérés du *général*. Les sieuries de Forges et du Val ne nous ont pas mieux renseigné. Le seul titre que nous puissions indiquer

(1) Registre des délibérés (Joué-du-Bois).

à l'habileté des chercheurs est celui de *dame de Tressaints*, dont la petite fille de l'acquéreur du Belle se servit dans une occasion solennelle, où il lui fallait toutes ses dénominations pour faire bonne figure à côté de Messire Henry de Broon, chevalier, seigneur de Saint-Patrice, Joué-du-Bois, Aligny et autres lieux (1661, mai).

Depuis longtemps, les Matrot possédaient des terres dans la paroisse de Rânes. Christophe, frère de Jacques, vendit à Adam Angot la vavassorie du Bisson et du Vivier (en Rânes). Ce même Christophe, présenté à la cure de Rânes par le prieur de Saint-Vandrille, fut combattu, non sans succès, par Henri d'Argouges (1624).

Après Jacques Matrot, le seigneur du Belle fut Jean, son fils. Jehan Gautier, fils de Gilles, de la paroisse de Joué-du-Bois, loua de lui, en 1624, la terre du Belle. La rédaction de ce bail forme six grandes pages de parchemin.

Le successeur de Jean Matrot fut Pierre, son frère, qui vécut jusqu'en 1645.

C'est à partir de cette époque que les précieux registres tenus par M⁰ Guillaume de la Lande, écuyer, prêtre, seigneur du Détroit, ou ses vicaires, nous apportent de nombreux et intéressants renseignements, spécialement sur la seigneurie du Belle.

Les délibérés ordinaires ont rapport aux répartitions et collectes d'impôts, à la gabelle, à la milice et aux affaires de la charité ou du trésor. Mais à côté de ces questions d'intérêt général, nous avons souvent rencontré de nombreux débats relatifs au seigneur du Belle et à ses tenanciers.

Un nommé Quéru est sénéchal du Belle en 1754. Un *provost* est chargé des intérêts de la seigneurie, et cependant, rien ne s'y passe qu'on ne le publie devant le général assemblé.

Ainsi, après la mort de Pierre Matrot, arrivée le 22 novembre 1645, les principaux tenanciers, ayant à leur tête Jacques Coupry, leur procureur depuis le 12 mai, firent rédiger et publier par le vicaire Claude Le Noir, l'acte contenant leur condamnation par arrêt du Conseil d'État à la somme de 3,000 livres.

La même année, on usa des mêmes formalités pour mettre à l'adjudication au rabais le droit de *fouage* (focus).

L'année suivante (1649), un délibéré blâme les mêmes vassaux de n'avoir pas rendu hommage pour le moulin de *l'Ay-Fresneau* à Jean Matrot, le nouveau seigneur du Belle.

Nous l'avons vu, Jean Matrot ne résida pas longtemps au Belle. Il mourut cette année 1649 à l'âge de 63 ans et fut inhumé dans la chapelle du château par le sieur curé de Rasnes (1). Quelques mois après, sa fille aînée, Suzanne, épousa François Langlois, seigneur de Joué. Et comme, à l'occasion du mariage, il fut jugé convenable de réparer la motte du château où avaient sans doute lieu les réjouissances, et que, de plus, l'usage faisait un devoir aux tenanciers de fournir la robe de noces, il fallut se réunir. C'était beaucoup de besogne. Un simple *délibéré*, rédigé par Pierre Chesné, vicaire, ne pouvait suffire. Cinq des principaux tenants, à savoir : M⁰ Étienne Coupry, prêtre et doyen de Saint-Georges d'Annebecq? M⁰ Michel Robichon, prêtre; Guillaume Guérin, Jean Blanchet, sieur de la Réauté, et Gabriel Robichon reçurent pouvoir et autorité d'appeler aux accords et de disposer tout pour le mieux (présence de Jacques Robichon et de M⁰ Pierre de Lonlay, 1650).

Nous n'en finirions pas s'il fallait mettre ici toutes les difficultés soumises au général relatives à l'amenage des meules, au chômage du moulin, au curage des douves et aux réparations de la motte et du manoir. Les tenants résistaient souvent, plaidaient quelquefois et perdaient presque toujours. En 1666, ils furent condamnés à 1300 livres pour les réparations du manoir.

Les charrois, et spécialement celui des meules, étaient pour les tenanciers une des affaires les plus « *émeyantes* ». Les chemins étaient si mauvais et les équipages si incomplets. Aussi presque toujours, ils évitaient ces ennuis en s'entendant avec de bons charretiers du pays. En 1692, l'amenage d'une meule coûta 50 l., en 1699, cent sols.

Mais l'ambition et l'entêtement l'emportaient parfois sur la raison, et l'on se lançait dans d'onéreux procès.

En 1696, Jeanne de Cagnou, veuve de Jacques Robichon, reprit la voie des oppositions légales, refusant toute espèce de redevances et surtout la banalité du moulin. Les tribunaux lui donnèrent tort, et elle dut ajouter les frais du procès aux rentes seigneuriales qu'elle devait acquitter.

La mort de Jean Matrot fut pour le Belle ce que celle de François de Beaurepaire avait été pour la seigneurie de Joué.

(1) Gaspard Fromond de Mieuxcé.

Le démembrement eut lieu à l'amiable. Fr. Langlois amena Suzanne Matrot, l'aînée des filles, au manoir du bourg. Louis Étienne, sieur du Taillis (1), se fixa au Belle avec Marguerite et Jacques Marie, sieur du Bois-Noirville, s'aménagea pour un temps à la grande Illière dans le bout des bâtiments qui servent présentement d'étables et de greniers à foin (2). Marie Matrot dut se contenter de cette habitation plus que modeste. Fr. Langlois et le sieur du Taillis furent seuls à faire aveu à Nicolas d'Argouges. Jacques Marie ne figure pas sur l'acte de 1671.

C'est Louis Étienne qui força les tenanciers du Belle à réparer le vieux manoir (1666). Il y avait plus de vingt ans qu'il avait épousé la fille cadette de Jean Matrot dans la chapelle du Belle (1640). Ses enfants ont été nombreux. Madeleine, l'aînée, épousa le 28 novembre 1676, dans la chapelle du Belle, Pierre de Saint-Aubin, écuyer, gendarme des hussards du roy, sieur de Luzardière, de condition libre, âgé de 29 ans, fils de Nicolas, conseiller du roy, vicomte de Chambrais, et de damoiselle Marie Thibout, de la paroisse de Chambrais. Ce fut le curé de Noncharton qui bénit le mariage auquel assista Guillaume de Lournigny, beau-frère du nouveau marié.

Trois ans plus tard, Jacques de Chabot de Lignières-la-Carelle prit la seconde des filles nommée Marguerite. Jacques d'Ormont, sieur de Valons, assista à la cérémonie (1669). Pierre Étienne embrassa la carrière ecclésiastique et devint curé de Nécy.

La signature qu'il a apposée, au bas de l'acte de mariage de sa sœur, nous apprend qu'il était alors diacre (1679). Henry, son frère, épousa, le 7 septembre 1683, Françoise du Bois, fille de Gaspard, écuyer, sieur du Clos-Léger, et de damoiselle Gillette Pinson, présence de Messire Courgorel, curé de Saint-Georges, d'Anthoine de Surmont, escuyer, sieur du Chesnay, d'Urbain de Catey, sieur de la Menage, de Richard de Cordé, de Charles Mallet, chevalier de Lochné, et de Fr. de Saint-Aubin ».

Louis Étienne et sa femme Marguerite Matrot étaient unis depuis 43 ans. Le bien qu'ils ont fait a laissé de nombreuses traces sur les actes publics de cette époque. Ce sont eux qui établirent la fondation de N.-D· des Aides. Il est peu d'années où on ne les voie figurer sur nos registres, à titre de parrain et de

______

(1) Sa noblesse a été reconnue en 1666, ses armoiries ne sont pas mentionnées
(2) Il avait habité Lignières pendant plusieurs années.

marraine, et comme s'ils avaient voulu ainsi attirer une faveur céleste sur leurs enfants, on remarque qu'ils remplissaient cette charitable fonction, surtout au moment où devait leur naître un nouvel héritier.

C'est au Belle qu'Henry Etienne vint s'établir, avec sa jeune femme, Françoise du Bois. Elle fut accueillie à bras ouverts par sa vertueuse belle-mère et par Louis-Étienne, qui mourut en 1689, dans sa 85e année.

Avant de mourir, le respectable vieillard avait joui des caresses de plusieurs de ses petits enfants. Louis-Henry naquit en 1684. Baptisé en la chapelle du Belle, il eut pour parrain et marraine, Louis du Bois et Jacqueline de Saint-Rémy. L'année suivante eut lieu une cérémonie semblable à l'occasion du baptême de Jean-Baptiste que tinrent J.-B. Boyvin, chevalier, conseiller du roy en la cour et parlement de Normandie, et noble dame Marie de Catey, dame de Mieuxcey, et de Saint-Ouen en partie.

Chaque année amena bientôt un nouvel enfant, ce qui nous permet de rappeler que Gaspard de Bannes (1), sieur du lieu, et Madeleine Langlois nommèrent Françoise Marie (1688); Pierre de Saint-Germain, un fils dont nous n'avons pu déchiffrer le nom (1692); René de Saint-Rémy, seigneur de la Motte-Fouquet, et dame Renée Ricœur, veuve du sieur des Mottes, un fils René (1693); Alex.-Fr. *Rüe*, écuyer, seigneur d'Aube, conseiller du roi en la cour et parlement de Normandie, et Jeanne-Françoise de Lonlay, fille unique de Catherine Langlois, une fille née en 1694; Jacques de Lonlay et Marie de Catey, une autre fille, 1695, et enfin M. de Saint-Germain, écuyer, seigneur d'Athis, le plus jeune des enfants, auquel il donna le nom de Pierre

Louis-Henry-Étienne de Montilac, fils aîné, épousa Catherine Mauger (2)

Sa sœur, Françoise-Elisabeth de Noirville (3) se maria avec François Le Maire, sieur de l'Épiné (1). Marie-Françoise décéda

---

(1) De Bannes, famille originaire de Vrigny et Saint-Christophe-le-Jajolet, fut attirée à Saint-Georges d'Annebecq par le curé du lieu. Ce dernier a donné les deux petits autels en pierre replacés en l'église ueuve de Saint-Georges. Ils habitèrent le Clos-Léger.

(2) De ce mariage naquirent trois filles : la seconde fut nommée par le chevalier de Vitray et la troisième par Me Graindorge, curé de Ciral.

(3) A cette époque, les Étienne se plurent à varier leurs noms de sieurie. L'un s'appelle Montilac, les autres de Noirville, de Montfort, du Taillis... ce qui ne les empêche pas d'être frère et sœur.

au Belle en 1758 (69 ans). Le filleul du seigneur d'Athis s'est engagé dans le sacerdoce (2) et L. J. C. H. Étienne du Taillis demeura au Belle où il mourut à 80 ans (1775).

Les dates précises de la mort de Henri Étienne et de Françoise du Bois, auteurs de cette nombreuse famille, ne nous sont pas connues. Un acte de 1730 les mentionne déjà comme défunts.

C'est à ce moment que Louis Henry devint le véritable maître du Belle et seigneur haut-justicier de la haute justice de Joué-du-Bois et de la Chaux.

Il exigea des aveux de tous les tenants. Nous avons vu plus haut que celui de la Raitière fut rendu en 1731 par Jacques Pichard (3).

Catherine Mauger mourut en 1744 ; son mari l'avait précédée dans la tombe, ainsi que l'indique l'acte de mariage de leur fille Louise-Catherine-Françoise, avec Messire Pierre-Robert Néel, chevalier, seigneur de la paroisse de Ste-Marie-Laumont (diocèse de Coutances), capitaine d'un régiment d'infanterie (28 juillet 1745) (4).

Pierre Étienne, devenu curé de la Poterie, bénit ce mariage, avec la permission du curé du lieu, en présence de Louis Néel, frère du dit époux, diacre, bachelier de Sorbonne, Messire Jacques-Henri Le Provôt, chevalier, seigneur du Perron, cousin du susdit, de noble dame Jeanne Hüe, sa mère, et autres parents, lesquels déclarèrent connaître les parties, pour être d'âge, qualité et condition aptes à contracter mariage (5).

Où le capitaine Néel emmena-t-il sa femme ? Que sont devenues les deux jeunes belles-sœurs ? Quelle transaction et partage fit-on avec les tantes ? Nous l'ignorons. Nous savons seulement que l'aînée des tantes, Marie-Françoise, se mit à gérer la fortune avec activité. Ses gages-pleiges furent tenus en 1754 et les tenants, qui n'avaient rien payé depuis quatre ans, établirent leurs rôles. L'entête était ainsi conçu : « Roole des rentes et

---

(1) Le sieur de L'Épiné habitait la Chaux ; sa femme, beaucoup plus âgée que lui, mourut en 1748, à l'âge de 60 ans Il mourut lui-même six ans plus tard, dans sa 42ᵉ année, et voulut être inhumé auprès de sa femme.

(2) Actes de 1733, 34....

(3) Cet aveu contient douze longues pages d'une écriture fine et très serrée.

(4) Le capitaine n'avait que 30 ans.

(5) Les bans ne furent publiés qu'une fois, la dispense des deux autres bans fut insinuée et contrôlée au greffe des insinuations ecclésiastiques de Saint-Lo et de Séez.

amendes duebs par les vassaux de la seigneurie du Belle, dont Mademoiselle Marie-Françoise-Étienne du Belle, dame de la dite seigneurie, a obtenu condamnation, par les gages-pleiges de la dite seigneurie tenus le 9 mars 1754, ensemble y compris une année depuis les dits gages-pleiges sans préjudice de corvées et autres droits féodaux et de l'année courante et sans préjudice de ce qui peut être dû à M. de Sainte-Marie (Néel) pour les années précédentes.

1° Les tenants de la Raistière, dont Louis-Jacques Guérin est aisné, doivent pour 4 années, savoir :

En argent..........................	5 l. 6 s.
Pour tiers an.......................	1 l. 7 s.
Pour gélines	3 l. 14 s.
Pour œufs	4 l. 2 s.
Pour *aumages* (hommages)..........	55 l. » s.
Pour porchiage et brebiage..........	16 l. » s.
Pour 8 journées de harnais sans préjudice du surplus et des autres corvées...............................	16 l. » s.
Pour amendes faute d'avoir payé	» l. 18 s.

Plus est *deu* à la dite demoiselle par les dits vassaux cy-après dénommés pour amendes contre eux prononcées.

Pour avoir comparu aux dits gages-pleiges, chacun..	5 sols.
Marin de Récalde......................................	5 —

Et ainsi de suite pendant six pages.

L'énumération est suivie de la conclusion suivante :

« Plaise à Monsieur le sénéchal rendre le présent rôle, contenant six pages, exécutoire.... de faire payer les sommes y contenues dans un mois de ce jour, faute de quoi ordonner qu'il en sera responsable, en son propre et privé nom, fait et présenté ce 18 avril 1755. »

Et de la main du sénéchal Quéru est écrit :

« Nous avons le rôle cy-dessus jugé exécutoire à laquelle fin nous ordonnons au provost de la seigneurie de faire toutes et telles diligences dont il sera requis pour faire payer le contenu au présent rôle sous les peines portées par la coutume, et en cas d'opposition, mandement, pour assigner les opposants devant nous, aux fins de la requête ci-dessus.

Donné par nous Louis-Fr. Quéru de la Garenne, avocat au parlement, bailly de la haute justice de Joué-du-Bois et sénéchal du fief et seigneurie du Belle, ce 18 avril 1755. »

Aux gages-pleiges, chacun était admis à exposer ses réclamations. Ceux qui pensaient ne pas devoir obéir aux injonctions du provôt avaient la possibilité de se défendre devant la justice ordinaire et de faire plaider leur cause.

Le 24 mai 1758, quelques mois avant de mourir, Marie-Françoise-Étienne se fit rendre un aveu partiel de la Railière par le sieur Alex. Aunet du Pézé, contrôleur des aydes au bourg de la Ferté-Macé, et par damoiselle Françoise-Thérèse Gibault, veuve en premières noces d'André Robichon, sieur du Mesnil, tutrice de leur enfant mineur. Cet aveu fut délivré par Thomas-Fr. Retout, sieur du Theil, notaire royal au siège de la Ferté-Macé (1).

De 1758 à 1775, L. J. C. H Étienne du Taillis fut dame du Belle et seigneur haut justicier de Joué. Elle mit ses soins à réparer, à orner le petit sanctuaire voisin de son manoir, fit ériger la croix des Pallières et celle de la Brière, donna à ses tenanciers de nombreuses quittances que nous retrouvons un peu partout. Elle fut inhumée dans la chapelle Saint-Sauveur, au bourg (2, et laissa sa fortune à Messires Renard du Buc et à Alex. Morel d'Aché.

Mrs Renard et Morel, qui avaient probablement épousé les deux nièces de la dernière des Étienne du Belle n'avaient, pour l'héritage qu'ils venaient de faire, aucun attrait. Le premier avait ses terres du côté de Bernay et le second possédait près d'Alençon un château qu'il préférait au petit manoir du Belle. Leur désir était donc de trouver des acquéreurs. Deux frères, Constantin et Fr. Côme Damien du Bois (3), déjà seigneurs de la Beslière et des Illières, achetèrent le Belle le 6 avril.

Jacques Constantin (4) était né à l'Illière en Joué-du-Bois, en

___

(1) Cette famille est aujourd'hui représentée par M. Jean Retout, maire de Joué-du-Bois.

(2) 15 juillet 1775, en présence des justiciers du lieu, de la Charité, de Sainte-Marguerite et des curés et vicaires des paroisses voisines. Ce fut la dernière inhumation dans l'église. Louis XVI les fit interdire vers cette époque.

(3) 6 avril 1777, le Belle acheté 48,000 l. du sieur de Renard, sieur du Buc, en Saint-Denis-du-Béhéhan, près Breteuil, diocèse d'Évreux, et de M. Morel d'Aché.

(4) Nous avons fait placer son blason dans les vitraux du chœur de l'église de Joué-du-Bois en regard de celui des Langlois.

1741, et son frère, le 8 septembre 1743. Le premier, après avoir servi 28 ans aux mousquetaires du roy, aux dragons de Conty et au régiment de Lyonnais, avait épousé Jeanne-Henriette de Commargon.

Fr. Côme, qui avait fait des études de droit, devint le bailli de plusieurs hautes justices, épousa Mlle Thuault de Vauloger et fit alors bâtir la maison de Beauvin. Son frère, renonçant à établir sur la côte qui se trouve entre les deux Illières, le manoir dont il avait commencé les fondations, s'installa au Belle.

La première enfant de Constantin du Bois fut nommée Sophie par Messire Philippe de Closnivivin, seigneur de Beauvais (1), représenté par....... et Marguerite Le Maire, sa grand'mère (1778). La seconde par Fr. Côme du Bois, seigneur de la Beslière, Brière et autres lieux, cavalier du roi et juge civil et criminel de Saint-Brice, et par noble dame Marguerite de Neveu, marquise de *Closnivivin* (1780), représentée par....... Les parrains et marraines des deux autres enfants ont été des membres de la famille.

Quatre enfants groupés autour d'une jeune mère intelligente et affectueuse pouvaient faire présager une ère heureuse à Constantin du Bois. La Révolution brisa toutes ses espérances, anéantit priviléges et redevances, pension du roy et hautes justices et le jeta sur la route de l'exil avec son frère, seigneur de la Beslière et du Belle en partie.

Jacques Constantin, sieur du Belle, mourut de misère et de chagrin à Liège, le 26 octobre 1793. Son frère, Fr. Côme, le joyeux avocat de Beauvin, s'éteignit à Stade, en Hanovre (2).

La veuve de J. Constantin dut lutter seule et contre la détresse et contre les difficultés multiples de l'époque.

Son douaire lui fut réservé, mais tous les biens de son mari confisqués durent être rachetés par un ami de la famille nommé Druet.

En 1825, l'État lui accorda 14.082 fr. 66 d'indemnités. (Archives de l'Orne, série D, n° 100).

---

(1) Jeanne d Commargon était une percheronne. Son mariage avec Constantin Dubois avait contrarié sa famille. Son frère ne lui en rendit pas moins de bons services pendant la Révolution.

Le Beauvais, dont le marquis de Closnivivin était seigneur, doit se trouver dans un coin quelconque du Perche.

(2) Voir *Écho de la Ferté-Macé*. Andée 1880.

CHAPITRE III. — Le fief de la Heurteventière et le patronage de l'église Saint-Jean-Baptiste de Joué-du-Bois.

La Heurteventière, autrement dit le fief du Plessis-de-Joué, et la petite ferme de Joué sise au bourg formaient le siège du tiers lot de l'ancien fief de hautbert de Joué (1516). Ce tiers lot était entièrement situé sur le territoire de la commune. Il appartint à la maison du Champ-de-la-Pierre, depuis la première moitié du xvi⁰ siècle et par suite du mariage de Françoise Le Verrier, sœur de Josselin, il arriva à Claude de Broon, seigneur de Cossesseville (1561).

Le patronage de l'église de Joué-du Bois, également patrimoine des seigneurs du Champ-de-la-Pierre, pendant deux siècles, ne passa aux de Broon, qu'après la mort de Josselin Le Verrier (1593).

Claude de Broon fut le premier de ce nom, qui ait habité le Champ-de-la-Pierre. Époux de F^{rse} Le Verrier, fille de Jean (1) (7 septembre 1561), il était l'unique héritier de Jean de Broon, sieur de la Guerche, du Val et de Fourneau. Son tempérament ardent et remuant en fit un partisan hardi. On raconte encore dans le pays ses principaux faits d'armes et surtout ses luttes contre la royauté. Battu du côté de Vendôme, avec un grand nombre de seigneurs et à bout de ressources, il eut l'audace de confisquer, à son profit, tous les impôts de la contrée qui étaient dus au roi. Mme de Montreuil nous apprend de plus qu'il suivit le parti de la Ligue et fut fait prisonnier à Nantes (1589). A sa sortie de captivité, il changea de sentiment et combattit ses

(1) Renseignements fournis par le comte de Contades Le marquisat de Fourneau appartenant aux de Broon, n'est mentionné sur nos registres que vers l'an 1653 Le dernier marquis de Broon, résidant au Champ-de-la-Pierre, fit placer ses armes sur les cloches de Joué-du-Bois en 1696 « d'azur à la croix d'argent frettée de gueules »; les armes de la Heurteventière sont différentes.

anciens amis à Craon (1592), où il commandait une compagnie de chevau-légers et un régiment de gens de pied. La même année, il était pris au Mont-Saint-Michel et prisonnier pour la seconde fois.

Adonné à l'alchimie, il avait établi son laboratoire près du grand étang de la Fenderie (1). Il combinait drogues sur drogues pour composer cette pierre philosophale qui devait produire des merveilles. Mais dans un mouvement d'impatience, de Broon saisit le précieux mélange et le précipita dans la pièce d'eau qui, dit la légende, se mit à bouillonner à gros flots : de Broon regretta, mais trop tard, sa fougueuse précipitation. Pour tuer son chagrin, il reprit les armes.

Ce seigneur avait au-dessus de ses bois et tout près des hameaux de la Rétondière et du Hamel une vaste bruyère. Dans les années de sécheresse, les villageois pauvres se hasardèrent à solliciter la permission de faire pâturer leurs petits troupeaux dans les parties les moins arides de ce terrain vague. M. de Broon y consentit ; mais comme il craignait un empiètement tacite, il mit la condition que, chaque année, on viendrait lui présenter hommage et renouveler humblement la requête. Un ou deux ans, trois ans se passèrent ainsi. Le suzerain trouvait la mesure sage et agréable. Bientôt il changea de sentiments, trouva ennuyeuses les allées et venues des vassaux et leur fit une concession perpétuelle en y mettant des clauses particulières, inutiles à rapporter ici. Les tenants acceptèrent la concession avec vive reconnaissance et conservèrent soigneusement l'écrit qui fut rédigé à cet effet (2).

M. de Broon avait fait des heureux. Il ne le fut pas toujours lui-même. A ses déboires militaires vinrent s'ajouter de pénibles ennuis du côté de ses enfants. Il avait quatre fils : Jacques, Jean, Claude, René et une fille du nom de Judith.

Les deux aînés se disputèrent le Champ-de-la-Pierre, les

(1) Les de Broon se sont beaucoup occupé de l'industrie des forges et possédèrent fourneaux, forges et fenderies. Celle de Cossé, qui leur appartint pendant des années, avait été construite par le comte de Sanzai (La Motte-Fouquet). Le 17 décembre 1574, elle fut louée 1400 l. à Pierre Clouet.

(2) En 1858, la municipalité de Joué-du-Bois intenta un procès aux riverains qui à son avis retenaient indûment la bruyère. M. de La Sicotière, avocat et depuis sénateur de l'Orne, utilisa, dans la circonstance, ses précieuses connaissances du passé et força la commune à renoncer à ses prétentions.

armes à la main (1); leur vieux père fut même obligé de fuir, comme un nouveau David, redoutant de scandaleuses extrémités. Jean paraît avoir été le concurrent heureux. C'est lui en effet qui, en 1603 et en 1607, usa du privilége de présenter à la cure et Joué-du-Bois. Toutefois, en 1610, à la mort de son père à Availles près Vitré, Jean de Broon se retira à Cossesseville (2), qui lui échut en partage pendant que son frère Jacques obtenait le Champ-de-la-Pierre si ardemment convoité. Il y mourut le 18 octobre 1622.

En 1626, sa veuve, au nom de ses enfants mineurs, fit une vaine opposition au maintien de François Robichon à la cure de Joué du-Bois.

Fr. René de Broon devint, à sa majorité, le seigneur du Champ-de-la-Pierre et de la Heurteventière. Il occupa à l'armée un rang distingué; sa jeune femme lui rendait la vie agréable. Dieu avait béni leur union : quatre enfants, deux fils et deux filles mettaient la joie et l'espérance au cœur des heureux parents.

La mort détruisit en quelques années les espérances et le bonheur de cette maison.

Madame des Fourneaux s'éteignit la première à l'âge de trente ans (3). Son mari la suivit de près dans la tombe A cette époque,

(1) Le château du Champ-de-la-Pierre est posé dans une agréable solitude. Sa majestueuse avenue de hêtres séculaires, sa terrasse et ses labyrinthes coquettement disposés, d'après les dessins de Le Nôtre, ses jardins et ses beaux étangs et par delà les étangs, une pittoresque ceinture de grands bois en font une gracieuse et curieuse habitation. On y sent la main de Dieu au-dessus de la main de l'homme.

Le manoir bâti par Claude de Broon n'existe plus depuis la fin du siècle dernier. Des fenêtres à meneaux, des toits pointus et des tourelles anciennes, il ne reste plus qu'un bout de muraille avec son riche entablement, la tourelle de l'escalier en pierre et à l'extrémité du château, une très jolie tour encorbellée qui dut servir d'oratoire. La cour d'honneur était pavée. Les murailles extérieures sont presque modernes.

(2) Jean, enseigne d'une compagnie, fut fait prisonnier au siège de Mortagne, 1588, avec son frère Jacques. En 1590, il était gouverneur du château et ville de Domfront. Il mena son régiment au siège de Guingamp. Jacques rendit de grands services à Henri IV.

(3) Le vendredi 8 juillet 1650 décéda au Champ-de-la-Pierre haute et puissante dame Fe de Haucourt, en son vivant dame des Fourneaux et épouse de haut et puissant seigneur Fr. René de Broon, sieur des Fourneaux.... La Poterie ?.... Âgée de trente ans. Son corps a reposé un an entier dans l'église du Champ-de-la-Pierre et par après fut porté, le 5 juillet 1651, en Bretagne, en la paroisse

les Frondeurs mettaient en péril la cause du jeune Louis XIV. La noblesse, en frappant sur Mazarin, s'efforçait de venger les humiliations dont Richelieu l'avait abreuvée. René de Broon fut-il frondeur ou fidèle ? Nous savons seulement qu'il reçut à la bataille du faubourg St-Antoine une blessure grave qui le conduisit au tombeau (1).

La race des de Broon n'était pas éteinte, mais néanmoins son influence commença à décroître rapidement dans nos contrées. Le baron de Cholet, tuteur des enfants mineurs, semble avoir contribué à leur éloignement du Champ-de-la-Pierre

Le 23 décembre 1657, Jean Catois, sieur de la Fontenelle, élu conseiller du roi et son procureur aux eaux et forêts et grenier à sel à Falaise, procureur fondé du baron de Cholet, prêta serment en présence du jeune marquis des Fourneaux.

Quatre ans plus tard, les habitants de Joué-du-Bois désignèrent pour nommer leurs cloches. René-Fr. de Broon, chevalier, seigneur patron de Joué-du-Bois, Champ-de-la-Pierre, St-André de Messey et St Laurent de... des Fourneaux et autres lieux et son frère Henry, chevalier et seigneur fondateur de St-Patrice, Aligny.....

Philippe de Broon, leur sœur, fut marraine en 1653 et Marie-Françoise en 1656. En 1668, René de Broon acheta de J.-Gérard le Champ du Pré et de M. de Récalde le bois des grandes bruyères.

En 1662, Sonnard de Brossard apaisa et régla le désaccord qui avait animé René de Broon contre Fr. Langlois.

---

d'Ancille-Fourneau, lieu de leur naissance. Il est en sépulture en l'église d'Ancille, dans une chapelle voûtée proche la chaire, à main gauche sous le banc. Son cœur est dans une boîte de plomb, dans l'église du Champ-de-la-Pierre, sous le grand autel de l'église avec celui du seigneur des Fourneaux. son mari (Registres parroissiaux de Joué-du-Bois).

(1) Le vendredi deuxième jour de juillet 1652 décéda haut et puissant seigneur Fr. René de Broon, âgé de 35 ans, chevalier du roi seigneur (comme dessus), d'une blessure et d'un coup qu'il reçut le deux may à la guerre de Paris. Son corps est ensépulturé à Paris, dans l'église des Pères Jacobins. en la rue St-Jacques, à main gauche. Son cœur a été apporté en l'église du Champ-de-la-Pierre dans une boîte de fer blanc teinte de noir avec celui de Mme des Fourneaux, sa femme.

A la suite, on lit : Le samedi 16e jour de décembre 1656 décéda haute et puissante dame de Moussy-Bargot, âgée de 67 ans, en son vivant dame des Fourneaux, veuve de feu haut et puissant seigneur messire Jacques de Broon, morte à Cholet, pays de Poitou, ensépulturé au couvent des Cordeliers de Cholet, dans la chapelle voûtée (Reg. parr. de Joué-du-Bois).

En 1696, les trésoriers firent à nouveau placer sur les cloches de Joué-du-Bois, récemment refondues, les armes du marquis de Broon, seigneur patron de Joué-du-Bois, et le nom des de Broon ne reparaît plus sur les registres de la paroisse (1).

Comment les Ricœur de Bamont sont-ils devenus possesseurs de la seigneurie du Champ-de-la-Pierre ; comment ont-ils recueilli le droit de patronage de l'église de Joué-du-Bois ? Il nous est difficile de l'établir d'une manière positive.

Nous savons seulement que les premiers Ricœur habitaient la paroisse de Monrond (2), que René Ricœur, seigneur de ce lieu, mérita la protection de Henri IV qui lui signa une sauve-garde pour lui et sa famille le 26 octobre 1587, au camp d'Alençon, et que l'un de ses petits-fils Germain prit part à la campagne de 1674, en qualité d'écuyer (3).

D'un autre côté, sur les registres paroissiaux de 1645, 46 et... 59, nous avons relevé le nom de Hierosme Ricœur, sieur du Coudray, celui de damoiselle Lefèvre de Bamont, marraine en 1684 avec Gilles-Lefèvre, sieur du Champ du Gué, et celui de Nicolas Ricœur de la Chaux, qui dota le trésor de Joué-du-Bois de 10 l. de rentes en 1680 et fieffa un des bancs de l'église, le 18 octobre 1688 (4).

Le premier Ricœur de Bamont qui ait résidé au Champ-de-la-Pierre a été Germain marié à Renée Lefèvre d'Argencé, le 5 août 1664. A une réunion des paroissiens qui eut lieu au cimetière, le Vendredi-Saint (26 mars 1663), après Ténèbres, pour nommer le procureur et receveur qui devait cueillir les deniers de la charité : « Noble homme Germain Ricœur signa à côté de R.-Fr. de Broon (5).

Il était donc déjà au Champ-de-la-Pierre, mais non à titre de seigneur, puisque le marquis de Broon préside le *général*.

---

(1) René de Broon épousa la fille de J.-B. Benger, comte de la Ferrière-aux-Étangs, acheta le marquisat de Cholet en 1680 du frère de Colbert, fit construire le château, fut nommé premier écuyer de Charlotte-Élisabeth de Bavière, seconde femme de Philippe d'Orléans, eut des aventures galantes, parut peu à la cour, mourut en 1701. Sa sœur vendit le marquisat de Cholet au fils du précédent seigneur Édouard de Colbert et le Champ-de-la-Pierre aux de Bamont.

(2) Paroisse réunie à Neuville près Séez.

(3) Chartrier du Champ-de-la-Pierre.

(4) Registres de la paroisse de Joué-du-Bois.

(5) Registres de la paroisse de Joué-du-Bois. La généalogie des de Bamont désigne ce Germain sous le nom de Germain II.

En 1703, dans l'acte notarié qu'il fit rédiger pour présenter à la cure de Joué-du-Bois René Guymard, il est désigné de la manière suivante : Germain Ricœur, écuyer, seigneur du Bas-Mont (sic) (1), Monrond, Champ-de-la-Pierre, Heurleventière et Joué, demeurant ordinairement au manoir seigneurial du Champ-de-la-Pierre.

Son fils aîné René, né le 7 février 1667, servit dans la marine. Sa conduite brillante lui mérita à 27 ans une lettre de recommandation des plus flatteuses.

Voici la copie de l'original que nous avons eu entre les mains :

Nous, commissaire de la marine, ordonnateur au port de l'Orient et le port Louis, certifions à tous qu'il appartiendra que M. de Bamont a commandé, depuis treize mois, en ce port, la corvette la Prude armée en guerre, qu'il avait prise sur les Flessinguois et que, depuis huit jours, il a amené ici une pinasse espagnole qu'il a aussi prise et enfin qu'il s'est toujours très bien acquitté de son emploi et très bien exécuté les ordres qui lui ont été donnés pour le service du roi En foi de quoi, nous lui avons signé le présent certificat pour lui servir et valoir ainsi que de raison.

Fait à l'Orient, le 15 septembre 1694.

DE RICHEBOURG.

A tort ou à raison, René de Bamont quitta la marine (2). Rentré au Champ-de-la-Pierre, il épousa Marie-Renée Bizeul, 11 mai 1703, fit baptiser son fils aîné Germain dans l'église du Champ-de-la-Pierre (1704), mit un peu d'ordre à ses affaires temporelles après la mort de son père arrivée en 1705 et proposa à la cure de Joué-du-Bois, en 1708. Pourvu d'une charge de gentilhomme ordinaire du roi, le 5 mars 1716, il résida presque constamment à Alençon. En 1720 « étant de quartier à Paris, il habita rue des Boucheries, quartier St-Honoré, paroisse Saint-Roch ».

(1) Bamont, paroisse supprimée entre Mayenne et Ernée. Germain II de Bamont fut du nombre des cinq cents anoblis par l'édit du mois de mars 1696 : ses lettres de noblesse sont conservées au Champ-de-la-Pierre. Ses armes sont d'azur au chevron d'or accompagné en chef de deux molettes d'argent et en pointe d'un cœur d'or.

(2) Germain Ricœur avait confié le jeune René à son ami Quine-Quiton, capitaine de vaisseau en 1680. René se fit remarquer par Jacques II lors du débarquement sur les côtes d'Irlande et reçut de lui le grade d'enseigne. En 1692, il commanda la Prude et prit en plus de la corvette, dont il est parlé plus haut, une double chaloupe biscaienne qu'il amena dans le port de Lorient.

Nous le retrouvons au Champ-de-la-Pierre vers 1734 ; mais alors il avait 63 ans. Il mourut le 7 février 1749, à l'âge de 82 ans. Sa femme l'avait précédé dans la tombe (11 août 1738). Une de leurs filles, Marie-Jeanne, s'était éteinte le 26 juillet 1737, à l'âge de 21 ans. Charlotte épousa François La Boulaye de Thieulin, écuyer, seigneur des Iles, chevau-léger de la garde du roy (30 octobre 1740) (1) Le 23 mars 1730, Renée-Germaine devint la femme de René-Henry des Miées de la Motte, fils de François et de Marguerite Vains (2).

Mathieu Ricœur figure plusieurs fois sur nos registres, notamment en 1706. René, sieur de Vitray (3), très partisan des idées philosophiques de son temps et très brave sur le champ de bataille, resta célibataire. Ses notes prises au courant de la plume, ses lettres à son père et surtout le journal de ses campagnes militaires sont d'un grand intérêt.

Faisant partie de la maison du roi, il chargea les Anglais à la bataille de Fontenoy. En rentrant sous sa tente, il eut la douleur de constater la disparition de ses sept compagnons d'armes.

Après une vie militaire très mouvementée, M. de Vitray rentra au Champ-de-la-Pierre, avec la croix de St-Louis et le grade de capitaine de cavalerie (1761) (4).

Il occupa ses loisirs à enrichir les rayons de sa bibliothèque et à disposer suivant la mode sentimentale qui faisait alors rêver tous les esprits une solitude charmante qu'il dédia à la moins pure des divinités payennes (5).

C'est à lui qu'échurent les terres de Joué et le droit de présenter à la cure. Il en usa en faveur de Fr. Engerrand (1772) et de Jean Engerrand (1785) et mourut après bien des amertumes subies au Champ-de-la-Pierre, au château de Coupignv (6) pendant les premières années de la Révolution.

(1) François de Thieulin était déjà le cousin au 3ᵉ degré de Marie-Charlotte Ricœur, d'où le marquis de Lonlay et la descendance.

(2) René de Miées de la Motte était de Sévigné, d'où les de Malherbe de Goulet et une branche des Picquot de Magny.

(3) M. de Vitray, baptisé par l'abbé de Maisons, prêtre, bachelier en Sorbonne.

(4) Son tableau est exposé dans le salon du Champ-de-la-Pierre

(5) Le *rendez-vous* avait son labyrinthe, son siège de *Trois*, sa pyramide, le fauteuil du roi Dagobert et sur le bord de l'eau chaque pli de terrain avait un lieu commode où le vieux guerrier pouvait en se reposant penser aux batailles et admirer les beautés de la nature.

(6) Dans la commune d'Airon (Calvados), à quelques lieues de Caen. Le joli château est de la fin du dix-huitième siècle.

Le frère de M. de Vitray, Jean de Bamont, seigneur et patron du Champ-de-la-Pierre, était né en 1709. Il mit ses soins à améliorer ses forges qu'il rendit prospères. Mort en 1783, il fut inhumé au cimetière à cause d'une maladie contagieuse. Il avait épousé F^{se} Chauvin de Coudray (1).

Leur fille Marie-Jeanne accepta la main d'Ignace de la Haye d'Ommoy, beau-père de Louis Got de la Rozière, chef royaliste pendant les guerre de la Chouannerie (2) et grand-père de la comtesse d'Izon qui vient de s'éteindre à Coupigny.

Jean-Baptiste, fils aîné de Jean, servit aux mousquetaires noirs. Une blessure accidentelle le contraignit à solliciter sa retraite. Il profita de sa liberté pour seconder son père dans les améliorations qu'il apportait à ses forges. Longtemps célibataire, il épousa après l'émigration le 22 juillet 1799, Gabrielle de Marescot, la fille d'un de ses compagnons de captivité après la coalition de Caen (3).

Jacques-René de Mons courut les mers et le monde, devint capitaine commandant au régiment de Normandie et mérita la croix de l'ordre royal et militaire de St-Louis. Rentré au Champ-de-la-Pierre au commencement de la Révolution, il fit partie de la coalition de Caen et émigra (4).

Son fils Victor, mort en septembre 1862, a été le dernier des seigneurs du Champ-de-la-Pierre du nom de Bamont (5).

(1) Fille de Marie de Baugis et de Marin Chauvin, sieur du Coudray, inhumé au Champ-de-la-Pierre (1773), René Chauvin, sieur du Ponceau, était maître des grosses forges à Rânes (1707), au Champ-de-la-Pierre (1715). Son frère était curé de St-Pierre Lenterie.

(2) Voir M. de La Sicotière (de Frotté... tome I, passim, tome II, 108).

(3) Gabrielle-Hyacinthe de Marescot, de l'illustre famille des Marescotti de Bologne (Italie), fille de Nicolas de Marescot, membre distingué de l'ancienne magistrature française, procureur général du parlement de Rouen, fut prisonnier à Caen avec les deux frères de Bamont.

(4) René de Mons comptait vingt-deux ans de service et trois campagnes sur mer. No s avons raconté ailleurs les amertumes de sa vie pendant la Révolution.

(5) C'est à son zèle et à sa haute influence que le Petit-Séminaire de la Ferté-Macé et la Communauté enseignante des religieuses de l'Immaculée-Conception de Briouze doivent l'avantage d'avoir été reconnus par l'État (Oraison fun. prononcée par M de Fontenay (2 décembre 1862).

CHAPITRE IV. — Les Seigneurs de second ordre.

—

I. — La terre de la Beslière (1), dite fief noble dans plusieurs
documents anciens, n'était qu'un démembrement de celui du
Belle.

A la fin du dix-huitième siècle, la culture en était confiée au
fermier Jean Catois. On arrêta avec lui les conditions du bail,
on lui recommanda le soin des arbres, des prairies, des rigoles,
des fossés, et ce qui était nécessaire à l'ordre et à la prospérité d'une ferme. « Il devait en tout se conduire en bon père
de famille » (2).

Le premier seigneur de la Beslière, dont le nom nous soit
connu, fut Guillaume de Brossard, parent des Matrot, les nouveaux seigneurs du Belle (1602) (3). Pierre de Brossard, son fils,
hérita du titre et de la terre de la Beslière (1609). Le 19 mars
1669, Roland de Brossard, écuyer, sieur de la Chevallerie, habi-

(1) La Beslière est située à un kilomètre du bourg de Joué-du-Bois, sur
la gauche de la route allant à Prez-en-Pail. Son logis était modeste, ses
communs considérables, son territoire peu étendu.

(2) Les baux de la Beslière de 1725 à 1778 ne diffèrent des baux actuels
que par le nombre et la précision des détails.

(3) Guillaume de Brossard était en même temps seigneur de Saint-Ouen.
Était-il de la famille des Brossard des Iles-Bardel ? Nous serions porté à
le penser, attendu que Jean-Jacques de Brossard, seigneur des Iles, mort
en 1701, avait épousé noble dame Marie-Thérèse de la Lande du Détroit,
nièce du curé de Joué-du-Bois. Marguerite de Brossard, sœur de Guillaume,
épousa Jean Robichon, sieur du Mesnil, tandis que son frère se mariait à
la fille d'honnête personne Guillouard la Rivière.

tait la Vacherie en Lignères-la-Doucelle, mais à cause de sa terre de la Beslière, qui relevait du Belle, il fit un transport de rentes sur Jacques Marie, sieur du Bois-Noirville et de l'Illière (1). De 1650 à 1661, la Beslière appartint à Richard de Cordé, sieur du Coudray ; en 1675, elle passa aux mains de Sonnard de Brossard qui la vendit à Fr. Langlois (2). Jacques Rosnay de Beauvin en devint le possesseur pendant quelques années, et après lui elle revint à la maison du Belle et à celle du Bois-Tesselin qui l'aliénèrent en 1781.

II. — La terre des Illières était aussi un démembrement de la seigneurie du Belle. Elle fut donnée à Jacques Marie (3) du Bois-Noirville à la suite de son mariage avec Marie Matrot, dame du Belle, en partie (1662). Les habitants de Joué-du-Bois ne lui envièrent pas sa modeste demeure, mais ils se révoltèrent contre ses priviléges et lui contestèrent la légitimité de sa noblesse. Aussi plusieurs années de suite, il fut contraint de payer ses impôts.

De Marle, commissaire délégué par Louis XIV pour examiner toutes les contestations analogues qui existaient dans la généralité d'Alençon, imposa à Jacques Marie le devoir de présenter ses titres et papiers. Le seigneur de l'Illière fut maintenu au grand déplaisir des paroissiens qui furent condamnés à payer 500 l. (1666).

Jacques Marie fut fier de son triomphe. L'abolition de son titre de noblesse eût considérablement diminué ses rentes et il avait besoin de les conserver pour élever sa nombreuse famille.

Un de ses fils fut nommé par Jacques de Rosnay (4), sieur de la Beslière (1674), le second par Me René Guymard, contrôleur, et damoiselle Guernon, femme de Roland de Brossard, écuyer, et plusieurs autres par des parrains et marraines de noms connus.

(1) Il s'agissait d'une fondation faite par les seigneurs du Belle (Les Matrot) au trésor de Rasnes.

(2) En 1621, Fr. de Brochard, sieur de Tallonay près le Merlerault, était lieutenant civil et criminel en la vicomté de Falaise.

(3) Armes des Marie : d'azur chargé de trois barres, celle du milieu frettée, les deux autres d'or plein.

(4) Armes des de Rosnay : coupé de gueules et d'argent à 3 losanges, 2 en chef et 1 en pointe de l'une en l'autre.

Quelques-uns de ces enfants ne vécurent que peu de temps et furent inhumés dans la chapelle du Belle.

Jacques-Marie décéda à l'âge de 56 ans (1696).

Jacques-Marie, son fils, est mort sans postérité connue en 1725, et son oncle Alexandre-Marie, sieur du Bois-Noirville, comme son frère, vécut jusqu'en 1729, complétant ses 66 ans.

Anne-Marie (1), fille du premier sieur de l'Illière, épousa Jacques du Bois-Tesselin (2), écuyer, sieur de Monthulé et du Chesné.

Son fils Jacques s'établit aux Illières avec sa femme Marguerite Le Maire (3). C'est là que sont nés la plupart de leurs enfants : Une fille nommée par le sieur de la Rochefoucauld (un Le Maire) (1731), Jacques Constantin, le futur seigneur du Belle (7 juin 1741), François-Côme, l'avocat de Beauvin, qui naquit le 8 septembre 1743, et Jacques-René, qui fut tenu sur les fonts du baptême, en 1744, par René Patrice, conseiller du Roy et sieur de la Sage.

Ces nombreux enfants (4) durent se trouver bien à l'étroit dans l'humble manoir de l'Illière. Les aînés allèrent au collége et au régiment, le père mourut en 1761, les filles s'établirent et l'Illière fut abandonnée.

III. — Les de Recalde (5) que nous trouvons à Joué-du-Bois à la fin du dix-septième siècle, résidaient depuis cent ans dans la paroisse de La Chaux.

Bernard de Recalde et son frère Jonisto étaient fils puînés de

(1) Inhumée à Joué-du-Bois en 1725.

(2) Le Bois-Tesselin est un village de Saint-Georges-d'Annebecq. Les du Bois y possédaient une ferme qui fut vendue, en 1780, 14.000 livres de principal et une rente de 81 livres au trésor de Beauvain. L'acquéreur fut Pierre de Demaine, le vendeur Fr. Côme.

Alex. Lemeunier-Deschamps avait aussi une terre au Bois-Tesselin ; il vendit une chénevière à Fr. du Bois en 1769.

Armes des du Bois : d'azur à trois trèfles d'argent 2 et 1 (Nobil. Norm.).

(3) M. du Bois de l'Illière faisait ses emplettes chez Catois du Bourg. Il acheta, en 1743, une petite paire de sabots d'enfant, une livre de gruau et de l'*oribus*. Son frère était curé de Contilly, diocèse du Mans, où il fonda une 1re messe.

(4) Il leur était né deux filles en 1731. Jacques-Siméon du Bois de Saint-Léonard fut parrain de la seconde.

(5) Armoiries de la famille de Récalde mises au bas de la requête de 1730 pour revendiquer ses droits à la noblesse : Coupés d'azur et d'argent ; le premier chargé de trois léopards lionnés mal ordonnés d'or, le second chargé d'un pal d'azur surchargé de deux vergettes d'or.

Joseph de Recalde et de Jeanne de Chepare (1). Tous deux quittèrent le Béarn pour s'attacher à la fortune du jeune prince qui est devenu si célèbre sous le nom de Henri IV. Après de nombreuses campagnes et de glorieux faits d'armes, Jonisto épousa une jeune et riche veuve de Touraine, tandis que Bernard se dirigeait vers la Normandie.

Il se fixa à la Chaux vers 1599 (2). Les Le Verrier, qui avaient de nombreuses possessions dans la contrée, lui firent épouser Catherine Pillu, fille de Jacques, et de damoiselle Catherine Le Verrier (3).

Leur fils Jacques, écuyer et sieur du Bois-Gautier, prit pour femme noble dame Marie d'Aubourg, de cette illustre famille qui compte parmi ses membres le maréchal de Grancey (1651), son petit-fils, également maréchal de France (1724), Rouxel de Médavi, archevêque de Rouen (1670) et Charles de Pierrefitte, seigneur d'Angoville et de Mefossé, aide des camps et armées du roy (21 juillet 1644) (4).

Le contrat fut passé à Saint-Silvain, le 3 août 1646. Le comte de Coligny, lieutenant général des armées et capitaine de Jacques de Récalde, signa son congé, le 31 juillet 1647 (5). Les aînés de ses enfants naquirent à Hérouville et après peu d'années il

(1) Joseph de Récalde était seigneur de Biconnarie proche Saint-Jean-de-Pied-de-Porc et de la noble commanderie de Récalde, qui depuis est passée au chapitre de Roncevaux et à celui de Bayonne. Un de Récalde fut viguier de Raymond VI, comte de Toulouse (1204), Bernard de Récalde était évêque de Pamiers en 1301, Jean Martiné de Récalde devint amiral espagnol et se conduisit vaillamment sous Philippe II. La branche aînée est en Espagne, la branche cadette est venue en Normandie. Tous ses membres ont eu de beaux états de service (Le manuscrit, qui fut rédigé pour obtenir la reconnaissance de la noblesse, cite beaucoup d'auteurs, de lettres honorifiques et de certificats élogieux dont M. René de Semallé, issu de la famille Récalde par sa grand'mère a eu l'amabilité de nous confier les originaux).

(2) Jonisto était grand valet du roi de Navarre ; Bernard, gendarme de la garde ; il servit jusqu'au 23 octobre 1618 (Manuscrit).

(3) Le contrat fut passé à la Carneille, le 16 janvier 1610, devant Jean Poret et Jean Le Verrier, sieur du Bois-André, ses oncles. Le 22 juillet 1619, Bernard de Récalde fut admis à partager la succession de Jean Le Verrier avec J. Poret.

(4) Le roi écrivit au sieur d'Angoville une lettre très louangeuse (Man. 1750). Un des fils de Jacques de Récalde a été curé de Saint-Germain-le-Vieux, un autre Henri, moine Bernardin.

(5) En 1649, il était capitaine d'une compagnie d'infanterie du régiment de Mazarin ; il reçut à cette occasion une lettre très élogieuse de Louis XIV

revint au Bois-Gautier dont il portait le nom. Du logis qu'il habita, il ne reste plus que quelques débris. Une maisonnette sise à côté de la prairie et de petits logements de date ancienne ont conservé des cheminées, des entablements, des fenêtres et plusieurs pierres dont les moulures rappellent une construction renaissance assez soignée. Nous savons d'un autre côté qu'il y avait là de beaux jardins et une pièce d'eau relativement importante.

La maison actuelle du fermier était destinée à remplacer le logis trop étroit. Bien qu'elle n'ait jamais été achevée, elle servit de demeure à Jérôme de Récalde, un des fils du précédent, pendant que le vieux père s'éteignait au logis (1).

Le frère de Jérôme-Henri vint habiter la Haye et enfin le Vivier (2). Il avait servi dans le régiment de Condé, cavalerie.

A en juger par ce qui nous reste de ces manoirs, les de Récalde ne se montrèrent pas exigeants sous le rapport des appartements.

Henri de Récalde se fit promptement une place honorable et respectée parmi les habitants de Joué-du-Bois. Son père avait déjà assisté à la grande réunion du Général assemblé pour nommer le procureur de la Charité fondée par feu M. de Champsegré et avait apposé sur le procès-verbal sa belle et grande signature (*Vendredi-Saint*, 1663).

En 1682, par son mariage avec Marie-Louïn, riche héritière, qui lui apporta d'importantes propriétés, Henri augmenta sa situation (3). La cérémonie nuptiale eut lieu à Joué-du-Bois, en présence de Jérôme de Récalde, de Gaspard Robichon, de Jeanne de Cagnou, de messire Fr. de Joanne, sieur de la Dronnière, prêtre et aumônier de la reine, de Bernard la Potaire,

---

(1) Jérôme se maria deux fois et eut de Françoise Bidard, dont le contrat fut passé à Tessé, deux fils, Jérôme et Bonaventure. Tous deux servirent longtemps dans les gardes du corps : le premier revint au Bois-Gautier, le second s'établit dans la Sarthe. Ils n'ont pas laissé d'enfants mâles : de 1538 à 1744, les de Récalde ont fait 206 années de services de génération en génération.

(2) La Haye n'est plus qu'une modeste masure. Le Vivier de Joué-du-Bois eut son importance. Brûlé pendant la Révolution, il a été complètement transformé pour la commodité des propriétaires. De la demeure seigneuriale proprement dite, il ne reste plus qu'une partie de la cuisine pavée en pierre de Caen et une plaque de cheminée aux armes des de Récalde.

(3) Le contrat avait été passé par les tabellions de Falaise au siège de Lougé.

curé de...., de Catherine Langlois et de M. du Haut-Désert (Gautier), oncle de la mariée.

Henri de Récalde avait trouvé un moyen commode d'augmenter le bien modeste patrimoine de ses ancêtres. Sans déroger aux règlements qui régissaient la noblesse, il put par son intelligente activité l'améliorer et l'accroître. Dans l'impossibilité d'allumer de hauts fourneaux et d'établir des fenderies et des grosses forges comme l'avaient fait les grands seigneurs du pays, il organisa un atelier qui rendit de réels services. On montre à la Louvière l'endroit où il installa, pendant quelque temps, sa forge à bras (1).

Le curé Guillaume de la Lande et Catherine de Perechais nommèrent Françoise, sa fille aînée (1684) et Jérôme, sieur du Bois-Gauthier, donna son nom à un fils qui naquit en 1687. Puis vinrent au monde Henry-François (1690), Marin qui continuera la filiation (1693), Anne-Julienne qui épousera Gaspard Robichon (1721) (2) et Bonaventure, le futur sieur de Prémarel.

La famille était nombreuse et les affaires prospéraient ; mais Henri de Récalde eut la douleur de perdre un de ses fils et, en 1699, d'être accusé, par les habitants, d'usurper son titre de noblesse. Soit inhabileté, soit dépit, le seigneur du Vivier soutint mal ses droits et fut inscrit à la taille.

Il quitta momentanément la paroisse et fixa sa résidence en la ville de la Ferté-Macé (3). Les contrôleurs ne l'en portèrent pas moins au rôle de leurs impôts.

Après avoir dormi plus de vingt ans, la querelle fut remise sur le tapis par Marin de Récalde, le 11 août 1726 (4). Les commissaires du Conseil, firent l'examen des titres et papiers et reconnu-

---

(1) Les résidus abondants que l'on voit en plusieurs endroits montrent que les séjours se prolongeaient assez longtemps.

(2) Barbe Robichon, sa sœur, avait épousé A.-B. de Marcilly.

(3) Il devint garde-bois de Sa Majesté. De la Ferté, il écrivit aux habitants de Joué-du-Bois d'avoir à le dérôler, prétendant payer les droits là où était sa charge (8 septembre 1701). Nous retrouvons Henri de Récalde au Vivier, en 1703. Il appose plusieurs signatures, fait confirmer son fils Marin en 1708, reçoit Mᵉ Daniel d'Énixiboult, vicaire de Colombiers, fait instruire son fils Henri qui fut nommé curé de La Motte-Fouquet, de 1721 à 1731, et plus tard de Colombiers.

(4) Gatien Lysieux fut délégué en qualité de procureur de la commune. C'est lui qui, par son habileté, arracha la transaction par laquelle Marin de Récalde fit l'abandon de son revenu et de la *dixme* qu'il faisait valoir.

rent l'ancienneté. Mais la Cour des Aides de Normandie ne consentit à enregistrer la sentence rendue, que le 4 mai 1750. Les habitants de Joué-du-Bois et de la Chaux, coalisés pour la défense, firent une telle opposition, que Marin de Récalde fut contraint de transiger avec eux et de leur abandonner une partie de son revenu (1).

Marin eut le bonheur de faire un excellent mariage. Damoiselle Marie Clouet lui apporta, après la mort du sieur de la Robinière, son frère, de riches héritages.

C'est à la Haye qu'on établit la jeune femme ; c'est pour elle qu'on augmenta le logis, que l'on traça des jardins, qu'on força de minces cours d'eau à se répandre en étangs. Marie Clouet eut le grand air, l'isolement, la tranquillité. Après la mort de Henri de Récalde, Marin descendit au Vivier dont il prit le nom. Son frère Henri-François s'appela, à son tour, M. de la Haye.

En 1721, lors du baptème de Henri-Marin de Récalde, fait par Alex. Fr. Étienne, prêtre, les sieuries n'étaient pas encore échangées.

Bonaventure de Récalde, sieur du Prémarel, que nous voyons figurer sur nos registres en 1729, s'était fixé au pays du Maine.

Les devoirs de la résidence qui s'imposaient au nouveau curé de la Motte le contraignirent de quitter Joué-du-Bois (2).

---

(1) Registres de la commune de Joué-du-Bois, plusieurs délibérations, le jugement rendu par le parlement de Rouen (1730) (24 p. in-4°) et spécialement deux longs rapports d'avocats établissant contre cet arrêt l'ancienneté et la noblesse de cette famille et montrant qu'il ne fallait rien arguer du fait de Jérôme et Marin de Récalde qui avaient dérogé sans trop se plaindre, attendu qu'ils avaient été arrêtés par la difficulté de soutenir un procès et celle de fournir des pièces qui étaient en partie en Espagne aux mains des aînés de la famille.

La malveillance des habitants de la Chaux et de Joué-du-Bois à l'égard des de Récalde fut excitée par un bâtard de Bernard de Récalde. La famille de la mère, qui était noble, voulait venger ainsi le déshonneur d'un de ses membres et les ennuis du fils judiciairement empêché de porter le nom de Récalde, dont il se prévalait pour relever l'exercice de sa charge d'huissier à Ecouché.

(2) C'est le curé de la Motte qui obtint deux lettres de l'évêque de Bayonne et des seigneurs du Belle et de Joué, de C. Thiboult, seigneur du Grais, du marquis de Saint-Rémy de Cossé et du marquis de Rasnes, maréchal de camp, un certificat affirmant que les sieurs de Récalde étaient d'extraction noble. Le Vignen, commissaire départi en la généralité d'Alençon, avait visé ces pièces (Généalogie présentée au parlement de Rouen).

La Haye fut délaissée et l'étang du curé mis à sec (1739).
Henri-Fr. de Récalde, devenu curé de Colombiers, et mis par là
même, dans l'impossibilité de surveiller son fermier, s'ennuya
de n'être pas payé. Il fit planter ses champs, et, quelques années
après, les nouveaux bois taillis furent achetés par la maison du
Champ-de-la-Pierre.

. Marin de Récalde employa son activité à la bonne gestion de
sa fortune ; l'industrie de son père qu'il développa augmenta ses
ressources, mais le Béarnais, naturalisé Normand, se montra
peut-être trop intolérant avec ses voisins. La haute justice qui venait d'être créée à Joué-du-Bois ne lui suffit pas. Il plaida à Falaise et à Domfront.

Son premier adversaire fut Jacques de Lonlay, baron de Villepail. Les points de litige étaient nombreux et graves, car l'attitude de notre petit seigneur avait été un jour incorrecte, trop
brusque, trop militaire.

Afin d'éviter le scandale, un personnage important voulut bien
s'interposer, et, après divers pourpalers, on put rédiger un
arrangement qui fut signé par les parties plaignantes au château
de la Motte-Fouquet. Henri-François de Récalde, alors curé de
la Motte dut intervenir fortement, afin d'obtenir ce précieux
résultat. Voici la pièce curieuse dont il est question.

Du dixième jour de juillet, l'an mil sept cent vingt-quatre, au château
de la Motte-Fouquet.

Devant nous, lieutenant de nos seigneurs les maréchaux de France,
gouverneur des villes et châteaux de Domfront, grand bailli de la
généralité d'Alençon.

Sont comparus Jacques de Lonlay, écuyer, seigneur des Buats,
baron de Vilpail et autres lieux, seigneur haut justicier de Vilpail, de
Joué-du-Bois et de la Chaux, et Marin de Récalde, garde du corps du
roy, écuyer, sieur de la Haye, en conséquence de notre renvoy donné
à Domfront, le douzième de juin dernier portant que les parties se
trouveraient à notre premier avis chez M. le marquis de Cossé, pour y
être réglés.

Vu les soutiens des parties faits par devant nous en demandes,
réponses et répliques lors de leur comparance à Domfront, le dit jour
douzième de juin dernier en conséquence de notre ordre sur la requête
du dit sieur des Buats, le vingt-deuxième mai dernier, le dit sieur des
Buats se plaignant à l'encontre du dit sieur de Récalde pour avoir
maltraité son domestique.

Nous, en conséquence de tout ce qui a été dit et écrit par devant
nous, avons ordonné que le dit sieur de Récalde dira, en notre

présence, au dit sieur des Buats, que, par emportement et mal à propos, il aurait maltraité le domestique du dit sieur des Buats, dont il lui en fait excuse, persuadé qu'il n'avait aucune part dans le mauvais traitement que son dit domestique aurait pu faire à ses fermiers, n'étant point capable de favoriser en aucune manière des malfaiteurs comme l'a reconnu le dit sieur des Buats et reconnaît le dit sieur de Récalde pour honnête homme.

A l'égard de la plainte pour la pêche du poisson sortant des étangs du dit sieur des Buats, il lui sera toujours permis de courir après son dit poisson sortant des dits étangs aux conditions néanmoins qu'il sera circonspect à ne gâter aucunement les herbes du dit sieur de Récalde, ce qui sera toujours exécuté dans les bienséances d'honneur parce que ainsi le dit sieur de Récalde ne fera ni permettra pêcher dans le dit ruisseau entre les dits deux étangs.

Payera le dit sieur de Récalde au dit sieur des Buats tous les treizièmes qu'il lui doit, vertu des acquisitions par lui ou ses auteurs faites en la dépendance des fiefs du dit sieur des Buats, selon les estimations qui en seront faites à l'amiable et, en cas de décords, seront réglés sur ce par M. le marquis de Cossé.

Payera pareillement le dit sieur de Récalde toutes les rentes seigneuriales qu'il pourrait devoir au dit sieur des Buats à raison des dépendances de ses fiefs et le tout sans prescription dont, en cas de décord, ils seront ainsi réglés sur ce par M. le marquis de Cossé.

Et à l'égard des instances pendantes, tant aux eaux et forêts de la maîtrise de Domfront sur la plainte du dit sieur de Vilpail qu'au bailliage de Falaise, sur la plainte des fermiers du dit sieur de Récalde et de tout ce qui s'en est ensuivi, tant de l'une que de l'autre instance, le tout demeurera et demeure par le présent éteint et anéanti, dépends compensés ; le dit sieur de Récalde se faisant, en ce chef, fort pour ses dits fermiers, et à ce moyen avons renvoyé les parties hors de cour et en paix. Défendons aux dits sieurs des Buats et de Récalde toutes voies de fait directement ou indirectement sur les peines portées par les ordonnances du roy et réglements de nos seigneurs les maréchaux de France.

Lequel présent notre règlement a été lu et prôné aux parties qui l'ont accepté et signé et exécuté pour le présent devant nous.

Donné au château de la Motte-Fouquet, ce dit jour dixième juillet mil sept cent vingt-quatre, présence de M. le marquis de Saint-Rémy, son fils, signé du seigneur chevalier de la Challerye, de Lonlay et de Récalde.

Copie délivrée sur la minute restée en notre secrétariat qui est scellée du cachet des armes du dit seigneur de la Challerye.

Après la mort de M. des Buats, les procès recommencèrent immédiatement avec Urbain Langlois.

Le nouveau seigneur de Joué cité devant le bailli de la haute justice se montra conciliant. Par une transaction passée en 1739, il fut arrêté que le meunier ne laisserait pas les eaux de l'étang s'élever au-delà d'un niveau déterminé.

Ce ne fut qu'une trève. Les procédures reprirent leur cours avec la veuve d'Alex. Blanchard d'Amanville, sœur d'Urbain Langlois, et durèrent une dizaine d'années.

Marin de Récalde ne fut pas un très heureux plaideur ; mais il se dédommagea par le succès de ses autres entreprises. Il changea en forges le moulin de la Brousse, après que Mme d'Amanville en eut obtenu la destruction par voie de justice ; acheta de Gaspard Robichon, son beau-frère, une partie de la terre du Mesnil (1), recueillit après la mort de son frère, le curé de Colombiers, l'aînesse de la Haye (2) ; fit reconnaître la noblesse de sa famille (1750) et installa d'une manière plus importante les petites forges de la Louvière (3).

Marin de Récalde mourut l'an 1767. Son fils Henri, chevalier et non plus écuyer, quitta de bonheur Joué-du-Bois et sa terre du Vivier.

Il résida ordinairement à Alençon où il épousa (1747) Louise-Anne de Hardesoif, fille du sieur de la Guérivière, dont il eut deux enfants Henri-Raymond et Marie-Louise-Henriette.

Henri de Récalde reparut souvent à Joué-du-Bois, après la mort de son père, sans se préoccuper du logis de la Louvière, qui tombait en ruines, ni même de celui du Vivier où il ne laissa qu'une seule gardienne (4).

Henri-Raymond épousa Marie Garnier de la Boissière et en eut dix enfants. Aucun des mâles n'a laissé de postérité ; plusieurs des filles ont été mariées, dont l'une à Jean-René de Semallé. Henri-Raymond a fait les guerres de l'émigration. Il est revenu après la paix dans sa demeure d'Alençon où il est mort le 25 mars 1807. Le Vivier, qui avait été brûlé pendant la Chouannerie, a été vendu ainsi que toutes les propriétés de Joué-du-Bois et de la Chaux.

(1) Il en fit aveu à M. des Rotours en 1750. C'est ce lot qui est venu plus tard aux Challemel-Lacour et Rocoux.

(2) Mme d'Amanville le contraignit de faire aveu en 1765 pour cette aînesse.

(3) Les terres de la Louvière ont été vendues pendant la Révolution comme biens d'émigrés ; parmi les propriétaires actuels, quelques-uns ont vu d'un œil inquiet nos inoffensives recherches.

(4) En 1784, il fut parrain avec Alexandrine Pulcherie-Aimée Le Prévost, épouse de Louis-Antoine des Rotours.

L'histoire de la noblesse de Joué-du-Bois, telle que nous venons de l'esquisser, ne présente ni des noms illustres, ni de grands événements. Nos gentilshommes ne furent guère appelés à grossir le nombre des courtisans de Versailles. Presque tous, après avoir donné une vingtaine d'années à la défense de la patrie, revenaient au vieux manoir des ancêtres, au milieu des pauvres qu'ils soulageaient, des ouvriers auxquels ils donnaient de l'ouvrage, d'une population qu'ils civilisaient par leur contact. Après un siècle, on devine encore par le langage, les manières et un ton de politesse exceptionnelle les familles qui furent autrefois au service de la noblesse, soit comme domestiques, soit comme fermiers. Jamais nous n'avons surpris sur les lèvres des générations présentes une parole d'amertume ou de haine, à l'adresse des anciens maîtres ; toujours au contraire nous avons constaté que tous tenaient en grande estime ceux qui avaient été le principe de leur bonheur et de leur fortune (1).

Est-ce que, d'un autre côté, ces forges, fenderies, poëleries et fourneaux échelonnés de Carrouges à Rasnes, qui ont disparu depuis quarante ans seulement, n'étaient pas l'honneur du pays et une cause de prospérité. Le minerai était riche à Rasnes et au Champ-de-la-Pierre ; le charbon de bois donnait au fer une liaison et une force de résistance qu'il n'aura jamais avec le charbon de terre. Nulle part, les gros marteaux (2) ne battaient mieux les lourds essieux. Les hauts fourneaux coulaient de belles colonnes et surtout des plaques de cheminées qui sont maintenant de précieux monuments héraldiques.

Les riches seigneurs bâtissaient les établissements et fournissaient les fonds nécessaires ; ceux qui étaient moins fortunés devenaient directeurs et contre-maîtres. Ainsi, Joué-du-Bois a vu s'implanter plus ou moins longtemps sur son territoire, « en 1614, hault homme Zacharie, escuyer, sieur du Basbinet (3) ; en 1683, Jacques Tyfont, escuyer (4) ; en 1688, Pierre Le Forestier (5), escuyer et époux de Marie le Hardy, fille de feu Adrien

(1) Nous pourrions citer des noms ; ils sont nombreux à Joué-du-Bois.

(2) Ils ne pesaient pas moins de 400 k.

(3) Sa fille eut pour parrain Pierre de Saint-Rémy, pour marraine Louise de Vauborel.

(4) Renée de Bastard nomma sa fille.

(5) La famille Leforestier a habité la Durandière en Faverolles.

et de Madeleine de Brosset (1 ; Julien de Bricqueville (1702) ;
J.-J. Cousin, sieur des Vaux-en-Saint-Ouen, et Jean Boisnet,
écuyer.

Il n'est que les familles riches et stables pour créer des cultu-
res et des industries durables.

(1) Adrien le Hardy était le gendre de Pierre de Brosset, seigneur de la
Chaux. Son frère Joseph, sieur des Fontenelles, né à Saint-Marie-la-Robert
était maître-chirurgien, son fils Gilles, sieur de Chandonné. La fille de
Pierre Leforestier et de Marie Le Hardy fut tenue sur les fonds du baptême
par René de Chabot et Madeleine de Brosset.

IIIe PARTIE. — LA COMMUNE

Joué-du-Bois, placé à la limite extrème de la Normandie, relevait de la généralité d'Alençon, élection de Falaise. L'Intendant siégeait à Alençon. Falaise possédait un subdélégué de l'Intendant. Un gouverneur de la province résidait à Rouen (1).

Bien que le mot de commune n'ait pas été usité avant la Révolution, nous l'employons afin de désigner un ensemble d'institutions qui ont précédé cette appellation. Ce sont les officiers municipaux de 1793 et les membres du comité de surveillance qui ont les premiers employé le nouveau langage et parlé de la *maison commune* et des affaires de la *commune* (2).

Quelle fut l'administration usitée avant cette époque ?

Dès l'an 1585, Joué-du-Bois avait des délibérations publiques (3). Les réunions se tenaient ordinairement devant la grande porte de l'église.

Cinq ou dix, ou vingt fois chaque année (4), les *manants* (5) de la paroisse étaient invités à se réunir *en forme de commun*, les présents se faisant fort pour les absents.

Le débat avait lieu au grand jour ; chacun pouvait émettre son

(1) Au moment de la Saint-Barthélémy, Tanneguy Le Veneur de Carrouges, seigneur temporel de quelques enclaves sises à Joué-du-Bois, gouvernait la Normandie. Sa présence à Rouen fut le salut d'un bon nombre de protestants.

(2) Archives de la mairie.

(3) Délibéré concernant la fondation de Charité de Josselin Le Verrier.

(4) De 1660 à 1670, la moyenne des délibérations annuelles a été de neuf.

(5) Les demeurants, du mot latin *manere*.

sentiment. Il arrivait même quelquefois qu'une délibération déjà prise était réformée par suite des observations d'un nouveau venu (1).

Au XVIIe siècle les curés, au XVIIIe les syndics présidaient les assemblées paroissiales. Les vicaires écrivaient ordinairement le procès-verbal. Le seigneur temporel ne paraît avoir eu aucun rôle prépondérant.

. Mre Guillaume de la Lande, qui fut curé de Joué-du-Bois de 1645 à 1705, a eu l'intelligente précaution de mettre en cahiers ce qu'il rédigea ou fit rédiger pendant son long ministère. C'est là que nous avons puisé une partie des documents qui ont servi à la composition de nos deux premières parties. Nous utiliserons de même les pièces relatives à la vie communale.

La taille, la gabelle et les impôts secondaires feront nos premiers chapitres. Nous parlerons ensuite des syndics, de la justice et de la milice. Enfin, en nous servant des brevets (2), des tabellions, des comptes de la fabrique (3), des chartriers de plusieurs familles et de récits populaires soigneusement contrôlés, nous essayerons d'esquisser la physionomie d'une maison de cultivateur au XVIIIe siècle et d'indiquer comment on y vivait avant cette transformation radicale que nous avons vue se produire au commencement du second empire.

(1) Registre des délibérés. Le vicaire était alors obligé de délivrer un certificat aux délibérants (1645).

(2) La vente du plus petit coin de terre était signalée *brièvement* sur un registre. « On célébrait la lecture » de ce bref après les offices. Le bref contenait toujours le nom du tabellion et la seigneurie dont relevait la terre vendue.

(3) Les comptes de la fabrique nous ont donné le prix des denrées et des journées de diverses catégories d'ouvriers.

CHAPITRE I. — La Taille (1)

—

Primitivement la taille fut une redevance seigneuriale. Charles V, pressé par les Anglais, essaya de la convertir en impôt national. Les États généraux d'Orléans autorisèrent Charles VII à la lever d'une manière permanente, en 1439.

Son fonctionnement a-t-il beaucoup varié dans le cours des siècles ? Peut-être. Nous nous contenterons de dire comment les choses se pratiquèrent à Joué-du-Bois principalement au xvii⁰ siècle.

Le contrôleur des finances faisait connaître à chaque généralité le montant des sommes que ses tailles devaient produire. L'Intendant et ses subdélégués préparaient la répartition et expédiaient le mandement qui prescrivait l'assiette et la collecte.

I. Assiette. — Au reçu du mandement, les curés et plus tard les syndics procédaient immédiatement à la confection des rôles qui n'ont été imprimés qu'au cours du xviii⁰ siècle. La nomination des *asséeurs* appartenait au général assemblé en forme de commun. Elle avait lieu le plus souvent en décembre, quelquefois en janvier (2).

(1) Taille : à cause des coches faites primitivement par les collecteurs illettrés ; les boulangers agissent encore de la même manière.

(2) Au xviii⁰ siècle, le contrôleur des finances, avant de fixer le montant des tailles, faisait estimer les récoltes par des hommes qui parcouraient à *cheval* au moins une partie du royaume, d'où le nom de chevauchées.

Le procès-verbal de la séance était ainsi conçu :

« Aujourd'hui dimanche vingt-huitième de décembre mil six cent soixante, à l'issue de la grand'messe paroissiale de Joué-du-Bois, devant nous Guillaume de La Lande, prêtre, écuyer, curé du dit lieu, se sont assemblés les paroissiens en forme de commun et de général dont les noms et surnoms ensuivent : Guillaume Guérin La Vallée, Jean Guillochin, Thomas Guillouard, Jean Gautier, Mathurin Daliphard, Denys Roussel, Michel Daliphard, Jean Gérard fils, Michel et plusieurs autres... les présents faisant fort pour les absents si besoin est. Et ce pour délibérer des affaires de leur paroisse et particulièrement pour, suivant le mandement à eux adressé par Mgr du Boulay, intendant à la généralité d'Alençon, nommer les asséeurs (1) et collecteurs de la taille pour l'année 1661.... »

L'assiette n'était pas une opération facile. A peine connue, elle suscitait les réclamations les plus variées : M. de Récalde habitait la Ferté-Macé ; la V⁰ Robichon, les environs de Dreux ; la fille Catois, Dourdan ; l'un était septuagénaire, l'autre père de dix enfants (2). On avait méconnu la noblesse de celui-ci et oublié que le fils de la veuve Gautier était milicien ; tels et tels avaient l'âge d'être imposés... (3).

Les pauvres asséeurs devaient avoir la tête aux champs, mais ne pouvant rien décider d'eux-mêmes, ils reparaissaient devant le général qui délibérait à nouveau, comme il suit :

« Le dimanche 8ᵉ jour de décembre 1686, devant nous vicaire de Joué-du-Bois, à l'issue de la grand'messe paroissiale se sont assemblés les paroissiens du dit Joué pour *donner* à enrooler et à dérooler aux collecteurs pour l'année prochaine 1687 et, après en avoir délibéré, on dérôla 25 personnes dont les noms sont inscrits sur le registre et on enrôla Macé (4) Broust, Michel Daliphard avec Étienne, son frère, la Vᵉ Étienne Gérard, la Vᵉ Ét. Leboulanger avec François, son fils, beaucoup de veuves, plusieurs propriétaires, les détenteurs des fermes de la Haye et de l'Islière et des biens de plusieurs dénommés.

« Fait en présence de Jacques Lagrue de Maigné et de Marin Maugé, tabellion de la paroisse de Sainte-Marguerite. »

(1) Les asséeurs de la taille existent toujours ; on les appelle maintenant répartiteurs.

(2) On exempta des impôts le père de dix enfants nés en mariage. On favorisait la fécondité par beaucoup de privilèges. (Henri Martin. *Histoire de France,* Louis XIV).

(3) Le 16 décembre 1668, le général reconnut avoir enrôlé à tort un jeune homme de 23 ans qui s'était marié à 18.

(4) C'est ainsi qu'alors on écrivait et prononçait le nom Mathieu. A l'époque où les Mathieu étaient barons de la Ferté-Macé, les parchemins portaient : Firmitas Mathiaca, forteresse des Mathieu. Comment en est-on venu à dire la Ferté-Macé ? Aux savants de nous l'apprendre.

II. Collecteurs. — Les collecteurs chargés des recettes étaient nommés primitivement au nombre de cinq et même davantage. Ils le furent ensuite de la manière suivante :

« Les paroissiens ont nommé pour collecteurs de la *haute* échelle, Michel Daliphard ; pour la *moyenne*, Jean Guillouard et Jean Gérard, fils Jean, et pour la *basse*, Julien Guérin ». Nicolas Gautier fut constitué porte-bourse (1685). Il avait ordre de cueillir la taille « si bien et à temps que le général n'en eût perte ni dommages-intérêts ». Et à la fin d'un autre délibéré, on donne « pouvoir aux dits collecteurs de rabaisser le nommé Jean Chauvin de la somme de 6 l., attendu *l'incendie* dont il a été affligé (2 décembre) » (1).

Les collecteurs avaient reçu de leurs concitoyens un poste de confiance. Ils ne le conservaient pas toujours.

Le 14 octobre 1668, les habitants ayant reconnu l'insuffisance de Guillaume Guillouard, l'un des asséeurs et collecteurs, Thomas Guérin fut désigné pour l'aider. Michel Daliphard, empêché de porter la bourse et papier, fut secondé par Jean Levannier et Guillaume Chauvin par Pierre, son fils, à cause de son incommodité grande « ne pouvant aller ni à pied ni à cheval ».

Le 17 février 1647, les mêmes, après avoir reconnu l'insuffisance de la personne de René Manson, asséeur de la taille, nomment la personne de Marin Gérard.

Le 13 mars 1664, cinq paroissiens se firent les garants de quatre nouveaux collecteurs, sans quoi il aurait fallu les remplacer.

Le 26 octobre, après avoir considéré « que Jean Guillochin, collecteur des tailles, était surchargé et souffrait beaucoup d'incommodités ; que Mathurin Daliphard, l'un des collecteurs, était bien incommodé de sa personne et âgé, firent prélever les arrérages par les collecteurs de l'année suivante en leur adjoignant, le 2 novembre, la personne de Thomas Mesnil ».

Le 16 novembre, les mêmes habitants « considérant qu'ils avaient agi à la légère en nommant la personne de Thomas

---

(1) Les habitants de Joué-du-Bois ont souvent agi avec cette générosité. Quand les dégâts étaient trop considérables, ils avaient recours à l'Intendant. Nous en donnerons un exemple.

Mesnil, qui est pauvre, offrent de le changer et nomment, à sa place, la personne de Jean Berout ».

L'année suivante, les contribuables ne furent pas mieux avisés.

Le 29 septembre 1645, d'un commun accord, ils avaient choisi sept personnes pour cueillir les deniers de la taille.

Le 11 octobre, après avoir écouté les réflexions et murmures du public, on procéda à une nouvelle élection, ayant au préalable obtenu du vicaire *un second certificat* leur en donnant le pouvoir. Ils firent en même temps dérooler la veuve François Chauvin (1) et « permirent (si faire le veulent) qu'on mit en lignes séparées les enfants demeurant avec leur père », car le 16 novembre 1680, on avait décidé le contraire.

Marin Daliphard fit observer que Jacques Levannier avait été nommé à *repartir* sous le consentement des paroissiens ; et le 8 mai, le curé réclama et proposa inutilement une autre nomination.

En 1665, le général fut plus docile. Il s'agissait, il est vrai, d'obéir non au curé, mais à l'Intendant. Voici comment ils s'exécutèrent :

« Le lundi 21 décembre (jour Saint-Thomas), à l'issue de la grand'messe paroissiale, se sont assemblés devant nous, Guillaume de la Lande, les paroissiens... pour délibérer de leurs affaires et particulièrement pour mettre un collecteur porte-bourse à la place de celui qu'ils avaient mis par leur délibéré du 11 octobre suivant, et conformément à une *défense donnée* contre les dits paroissiens par Messieurs les Intendants... datée du 13 novembre. Ceux-ci baillèrent et nommèrent, au lieu de Michel Retout, la personne de Michel Herbinière.

« Le même jour, les paroissiens consentirent qu'ils avaient déroolé Étienne Beroult avant son *an d'aage* et entendirent que (nonobstant qu'ils aient ôté Michel Retout pour porte-bourse), que le dit Michel sera à l'assiette et collecte de la dite année avec les autres dénommés auparavant. »

Michel Retout avait été ôté à cause de son extrême pauvreté. Les paroissiens, en lui permettant d'assister à l'assiette, voulaient lui donner une compensation et ne pas trop se déjuger.

Les collecteurs de 1647 furent blâmés pour avoir cueilli les tailles de Jean Catois, procureur du roi aux eaux et forêts ; et le

____

(1) D'après un édit de 1633, le consentement de la paroisse ne devait plus exempter personne ; il fallait l'assentiment de l'administration ; mais on usa de fraudes. (Henri Martin. *Histoire de France*).

24 novembre 1650, « les habitants consentent et accordent que ces taxes soient cueillies sur un chacun au marc la livre (1), et ensuite, par le présent, ils donnent pouvoir à poursuivre les collecteurs de la dite année pour les faire condamner ».

En 1651, Gabriel Robichon, trouvé trop sévère, eut un remplaçant.

En 1659, ce furent les collecteurs qui attaquèrent le général.

Mais ordinairement, les difficultés soulevées à propos de tailles venaient des contribuables récalcitrants. La lutte s'engageait alors contre le général qui avait enrôlé et ensuite entre l'enrôlé et le collecteur. Le premier débat avait lieu judiciairement à la barre des tribunaux compétents. Les paroissiens étaient représentés par un procureur institué par délibéré solennel et explicite. En voici un exemple :

« 18 octobre 1665. Les habitants réunis pour choisir un procureur spécial auquel ils donnent jouissance et authorité pour eux comparoir à lieux, personne, juridiction, salle, et partout où besoin sera et là répondre au procès intenté en la juridiction entre le dit général et la veuve de Gervais Robillard et, notre procès instruit, à faire juger en définitif, à en accorder et en aquiescer s'il voit qu'il soit bon à faire pour le dit général comme si les paroissiens étaient présents en personne ».

En cette occasion le procureur de la paroisse était porteur d'un certificat (2) « qu'il mettait au greffe des subdélégués de Mgr Lefanier, commissaire délégué par Sa Majesté pour les vassaux de la généralité d'Alençon (15 nov. 1665) ».

Si le taillable refusait les collecteurs, il lui en arrivait toujours de gros désagréments et des frais considérables.

En 1647, Jean Blot, aubergiste à Joué-du-Bois, n'ayant pas voulu payer sa taille, les collecteurs firent saisir sa vache qui fut vendue au bout des halles de Carrouges. Un autre récalcitrant,

(1) De 1640 à 1678, le marc a été de 26 l. 10 s. ; de 1679 à 1689, de 29 l. 6 s. 11 d. ; de 1690 à 1714, de 30 l. 10 s. 11 d. (H. M.).

(2) Le certificat était conçu de la manière suivante :

« 13 décembre. Les habitants constituants leur procureur spécial la personne de Michel Robichon, portant la présente pour répondre en l'élection à Falaise à l'assignation faite au dit général, requête des collecteurs de l'année prochaine 1666, obéissant à mettre un ou plusieurs collecteurs au lieu de ceux qui s'y trouveront insuffisants.... Les paroissiens déclarant avoir pour agréable tout ce qui sera fait par leur procureur sur l'obligation de tous leurs biens. »

Noël Gautier, reçut en garnison un homme de guerre qui lui coûtait très cher la journée.

De 1766 à 1770, les jours de garnison se multiplièrent et donnèrent prétexte à une intrigue intéressante que nous raconterons en son lieu.

III. Exempts. — Les collecteurs établis et enfin reconnus n'avaient pas le droit de se présenter chez tous les habitants.

Ceux qui possédaient une noblesse incontestée, les clercs ayant reçu le sous-diaconat et résidant dans la paroisse n'étaient pas soumis à la taille (1).

Cependant l'an 1646, |Mre Jacques Robichon, sous-diacre, et Pierre Robichon, diacre, furent *enroolés*. Ceux-ci se hâtèrent de réclamer et d'intenter un procès. Pour en éviter les frais, par délibéré du 15 juillet, à la requête du collecteur des tailles, les habitants consentirent que ces Messieurs « fussent déroolés et que leurs tailles fussent cueillies sur le général ».

Le 11 novembre, il fallut rendre à Mre Michel Chauvin, le procureur de la paroisse, 13 l. 15 s. « par rapport au procès et autres faux-frais faits pour soutenir le général contre Jacques Robichon, sous-diacre ». Mais Mre Jean Coupry, curé de Saint-Georges-d'Annebecq, fut soumis à la taille sans réclamation. Jean Beroult, curé de la Chaux et Julien Béroult, curé de Saint-Mars-la-Jaille, ne purent être maintenus sur les rôles, attendu que le premier fit savoir qu'il n'avait aucun bien dans la paroisse et le second qu'il avait affermé ses biens à des particuliers taillables (2). Acte fait en présence de René Guymard, agent de M. le marquis de Broon (1689) ».

Mre J. de Lonlay, J. Guillouard et Pierre Chesné se firent dérôler en 1650, 23 janvier, en prouvant qu'ils n'étaient plus domiciliés à Joué-du-Bois.

(1) Les ecclésiastiques n'étaient exempts que pour une seule terre. Les bénéficiers payaient pour les immeubles récemment acquis. (En 1693, cet impôt produisit près de quatre millions). (Henri Martin. *Hist. de Fr.*, XI).

De plus, un impôt extraordinaire que nous avons vu renouvelé par engagements décennaux, 1647, 1657 et 1667, forçait le clergé à prendre part aux charges publiques.

On appela ces engagements *dons gratuits* pour ne pas froisser les susceptibilités et éviter les conflits.

(2) Les exempts nobles et clercs voulaient étendre leurs privilèges à leurs fermiers. On les remit à la taille (1663) (H. M.).

La noblesse et la résidence, étant moins faciles à constater que le sacerdoce, devinrent la cause d'innombrables difficultés. Les habitants, il est vrai, ne se gênèrent pas pour faire opposition à tous ceux dont les prétentions leur paraissaient mal fondées. Les Matrop, seigneurs du Belle, ont été contestés pendant 50 ans. Jacques Marie, le mari de la plus jeune des filles du dernier Matrop, le fut en 1666 et Henri de Récalde, en 1699.

Les Matrop, les Marie et les de Récalde ont péniblement soutenu leurs droits. Vingt fois l'assemblée des paroissiens dut nommer des procureurs pour défendre sa cause à Alençon, devant les différents intendants qui passèrent à la généralité et payer les frais nécessités par le procès : 8 l. 16 s. à Jacques Coupry Tanques, le procureur de 1646, tantôt plus, tantôt moins à ceux des autres années, suivant ce qu'ils avaient passé de temps à Alençon (1). Dépenses inutiles, puisque les habitants furent condamnés, au profit de Pierre Matrop, à la somme de 3.000 l. et plus tard à celle de 500 l. d'intérêts « faute par eux de n'avoir payé la somme de 3.000 l. » (1666).

Les paroissiens ne réussirent pas mieux avec Jacques Marie. Celui-ci fut reconnu par M. de Marle et les habitants de Joué durent imposer le général à 560 l. pour payer ses tailles (2).

Ces insuccès ne décourageaient pas les contribuables de Joué-du-Bois, et malgré l'arrêt du tribunal les condamnant à 3.000 l. en faveur de Pierre Matrop, ils refusèrent en 1665 de servir à un des héritiers de ce seigneur qui n'était pas noble, la part qui lui revenait sur cette amende. L'affaire fut portée à Alençon comme le montre ce délibéré du 4 janvier.

« Permis de cueillir sur un chacun 500 l. suivant l'ordre de Mgr du Boulay, intendant... laquelle somme sera remise aux

(1) Michel Robichon, nommé avec plein pouvoir pour plaider contre Marin Mauger, eut 40 sols par jour pendant le temps qu'il fut à Falaise. Le 20 octobre 1668, on assit 70 l. sur la taille pour de l'argent que les habitants avaient emprunté de M⁰ Jean Catois, conseiller du roi à l'élection et grenier à sel de Falaise : somme dépensée pour vaquer au procès contre P. Matrop et remplacer les mauvaises taxes *(Cotes irrécouvrables)*.

(2) En Provence, on supprima 1.257 nobles qui ne prouvèrent pas leur noblesse (H. M.). Richelieu supprima les exemptions de taille pour toute noblesse *de fraîche date,* ne remontant pas au-delà de 30 années d'existence (1633). Avant lui, quiconque était fort s'était fait exempter (1612). Les ministres protestants obtinrent cette faveur de Marie de Médicis (H. M. XI, 411).

mains de Fr. Aumouette, tabellion, comme ayant épousé la fille de Pierre Matrop, sieur des Forges. »

Les privilèges certains étaient acceptés sans contestation. Le délibéré suivant en fournit la preuve :

« Aujourd'hui 18e jour de juin 1661, à l'issue de la messe paroissiale, devant nous Guillaume de la Lande, écuyer, prêtre, curé de Joué-du-Bois, se sont assemblés les paroissiens dont les noms s'ensuivent : Claude Guillouard, Jean Chapelle, de Sainte-Marguerite Gilles Vannier du Champ-du-Bout..... lesquels sur l'invitation de l'avocat de la Cour, et suivant l'exploit et sommation à eux faites à la requête de Mre Jean Catois, conseiller du roi et son procureur en l'élection du grenier à sel à Falaise, de donner déclaration des nobles exempts et privilégiés de la dite paroisse, ont déclaré que Mre Thomas Guillouard, Mre Guillaume Étienne, Mre Jean Broust, M^res Michel et Pierre Robichon, Mre Jean Gérard, Michel Levannier, Mre François Robichon, prêtres, et M^res Jacques Robichon et Jacques Levannier, sous-diacres, sont exempts et aussi Fr. Langlois, écuyer, sieur de Joué-du-Bois *et y demeurant*, et y possédant la cour et moulin de Joué ; et la demoiselle sa mère et ses sœurs ; les dites sœurs ayant le fief de la sieurie dite du Belle, moulin et noë, faisant partie en moitié de la dite sieurie.

« Et Louis Étienne, écuyer, seigneur du Taillis et possédant la terre du Belle en partie, bois, prés, mares et manoirs (1).

Cette année, les gros imposés furent Thomas Lenoir, 35 l. ; Gauthier, du Haut-Désert, 38 l. 5 s. ; les Engerrand frères, 60 l. ; Charles Challemel 20 l.

Mais que les privilégiés fussent plus ou moins nombreux, le trésor ne devait pas perdre une obole. Plaisait-il aux paroissiens d'exempter tel ou tel, l'administration n'y mettait généralement pas opposition (2), pourvu que la somme déterminée rentrât intégralement dans la caisse de l'intendant (3).

Aussi à chaque fois qu'un contribuable refusait ou ne payait pas ses impôts, il fallait répartir sa taxe sur le général. On le fit le 13 juillet 1657, au profit de Jean Chauvin. Le 23 nov. 1657,

(1) Les exempts de 1764 furent Mr Lysieux, prêtre, curé, sans préjudice de son imposition ; Mr Engerrand, prêtre-*vicaire* ; Mr Jean Delaunay, prêtre-chapelain ; M^r Fr. Engerrand, prêtre et ancien chapelain de Beauvain ; la dame veuve de Jacques du Bois, écuyer ; Marin de Récalde, écuyer ; Lemeunier, prêtre, et les septuagénaires.

(2) Les communes n'eurent pas toujours cette liberté, en 1633, spécialement.

(3) En 1661, on lut dans les églises des monitoires qui ordonnaient, à peine d'excommunication, de révéler les délits financiers (H. M. *Histoire de France).*

on « préleva 31 l. pour deux *manants* taxés et non taillables ». Et pendant 60 ans peut-être, il fallut verser, en vertu d'arrêts du conseil ou de l'intendant, à la place des Matrop, des Marie et des Récalde que le général maintenait à tort aux rôles des tailles, des sommes relativement considérables. Le taux de la taille de P. Matrop fut cueilli sur un chacun dès l'an 1646, mais jamais sans réclamation.

Les ordonnances royales augmentèrent successivement le nombre des privilégiés. Les septuagénaires, les miliciens (1) et d'autres que nous avons nommés précédemment, furent déclarés exempts.

IV. Étrangers. — Où devait-on payer sa taille ? Sur ce point, les édits bursaux présentaient une regrettable latitude. Le contribuable étranger avait une certaine liberté de choix, mais au moins il avait à remplir, en face de la paroisse qu'il quittait et de celle qu'il adoptait plusieurs formalités du genre de celle-ci :

« (1697) Charles Poullain, advocat à la Cour, bailli, juge civil et criminel des juridictions de Lignères, Lamotte et Joué-du-Bois et paroisses y jointes, dit et déclare aux habitants de Joué-du-Bois qu'il prétend à l'avenir faire son actuelle demeure en leur paroisse, y contribuer aux tailles et subsides après la déclaration de l'ordonnance du roy et suivant l'intention de Sa Majesté, et non plus dans la paroisse de Lignères, aux habitants de laquelle il a fait ce jourd'hui pareille déclaration de translation de domicile auquel aucun d'eux n'en ignore, dont acte accordé au dit Poullain.

« (22 juin 1704) Lecture faite issue de la grande messe paroissiale de Joué-du-Bois, célébrée par nous, Et. Gérard, prêtre, vicaire de Joué-du-Bois, de la translation de domicile du dit sieur Poullain, auquel avons délivré la présente pour lui servir ce que de raison. Le dit jour et an que dessus, enregistré le 26 sept. au dit an par nous susdit Gérard (Signé : Gérard et Poullain) »

Nous avons compté 42 actes semblables faits de 1697 à 1704.

(1) Le 5 juin 1701, les habitants de Joué-du-Bois consentirent que Joseph Chauvin, milicien de la dite paroisse, fût effacé avec son frère François sur le rôle des tailles et que le dit milicien ne payât aucune imposition à la dite paroisse pendant le temps qu'il sera au service du roi.

Le 28 nov. 1697, les habitants avaient été moins empressés ; ils ne consentirent à déròler Mathurin Daliphard que sur la menace d'un procès.

Le 26 septembre 1702, on déròla la veuve Fabien Chauvin et la femme Thomas Retout, mères des deux miliciens. On fit la même chose le 26 novembre 1703.

Plusieurs contribuables, au lieu de faire cette déclaration, mettaient à profit leur changement de domicile et se soustrayaient pour quelque temps aux charges de la taille.

De leur côté, les paroisses menacées d'avoir un surcroît de charges ne se hâtaient pas d'opérer des ratures et attendaient très patiemment les réclamations des intéressés ou l'ordre des édits royaux qui prescrivaient d'envoyer au greffe de l'Intendant les noms des contribuables habitant hors la paroisse et la quantité de leurs impôts (25 nov. 1646).

Peu après (8 décembre 1646), les habitants furent contraints de renvoyer à leur paroisse respective les non-résidants.

« Le 18 oct. 1647 (saint Luc), les paroissiens réunis pour satisfaire à l'édit du roy, touchant les changements d'octroy de la province de Normandie, font la déclaration des personnes comprises en leurs rôles à taille et qui sont maintenant résidants en d'autres paroisses de la généralité et de ceux qui sont venus demander et de ceux qui se sont abstenus. »

Quelques mois plus tard (19 janv. 1648), le général « consentit qu'André Christophe fût déroolé de la liste des rooles à tailles, attendu qu'il y avait *trois ans* qu'il était résidant en la paroisse de Saint-André de Messey, le tout suivant le changement d'octroy ».

Lorsque ces changements étaient faits d'une manière incomplète, il en résultait des conflits entre paroisses. En mai 1649, les habitants de la Chaux purent affirmer avoir payé la taxe des tailles d'un individu de Joué-du-Bois, mais ceux de Lamotte et de Saint-Martin-l'Aiguillon furent priés de rendre au général de Joué-du-Bois des sommes qui lui revenaient sur les impôts (26 décembre 1650.

V. Rejets. — Une paroisse et les imposés avaient toujours le droit de *rejeter* une taxe injuste. Quand les *rejets* étaient reconnus inacceptables, on nommait un collecteur pour les cueillir. On agit ainsi en 1647 (20 janvier).

« Pour éviter aux frais qui sont sur les dits paroissiens pour les rejets de la Ferté et de Maigny par l'insuffisance de Mʳᵉ Michel Mesnil, admis du général pour cueillir les rejetés et s'en étant allé hors le pays, ont admis en son lieu et place les personnes d'Étienne Gautier et Gaspard Daliphard..... »

Ce n'était pas toujours Joué-du-Bois qui avait à recevoir. Il lui arrivait quelquefois l'accident contraire comme l'indique le délibéré ci-après :

« Le 20 juin 1662, les paroissiens assemblés ont consenti et accordé que les collecteurs de l'année présente cueilleront et lèveront sur un chacun d'eux au marc la livre, suivant et conformément à l'ordonnance de Mgr Boulay, la somme de 25 l. tournois : 12 l. pour les paroissiens de Vieux-Pont et 13 l. pour ceux de Magny-le-Désert, pour demeurer quitte de la somme de 25 l., laquelle a été taxée par le seigneur du Boulay, sur les paroissiens de Joué, au profit des paroissiens de Vieux-Pont et Magny-le-Désert.

« Fait ès présences.... »

VI. Défunts. — Les rectifications après décès se faisaient comme il suit :

« Le dimanche 9e jour de juillet 1652, devant leur curé Guillaume de la Lande, les paroissiens de Joué-du-Bois, réunis en forme de général pour déclarer les noms des morts et les sommes à quoi ils étaient imposés ès années 1661 et 1662, ensemble les noms des absents et taxes perdues dans les deux années ont déclaré au nombre des morts les personnes dont les noms ensuivent :

	livres	sols	deniers
André Firmin	23	10	8
Cl. Daliphard	»	8	4
Cl. Levannier	4	13	4
Est. Lenoir	10	7	8
Fr. Coupry	»	10	8
Guil. Drouard	6	6	7
Pierre Gautier	»	13	»
Charles Toulain	12	»	»
P. Guillouard	»	40	»
Jac. X^{phe}	»	13	»
J. Guillochin	10	6	9
J. Roussel	16	1	10
René Chauvin	10	13	»
Th. Désanière	16	1	10
Th. Guérin	6	11	»
D. Duval	11	15	»
Julien Beroult	15	13	»
Jean Esnaux	10	11	6
Marg. Buisson	18	3	3
M. Philippeau	»	13	»
E. Daliphard	4	13	»
Mic. Guillouard	»	20	5

Venait ensuite l'enquête et une nouvelle délibération pour confirmer ou rectifier.

VII. LES DÉCHARGÉS. — Quand un malheur isolé venait à frapper un contribuable, le général diminuait ou supprimait (1) temporairement ses impôts. Si un désastre devenait général et affligeait toute une contrée, on avait recours à l'intendant et alors on préparait un délibéré dans le genre de celui que nous mettons ci-après :

« Aujourd'hui dixième jour d'août 1685, après le son de la cloche (on ne parle pas des offices) se sont assemblés les paroissiens dont les noms ensuivent, lesquels, après avoir visité les seigles et bleds noirs croissant dans la dite paroisse, assisté de Jul. Desnoës et Nic. Noire, laboureurs d'Orgères, province du Mayne, nous ont dit à leur retour qu'il y a perte sur les dits grains de la paroisse par la gelée et foudre de 4 à 5.000 livres et ont en même temps remarqué qu'il n'y a aucun fruit dans la dite paroisse dont le revenu est le plus considérable et que même plusieurs particuliers ont été obligés de faucher en vert leurs bleds dont ils sont tout à fait ruinés, ce qu'ils ont signé comme véritable pour valoir et servir aux dits paroissiens ainsi que de raison. Présence de Math. Catois, marchand bourgeois d'Alençon, et Jean Dubois, laboureur de la Motte-Fouquet. »

Malgré des pertes inévitables, les tailles produisirent, en 1730, 1.659 l. 5 s. répartis sur 278 contribuables ; en 1764, elles montèrent à 2.019 l., en plus 40 l. pour droits de quittance et 6 deniers par livre de droit de collecte. En 1767, elles atteignirent 2.118 livres (2). L'an 1786, elles allèrent jusqu'à 2.220 livres 5 sols 6 deniers.

(1) Nous en avons incidemment cité des exemples.

(2) Le marc la livre de cette année fut 2 sols pour livre : le subdélégué de Falaise donne à la paroisse la note suivante : bocage, un tiers de labour passable à gros et menu grain comme seigles, sarrazins, avoines, un tiers en brière, l'autre en bois taillis. Habitants pauvres, un peu d'industrie. Le curé a toute la dîme estimée 1.200 livres.

CHAPITRE II. — Gabelles

—

Sommes-nous autorisés par nos études locales à flétrir les injustices et les excès dont l'impôt du sel fut si souvent l'occasion dans certaines contrées? Joué-du-Bois a-t-il connu les terribles gabelous ? (1).

Nous ne saurions l'affirmer. En tout cas, leur passage n'a laissé aucune trace sur les actes et documents qui sont passés sous nos yeux.

Nous avons le mandement du comte de Levignen, intendant de la généralité d'Alençon, publié en 1744 par les curés ou vicaires des paroisses, conformément à l'ordonnance royale de 1680. Il contient de nombreuses et sévères prescriptions concernant les rôles, la collecte, l'usage du sel, le lieu où l'on devra s'en procurer, les sels à salière et les sels à salaison, les regrattiers.... Il n'en résulta rien de fâcheux dans la localité et, comme les années précédentes, tout se passa dans la tranquillité et l'obéissance.

Les 400 pièces que nous avons lues sur le fonctionnement de la gabelle ne nous ont révélé aucun excès de pouvoir.

Le sel était la propriété de l'État, mais les frais généraux absorbaient la meilleure partie des bénéfices (2).

Les dépôts et par là même les fonctionnaires étaient trop multipliés.

(1) Les doléances des chanoines de Carrouges contre les gabelous furent très dures (1789).

(2) Michel Retout était employé dans les fermes de Sa Majesté comme garde dans une brigade de gabelous. (H. Martin, *Histoire de France*, donne des détails intéressants sur ces employés).

I. Greniers a sel. — A Carrouges, le grenier à sel occupait la place de l'église ; on dit que plusieurs des murailles ont été utilisées pour la construction de cet édifice. Le procureur du roi y fit apporter, en 1744, 19 muids (1), trois minots (2) un quart.

Chaque année, l'intendant prescrivait une statistique minutieuse (3). On y remarquait le nombre des habitants, leur domicile, l'âge et le sexe.

Joué-du-Bois fut imposé, en 1744, de 7 setiers (4).

Le procureur du roi au grenier à sel transmettait aux paroisses de sa dépendance, généralement au commencement de l'année, l'ordre de choisir des asséeurs et collecteurs du sel. L'assiette faite, on discutait les réclamations absolument comme pour les tailles. Le sel arrivait et était distribué à peu près sans difficultés.

II. Procureurs. — Les procureurs au grenier de Carrouges étaient, il est vrai, des gens honorables du pays (5).

L'année était divisée en quatre quartiers. Le mandement précisait les époques auxquelles les collecteurs des paroisses devaient retirer leur sel du grenier. Au moindre retard, ils recevaient un avertissement imprimé. La dure perspective d'amendes assez fortes chassait les tentations de négligence. Le 4 juin 1758, Henry Catois et son fils furent honorés d'un avis de ce genre. Ils partirent immédiatement chercher leur demi-quart, car ils étaient avertis « pour la dernière fois ».

Nous avons relevé à travers les délibérés de 60 années ce qui avait trait à la gabelle. Nos observations peuvent être résumées dans ces quelques lignes.

III. Assiette et Collecte. — Chaque année, on nommait dans une première réunion les asséeurs et les collecteurs ; dans

---

(1) Le muid de sel était de 24 hect. 98.

(2) Le minot de Paris était de 39 litres 02 ; Henri Martin le porte à 100 livres.

(3) Nous avons des modèles imprimés de ces statistiques.

(4) Le setier de Paris valait 12 boisseaux ou 159 litres 099. Le subdélégué donnait en 1767 la note suivante sur Joué-du-Bois : mauvais pays chargé de sel.

(5) Nous avons relevé les noms de Jean Catois de la Fontenelle (Joué-du-Bois), Henri Prébois, J. Turpin de la Boucherie (Joué-du-Bois).

une seconde, on enrôlait et dérôlait ; dans une troisième, il s'agissait d'accepter ou de rejeter les réclamations.

Aussi, en 1645 (17 décembre), les paroissiens recommandèrent « aux asséeurs de faire l'assiette chacun en lieu égal, comme ils aviseront bon et conformément aux mandements et nommèrent P. Daliphard pour aider Claude Daliphard, chacun par moitié à frais communs »

En 1647, les asséeurs reçurent l'ordre d'apporter acquit de quartier en quartier.

Les collecteurs insuffisants, l'un comme fils de famille, l'autre comme incommodé, étaient remplacés assez fréquemment. En 1659, il y eut plus d'ennuis, car il fallut nommer un procureur et plaider à Alençon contre des paroissiens qui ne voulaient pas la quantité de sel imposée par les asséeurs.

En 1665, les habitants « entendirent que Guy Chauvin fut imposé à 4 minotiers (1) et non davantage, à cause qu'il était *en pension avec son gendre*, ne faisant valoir aucun bien.

« Le 14 septembre, Jean Herbinière fut dérôlé du sel ; il avait été enrôlé avant *son an d'âge*. »

IV. PRODUIT DU SEL. — *Le produit du sel*, arrêté par l'intendant, était de 47 l. 13 s. 6 d. le minot (2).

La recette faite par les collecteurs était remise au receveur du grenier et, de là, passait à Thibault Larue, adjudicataire des fermes générales (1744), ou à ses successeurs.

Cette même année, H. Catois versa 1.001 l. pour les 3 premiers quartiers et reçut 17 l. 15 s. d'honoraires.

En 1751, le même remit 2.024 l. pour les quartiers de janvier, avril, juillet.

En 1781, Joué-du-Bois paya 4.516 l. 14 s. 6 d. pour un muid, 8 setiers, deux quarts de sel.

Les collecteurs recevaient 2 deniers par livre, 2 sols par lieue de distance et 5 sols pour la distribution d'un minot.

Il n'était pas permis de prendre du sel ailleurs qu'au grenier, ni de faire à son sujet un trafic qui aurait été en défaveur du pauvre. Les délinquants étaient punis d'amendes.

(1) Partie du minot.
(2) D'après Henri Martin, le minot de sel était de cent livres, ce qui mettait une livre de sel à près de 0 fr. 48, somme alors relativement considérable.

L'assiette faite en 1744 par Mathurin Gautier et Fr. Daliphard, collecteurs nommés, contient, en 7 pages, 206 noms. La répartition varie depuis 1 livre jusqu'à 25 et 28 livres ; mais l'état que nous avons était, croyons-nous, plutôt pour un quartier que pour une année entière.

V. REGRATTIERS. — Au commencement du XVIIIe siècle, Henry Catois était *regrattier*. Il s'est très souvent présenté au grenier à sel de Carrouges où il prenait son sel par demi-quart. A chaque fois, on lui délivrait un passe-debout afin qu'il ne fût pas inquiété pendant le transport et une quittance « pour justifier aux employés, lors de leur visite, du présent devoir de gabelle ».

La quantité de sel imposé était, pour bien des ménages, plus que suffisante ; pour d'autres, elle était trop faible.

VI. GROSSES SALAISONS. — Le sel qui servait pour l'assaisonnement des aliments ne devait pas être employé aux *grosses salaisons*. Il fallait s'en procurer à nouveau au grenier et déclarer la quantité de viande ou de beurre que l'on devait saler.

Le sel était donc tout à la fois impôt direct et indirect. Direct, quand il était imposé aux sujets ; indirect, quand il était acheté par eux.

CHAPITRE III. — Iᴍᴘᴏ̂ᴛs sᴇᴄᴏɴᴅᴀɪʀᴇs

—

Les feuilles volantes que nous avons péniblement recueillies sur les faits administratifs de la commune de Joué-du-Bois pendant le xviii° siècle ne nous permettent pas de donner à la suite de notre travail de bien grands développements.

Nous avons pensé néanmoins qu'il serait bon de mettre en lumière quelques-uns des documents que nous avons la bonne fortune de posséder.

I. Cᴀᴘɪᴛᴀᴛɪᴏɴ. — La *capitation* était répartie par tête au marc la livre de la taille.

Établie en 1695, elle ne dura que très peu de temps. Six ans plus tard, le gouvernement fut contraint d'y revenir. Il la promulgua le 12 mars 1701. A partir de cette date, elle fut présentée régulièrement, mais sous la forme d'une imposition extraordinaire. Le 3 juillet 1715, elle entra définitivement dans le cadre de notre organisation financière.

Son origine récente la fit accueillir avec une certaine défaveur et occasionna des résistances que la taille et la gabelle, auxquelles on était habitué, ne faisaient plus naître.

La première difficulté de ce genre que nous ayons rencontrée remonte à 1707. Le collecteur des tailles de cette année, ayant été chargé de cueillir les deniers « *des eustanciles, fourages* (1) *et*

----

(1) De la troupe et milice.

capitation » trouva une grande malveillance chez plusieurs contribuables. L'un d'eux prolongea même la résistance jusqu'en 1714 et pour 5 l. 12 s. laissa saisir son champ (1).

En 1738, nous avons relevé un autre refus, et parce que la veuve Michel Toultain n'avait pas versé aux mains des collecteurs la moitié de sa capitation, « les collecteurs lui mirent et passèrent garnison jusqu'au parfait paiement, suivant l'ordonnance de Mgr l'Intendant ».

(1) Voici l'acte de saisie :

« Thomas Guillouard, collecteur de la taille, eustancilles, fourages, capitation et autres abondances de la paroisse de Joué-du-Bois, année 1707, certifie que ce jourd'hui 12ᵉ jour de septembre 1714, vertu de mes papiers duement en forme, je me suis transporté au domicile de Etienne Guillouard, fils Jean, pour avoir payement de la somme de 5 l. 12 s., sauf erreur de calcul, dont il est redevable sur mes papiers d'eustanciles, fourage et capitation. Où parlant à sa personne, je lui ai fait commandement de par le roi m'être déposé présentement la susdite somme. Ce que lequel a refusé. Reçu lequel refus ai déclaré saisir et arrêter une levée de carrabin plantée dans une pièce de terre nommée les Chouanières, jouxte des deux côtés et d'un bout P. Guillochin, d'autre bout les héritiers feu Louis Rousse. La dite pièce sise et située au village de la Brousse ou aux environs, paroisse de Joué-du-Bois. Plus j'ai déclaré saisir et arrêter généralement tous les fruits, tant poires que pommes pendantes encore dans les arbres appartenant au dit Et. Guillouard. Les dits arbres sis et situés tant au village de la Brousse que de la Freslonière ou aux environs, paroisse de Joué-du-Bois, appartenant au dit Et. Guillouard, fils Jean. Laquelle levée tant de carrabin que de fruits, j'ai déclaré mettre en la garde de Pierre Bosset son prochain voisin parlant à sa personne. Lequel s'est obligé les représenter en vendue toutes fois et quantes. Les formalités de justice au préalablement obtenues avec défense à toute personne de le troubler en la garde.

« Le présent suivant l'ordonnance baillée et lu au dit Et. Guillouard parlant que dessus. Présence de Et. Granger et Jean Gautier, de Joué-du-Bois *(Suivent les trois signatures).* »

Et à la suite, après pourparlers et commencement d'accord, on lit :

« La présente vendue est différée de trois semaines du consentement des parties.

« Fait ce 18 septembre 1714. »

Fr. Guillouard avait été bien patient. Sept années d'attente ne l'empêchèrent pas d'accorder encore un sursis de quelques semaines. Il lui en coûtait infiniment d'arriver à la saisie. Des amis s'interposèrent, et le jour où le sursis venait d'être accordé, Thomas Guillouard put remettre à son homonyme la quittance générale qui suit :

« Je soussigné Th. Guillouard, collecteur porte-bourse de la taille et autres impositions de la paroisse de Joué-du-Bois, année 1707, promet tenir quitte Et. Guillouard, fils de Jean, tant de ses impôts de tailles et toutes abondances et généralement de toute affaire que nous avons eue ensemble jusqu'à ce jour avec promesse de lui donner ses *lignes* toutes fois et quantes que besoin sera.

« Fait ce 18 septembre 1714. »

Un an plus tard, le 20 septembre 1739, Guy Chauvin, pour un semblable entêtement, vit saisir chez lui deux petits pelotons de gros fil pesant trois livres, deux vases et une écuelle ou gobelet d'étain.

Le mercredi suivant, ces objets furent mis en vente à Carrouges, à dix heures du matin. Chauvin fut invité à s'y trouver, bien averti que, présent ou absent, il sera procédé à la dite vendue aux fins d'être payé de 51 s. 3 d. de capitation.

La collecte de la capitation se faisait rarement seule. L'Intendant avait soin, pour ménager les pas des collecteurs, d'y joindre d'autres menues impositions.

Ainsi, en 1731, sur 1.365 l. que portaient les rôles de la capitation, il n'y avait que 500 l. de capitation. Le reste était pour la défense et autres frais de quartier d'hiver, y compris les taxations pour la réparation des ports de la Rochelle et de Bayonne ; pour les *pépinières* royales ; pour le *sol* par livre de moins imposé l'année dernière sur la subsistance des milices ; pour les droits et usages et pour les sols par livre des collecteurs.

On agit de même en 1659. La capitation était de 906 l., mais il fallut payer 480 l. pour les troupes, y compris le sol par livre et pour les ustenciles d'icelles 320 ; 60 livres pour la dépense et équipement de la milice et 65 l. pour la milice garde-côtes. On obtint ainsi un total de 1.831 l.

Cette fois, André Gérard était imposé à 33 s. ; Benoît Chéradame à 15 ; Alexandre Retout à 13 l. 13 s., etc......

II. FOUAGE ET MONNÉAGE. — Le fouage et monnéage frappait le foyer, le feu.

Son produit était des plus minimes, comme le montre la quittance que nous plaçons ici :

« J'ay soussigné, receveur du Domaine du Roy de la Vicomté de Falaize, reconnais avoir reçu des paroissiens de Joué-du-Bois, par les mains de Catois, collecteur du sel de la dite paroisse, la somme de douze livres douze sols pour le fouage et monnéage dû au Roy en son Domaine, pour la Vicomté de Falaize, ce vingt-neuf juillet mil sept cent quarante-trois. Plus reçu trois sols pour formulle et écriture, plus pour les frais de commandement 72 sols. »

12 livres 12 sols pour un impôt qui revenait tous les trois ans seulement, ce n'était pas exorbitant ; il n'y avait vraiment pas de quoi effrayer les populations.

Le droit de fouage fut-il primitivement un droit féodal ? Quelques seigneurs en conservèrent-ils longtemps le bénéfice ? Peut-être. Ce que nous savons, c'est que nos registres paroissiaux parlent du fouage des vassaux de la seigneurie du Belle quarante ans avant qu'il n'en soit question pour les autres habitants de la paroisse. Il fut mis en adjudication en 1646, 50, 53, 56, 62, 66, 68 et 95. Le premier délibéré pour mêmes droits atteignant l'ensemble des paroissiens est seulement de 1683.

Cet impôt du roi fut, en 1683, cueilli par Louis Vimont et adjugé, tantôt à cinq, tantôt à six sols.

En 1686, le 20 octobre, les habitants réunis de nouveau pour la levée des deniers de fouage et du monnéage, conformément au mandement dont lecture avait été ci-devant faite au prône, nomment pour la collection Claude Gautier, qui est chargé « de la collection des deniers, si bien que les paroissiens n'en souffrent dommage. Le dit Gautier aura 5 sols pour chaque feu de ceux qui sont sujets à l'impôt. »

III. Poids et Mesures. — La *vérification* des *poids et mesures* produisait aussi un petit bénéfice. Une quittance de 1777 nous l'apprend :

« Droits attribués à l'office de jaugeurs-visiteurs des poids et mesures dans l'étendue du bailliage de Falaise et vicomté de Briouze.

« La visite chez Mathieu Guillouard, 13 sols. »

IV. Mesurage des grains. — Le *mesurage des grains* fut également l'objet d'un impôt. Nous en avons la preuve dans le délibéré du dimanche 26e jour d'avril 1699 :

« Devant nous Claude Desanière, prêtre, vicaire de Joué-du-Bois, se sont assemblés.... notamment pour mettre des *assieteurs* et collecteurs pour asseoir et queillir 50 l. pour leur part de l'amortissement du mesurage des grains, suivant le mandement du roi visé par Mgr l'Intendant à eux envoyé en dapte du 5 fév. au dit temps et ont nommé.... présence de Fr. Police, de Sainte-Marguerite-de-Carrouges, et Denis Buquet, maçon de la paroisse de Ménil-Vilman (1). »

(1) Tant que M. de la Lande a présidé les délibérés de Joué-du-Bois, les témoins ont été souvent des personnes du Mesnil-Vilment, du Pont-d'Ouilly et du Détroit, pays d'origine de M. le Curé.

V. Aide-Chevel. — Les habitants de Joué-du-Bois reçurent mandement de fournir l'offrande d'*aide-chevel* (1) à Sa Majesté à l'occasion « de la naissance de chevalerie du roi étant encore Dauphin ». Ils s'excusèrent en disant « qu'ils n'étaient ni possédants ni jouissants de duchés, marquisats, baronnies ou fief de Haubert, de chevalier franchi, vassorerie, fieffe relevant nuement de Sa Majesté, ni tenants, ni possédants d'aucun moulin, *coulombiers*, maisons, masures et terres labourables et non labourables, prés, bois de haute futaie, bois taillis, *brières*, terres vaines et vagues, tant ès particuliers que comme relevant aussi nuement du roy ou tiennent à non savoir et qu'ils y renoncent entièrement ».

Les contribuables de Joué-du-Bois réussirent-ils à se faire déclarer exempts ? En tout cas, ils ne se découragèrent pas.

En 1655, ils répondirent par un même refus au mandement des conseillers de la chambre établie par le roi en la ville de Rouen « parce qu'ils n'avaient aucun duché.... ni alluvions, ni paraages fiéfés du roi ».

En 1670, ils renouvelèrent les mêmes observations pour les terres franches, bribes ?.... qui n'existaient pas à Joué-du-Bois. En avril 1657, les mêmes habitants, pour satisfaire au mandement à eux envoyé touchant les fiefs ou arrière-fiefs, alleux, nobles héritages, rentes, droits libres, hommages et autres biens ou seigneuries, au droit de francs-fiefs mouvants immédiatement du roi ou d'autres seigneuries particulières, avaient déclaré n'en avoir aucun. Le 5 mars 1701, bien qu'ils eussent déclaré n'avoir ni *brières*, ni communs, ils s'attirèrent quelques condamnations. Aussi le 11 septembre suivant, ils se réunirent pour délibérer spécialement sur ce que J. Vimont a été exécuté faute d'avoir donné déclaration des nouveaux acquèts et francs-fiefs possédés par gens de main-morte et roturiers portés dans et conformément à la déclaration du roi, et ont déclaré persister à la déclaration de Cl. Retout.

VI. Relief. — Le *relief* était un droit de mutation venant de l'héritage. Les duchés, marquisats, comtés et baronnies avaient

---

(1) L'impôt d'aide-chevel était servi quand le seigneur armait son fils chevalier, quand il mariait sa fille ou qu'il était prisonnier de guerre.

à verser à l'État des sommes qui, dans le pays de Carrouges, variaient de 33 écus à 333. Le fief de hautbert de Joué-du-Bois n'était imposé qu'à cinq écus répartis proportionnellement entre les fiefs démembrés qui le constituaient primitivement. Les terres roturières payaient le relief au suzerain. Il était peu onéreux. L'acre était imposé à 12 deniers (1 sol) seulement et une tite maison ayant des dépendances de 70 ares environ ne fut nue qu'à trois sols de relief.

VII. TREIZIÈME. — Le *treizième* était plus lourd. Tout acte de vente donnait droit à ce treizième : les échanges de terres pratiqués sans plus-value se faisaient absolument gratis. La taxe de cette redevance étant de 20 deniers pour livre, il en résultait qu'un champ vendu 1.000 livres devait 83 l. 6 s. de treizième que le roturier payait à son seigneur; et le seigneur à son suzerain ou à l'État.

C'est pour ce motif que, dans nos paroisses, l'on tenait tant à la publication des contrats et que la sieurie de laquelle relevait la terre vendue était si soigneusement mentionnée. De 1643 à 1660, le vicaire de Joué-du-Bois a célébré la lecture, à l'issue des offices, de 154 contrats. Les procès-verbaux qu'il en a rédigés ne manquent pas d'intérêt, malgré la monotonie du style. De 1661 à 1664, on ne sait pourquoi, il y eut une surabondance d'acquêts vraiment incroyable : nous en avons relevé 141.

Faisons remarquer de plus que toute terre étant grevée à perpétuité de dîmes, champarts (1) et autres droits, on n'achetait que déduction faite de toutes ces charges. Il restait à ceux de nos roturiers qui voulaient payer des treizièmes adoucis la séduisante faculté de frauder de leur mieux les prix réels des ventes. Ils en usèrent certainement, car les prix que nous avons relevés sont tout à fait dérisoires. Le champ de la Brousse (plus d'un hectare) fut vendu 35 l. (1684). Celui de Laubière, près de la Fouquière (un acre), 92 l. avec 66 sols de vin.

Une grande partie de la terre de la Noë, vendue et rachetée par Fr. Robichon, curé de Joué-du-Bois (1633 et 1637), ne coûta que 400 l. (15 à 20 hectares).

(1) Champart *(campi partus)*, rente en nature prélevée sur les produits, espèce de dîme qui profitait au seigneur.

Une carrée de bâtiments au Gration fut cédée à Étienne Levannier pour 19 l. Le clos de Livet (60 ares) fut payé 40 l. Le bois Mallet, où les châtelains établirent la garenne du logis de Joué, 12 l.

En 1651, J. Coupry, doyen et curé de Saint-Georges-d'Annebecq, acheta, pour 300 l., le corps de logis situé près de la chapelle Saint-Jacques (la Bruyère) (1) avec les Rochereaux joignant la maison. Les actes étaient passés chez les notaires et tabellions de la Ferté-Macé, de Rânes, de Carrouges et d'Orgères ou Lignères, suivant que ce dernier tabellion séjournait dans l'une ou dans l'autre de ces deux localités.

VIII. Dixième et Vingtième. — Lorsque les produits de la taille étaient insuffisants pour subvenir aux besoins de l'État, on avait recours aux *dixièmes* et aux *vingtièmes*.

En 1730, il y eut un dixième dont le collecteur à Joué-du-Bois fut Thomas Guérin.

Vers 1750, les dixièmes, qui s'étaient renouvelés souvent depuis 1710, furent convertis en vingtièmes.

Cet impôt, de même nature que la taille, affectait les biens-fonds et en plus l'industrie et certains offices. Il avait sur la taille l'avantage de frapper tous les citoyens sans distinction et de ne laisser subsister aucun privilège.

En 1766, sur les 1.526 l. réclamées aux habitants de Joué-du-Bois sous forme de vingtième, René Riqueur de Bamont paya 26 l. ; Mme d'Amanville, 119 ; Nicolas Blanchetière, acquéreur de M. du Bois-Tesselin, 26 ; Fr. Côme du Bois-Tesselin et son frère, 156 ; Jean Lysieux, prêtre, 75 et 36 en deux lignes ; Marin de Récalde, 66 et 17 ; veuve et enfants de Sainte-Croix, 44.

Nous terminons ici nos observations sur cette question délicate des impôts. Nous avons exposé des faits, à un autre de faire l'étude comparative et d'en tirer les conclusions.

(1) Village détruit.

CHAPITRE IV. — Syndic

—

I. — Les syndics, dont les pouvoirs et privilèges furent régle-
mentés par les déclarations de 1687, 1703 et 1764 (1), n'existaient
pas encore au milieu du xviie siècle.

Auparavant, quand la commune devait soutenir un procès,
quand il lui fallait présenter à l'Intendant d'humbles et justes
réclamations, quand une affaire quelconque réclamait un dépla-
cement, on choisissait un délégué (2). Nous en avons vu précédemment de nombreux exemples.

Joué-du-Bois ne semble pas avoir élu de syndic avant 1690 (3).

Il y a des nouveautés qui plaisent, d'autres qui inspirent la
défiance. Pour les habitants de Joué-du-Bois, les syndics furent
« ce bloc enfariné de la fable qui ne dit rien qui vaille ».
Ils eurent de la répugnance à se démettre de leurs libertés
et à se lier pour un temps indéterminé.

Il fallut néanmoins se conformer aux ordonnances royales.

(1) Mémoire de l'avocat du syndic Jean Gautier, p. 25.

(2) Ce délégué recevait le nom de procureur. Il fut souvent assisté de
plusieurs notables. Ses voyages étaient à la charge de la généralité des
habitants. La taxe variait suivant les lieues à parcourir et les journées à
passer.

(3) Le syndic de 1590 fut Michel Daliphard.

Voici comment eut lieu l'élection du syndic de 1693 :

Devant nous, Guillaume de la Lande, escuyer, sieur du Détroit, se sont assemblés les paroissiens en général, spécialement pour nommer un *procureur syndic,* lesquels ont nommé la personne de Michel Daliphard, fils Louis, pour *un an seulement,* lequel procureur ne *fera aucune chose* concernant la paroisse que par *l'avis* du général, après avoir fait battre la cloche, auquel procureur il lui sera payé par chaque voyage d'Alençon, Argentan, Falaise ou Domfront soixante sols quand il ne couchera qu'une nuit dehors et, quand il tardera davantage, il lui sera tenu compte à proportion du retard qu'il sera contraint de faire. Et pour l'argent qui sera nécessaire de mettre, sera remboursé au marc la livre par les contribuables au bout de la dite année de sa nomination. Lequel syndic fera un bon mémoire des sommes qu'il mettra....

Fait le 1er novembre 1693.

Le procureur syndic était donc, à cette époque, non pas un roi absolu, mais un chef constitutionnel et responsable.

Ce chef eut naturellement la pensée de secouer le joug imposé et d'aspirer à l'indépendance. Il ne fut pas rare de le voir prendre seul des mesures et des décisions qui intéressaient toute la communauté. Si les paroissiens étaient patients, s'ils étaient confiants en leur procureur et respectueux de sa personne, ils approuvaient tacitement et laissaient agir. A Joué-du-Bois, on n'eut pas toujours cet esprit tolérant. Jaloux des lambeaux d'autorité qui leur restaient, les habitants blâmèrent souvent les infractions aux articles consentis et destituèrent même quelquefois celui qui les avait violés. Pour cela, il ne leur était nécessaire d'avoir recours ni au ministre, ni au préfet, ni au gouverneur, ni à l'intendant de la généralité (1), ni même à ses subdélégués ou commissaires. Les habitants réunis en forme de commun et nombre suffisant, après les annonces exigées, pouvaient faire eux-mêmes cette petite exécution. Un simple *délibéré* leur suffisait.

Le 18 décembre, les paroissiens réunis... nommèrent les personnes de Jean Retout et Julien Chauvin pour serrer et cueillir les ustanciles et fouage, suivant le mandement à eux envoyé d'autant qu'il n'y *avait plus* de procureur syndic, *l'ayant destitué* jusqu'à temps qu'on en mettra un autre.

____

(1) De son côté, l'Intendant pouvait, en s'appuyant sur des raisons prévues par les règlements, destituer un syndic (Mémoire en faveur de Jean Gautier, 1770).

Dans la suite, les habitants se familiarisèrent avec cette institution nouvelle et comprirent qu'il n'était pas sans agrément de voir les affaires publiques convenablement gérées sans qu'on eut besoin de réunir *le général* à chaque instant.

Mathurin Desanière, qui fut élu le 30 décembre 1699, était encore en charge le 25 novembre 1703.

Cependant, dans l'intervalle de ces quatre ans, Gatien Lysieux fut délégué pour soutenir à Alençon le procès intenté aux habitants par Henry de Récalde, sieur du Vivier. Une question très délicate était entamée ; elle réclamait un homme d'une compétence peu ordinaire ; on pensa au propriétaire de la Noë, qui était à Joué-du-Bois un personnage de haute prudence et de grande science en affaires (1).

D'après le mémoire rédigé pour la défense de Jean Gautier, syndic en fonction de 1766 à 1770, la durée légale des pouvoirs du premier magistrat de la commune était de quatre ans. L'Intendant, afin de justifier la mesure qu'il avait prise, dit positivement dans son ordonnance que Gautier avait fini son temps. Les usages et le consentement tacite des autorités avaient cependant modifié la loi. Aussi, en 1773, le conseil du roi accepte la démission que Jean Gautier avait offerte pour mettre un terme à de grosses difficultés pendantes.

Il est sans intérêt de nommer tous les syndics qui se sont succédés pendant ce siècle.

Après la mort du second syndic, Desanière, Gatien Lysieux acheta la charge qui devint vénale et perpétuelle par l'édit de mars 1702. Il demeura en charge jusqu'en 1717, époque où on supprima les syndicats. Plus tard après leur rétablissement, François et Michel Robichon et deux membres de la famille Gautier du Haut-Désert furent les syndics de Joué-du-Bois.

En 1758, Henri Catois, fermier des de Bamont, sacristain de la paroisse et regrattier, fut honoré par ses concitoyens de la charge de syndic. Nous avons remarqué parmi les actes de son administration de nombreuses listes pour l'assiette de la taille du sel et des vingtièmes et le curieux commandement que voici :

---

(1) Gatien Lysieux était allié à toutes les bonnes familles du pays et père de Mᵉ Jean Lysieux, curé de Joué-du-Bois, dont nous avons parlé dans notre première partie.

De par le roi et X.., son lieutenant, je, commande Julien Guillouard, René Roussel, Guillaume Lagrue de fournir une charrette et un harnais et d'aller quérir une chartée de pierres à fourneau dans la paroisse de la Motte-Fouquet, sur la brière, pour conduire à la forge de Putanges, à quoi sont assujettis les harnais et bêtes tirantes, et seront les dits voituriers payés comptant par le sieur Godet de Pontranné, à raison de 12 livres chaque voiture tant pour aller que pour le retour et que chacune voiture sera chargée de 15 pieds cubes ou de trois mille de poids ou pesanteur sans plus long délai : à quoi faire seront contraints par toutes voyes dues et raisonnables, à peine de répondre en leur propre et privé nom du retardement des ouvrages de Sa Majesté, et la dite voiture sera faite le mardi 13 du mois de juin 1758, ce 11 juin 1758,

Henri Catois, syndic.

La place de syndic apportait peut-être de petits bénéfices, mais quelquefois elle attirait les plus graves ennuis. Nous en avons un exemple qui mérite de passer à la postérité.

II. — En l'an 1766, vivait à Joué-du-Bois, dans son modeste logis de la Safarière, un humble paysan nommé Jean Gautier. Ceux qui maintenant sont parvenus aux limites extrêmes de la vie et qui ont entendu dans leur jeune âge l'émouvant récit de ses malheurs ont un mot pour le désigner : c'était le père des quatre garçons.

Intelligent, probe et complaisant, notre héros se concilia facilement la confiance et l'estime de ses compatriotes.

Il fut élu syndic en 1766, au grand déplaisir des Challemel, des Rousse, des Guérin-Raitière, des Robichon, des du Haut-Désert, des Guillouard-Lavallée et autres bourgeois de rang plus élevé.

Jean Gautier n'avait qu'une modeste fortune. Ses petits champs ne paraissaient guère à côté des terres du Mesnil et de Livet (1). Heureusement ses bras vigoureux ne redoutaient aucun labeur et son patrimoine bien cultivé suffisait aux besoins de sa maison. Une femme dévouée, énergique et chrétienne était, depuis plus de trente ans, le soutien et la consolation de sa vie. Dieu avait béni cet heureux ménage. Fière de sa fécondité, la mère aimait à paraître au milieu de ses nombreux enfants. Le père s'occupait spécialement de ses garçons. Après les avoir

_____

(1) Terres voisines de la Safarière.

envoyés à l'école de M⁰ Jean Delaunay, chapelain de Saint-Jacques (1), il mettait lui-même la dernière main à leur éducation. Travaillant à ses côtés, les jeunes gens recevaient journellement de sa bouche les leçons précieuses qui leur donnaient la science des affaires et leur faisaient aimer l'honnêteté, la charité, la politesse et autres vertus.

Sa fille aînée, attirée par un oncle, marchand des quatre saisons, s'était rendue à la capitale et était entrée au service d'un des juges du Conseil royal.

Les quatre garçons ne voulurent pas déserter le foyer domestique. Ils semblaient avoir même goût et même aspiration. Ils ne se quittaient guère. Ensemble ils se rendaient aux offices, ensemble ils paraissaient dans les foires et marchés. Leur haute stature, leur bonne mine, leur attitude martiale et le genre tout particulier de leur accoutrement attiraient les regards de tous. On se les montrait ; on était heureux de les voir ; chacun vantait le bonheur du « père des quatre garçons ».

Le bonheur est fragile en ce monde. Jean Gautier en fit bientôt la triste expérience. Depuis quatre ans, la noire jalousie faisait sournoisement son œuvre. Quelques-uns des bourgeois évincés avaient juré de perdre leur heureux concurrent ; ils épièrent les occasions et préparèrent leurs armes pour la lutte à mort qu'ils se proposaient de livrer.

Jean Gautier, malgré son grand bon sens, manquait certainement d'une instruction approfondie ; peut-être aussi n'était-il pas suffisamment brisé aux finesses et roueries administratives. En 1770, l'on se crut en mesure de le perdre et, sans hésiter, on le dénonça à l'Intendant comme indigne des fonctions qu'il occupait. Fort de son innocence et habitué de longue main aux sourds grondements de l'orage qui venait d'éclater, l'honnête syndic ne s'émut aucunement et attendit avec une patience téméraire la fin d'une tracasserie qu'il regardait comme misérable.

La bonne foi de l'Intendant fut surprise. Son subdélégué à Falaise, certainement circonvenu par les ennemis personnels du premier magistrat de Joué-du-Bois, se montra dur et sévère.

(1) Jean Delaunay, né à la Carneille, fut vicaire de Joué-du-Bois et plus tard chapelain de Saint-Jacques, nous l'avons dit précédemment.

Gautier était accusé : « d'avoir malicieusement refusé l'argent de plusieurs habitants pour avoir le prétexte de les faire exécuter » (1).

L'accusation était mensongère puisque, le 13 janvier 1771, quarante-trois habitants signèrent, pour la défense de leur syndic et préposé (2), une délibération où on lisait : « Qu'une pareille tentative ne pouvait être regardée que comme l'effet de la jalousie et de l'iniquité de la part de quelques habitants qui n'avaient même osé se présenter à l'assemblée dans la crainte d'être dévoilés tels qu'ils étaient et exposés à la confusion de se voir déclarés coupables d'imposture. En conséquence qu'ils s'opposaient à sa destitution, attendu que Gautier était un honnête homme ; que pendant tout le temps qu'il avait été en place, il avait rendu des services à toute la paroisse, notamment aux pauvres pour lesquels il avait souvent avancé son argent. « Il lui en est même encore dû » (3).

Le 24 février suivant, 37 habitants arrêtèrent entre autres choses « que l'on prierait avec la plus vive instance que Gautier ne fut pas destitué » (4).

Gautier réunit ces deux délibérations aux rôles des quatre années de sa gestion, fit rédiger, en forme de requête, le 16 janvier, le 12 mars et le 10 juillet, trois mémoires différents « pour instruire la religion du sieur Intendant » (5).

Jean Rousse et Jean Chalmel « que des circonstances ont enrichis, dit le mémoire de l'avocat de Paris, se dévoilèrent alors et trouvèrent des gens assez pusillanimes pour se joindre à eux dans leurs affirmations mensongères » (6).

Trop confiant dans la justice de sa cause et dans son innocence, le syndic se rassurait sous son chaume, lorsque le 28 décembre ses ennemis lui firent signifier une ordonnance dans laquelle on lit :

Attendu que le dit Gautier exerce depuis longtemps les fonctions de syndic, le sieur Intendant le destitue ;

Attendu qu'il *paraissait* aussi avoir abusé de sa place de préposé

(1) Il s'agissait de la cueillette d'un vingtième.
(2) Préposé aux vingtièmes, c'est-à-dire chargé de recueillir les vingtièmes.
(3) Mémoire de l'avocat.
(4) Id.
(5) Id.
(6) Id.

pour vexer plusieurs contribuables, il le destitue de la dite place de préposé pour l'année suivante, et attendu la mauvaise contestation du dit Gautier, le condamne aux dépens qui seront taxés par le subdélégué de Falaise (1).

Cette condamnation n'émut que médiocrement le syndic et « parce qu'elle lui parut une erreur qu'il était essentiel de relever, il se pourvut contre elle » (2).

Mais la haine inassouvie de ses ennemis ne laissait pas la justice en repos ; dans l'entrefaite, on fit assigner Gautier « pour produire devant le subdélégué ses pièces de procédure ».

Que faire ? En se dessaisissant d'un dossier important, que resterait-il au pauvre persécuté pour sa défense ? Gautier le comprit. Il se rendit à Falaise, mais uniquement pour déclarer au greffier qu'il lui était impossible de faire la remise réclamée. Au greffe, dans des intentions perfides, on ne voulut pas faire mention de sa déclaration et le jour même (30 décembre), on le condamna, et par *corps*, à présenter des pièces qu'on n'avait pas légalement le droit d'exiger.

Gautier devina le piège et, par voie d'huissier, fit immédiatement signifier à ses adversaires ce qui venait de se passer au tribunal. Le greffier eut l'audace de s'inscrire en faux et cita Gautier à comparaître devant le subdélégué le 18 janvier. L'accusé retourna à Falaise, mais soit entêtement, soit prudence, sur l'avis de son conseil ou sur l'inspiration de son esprit, il ne voulut pas aller s'humilier auprès d'un juge qui n'avait pas sa confiance. Ses ennemis en profitèrent et obtinrent facilement la mise à exécution de la précédente ordonnance du 30 décembre. Gautier pensa qu'il lui était suffisant de faire opposition : il interjeta appel (3).

Tout en cheminant sur le chemin de Falaise à Joué-du-Bois, le pauvre vieillard réfléchit beaucoup. Il rentra chez lui dans un état de prostration indicible. En peu de mots, il apprit son malheur à sa femme et à ses enfants. Un douloureux silence accueillit la communication inattendue. Les fiers visages des quatre garçons avaient pâli ; il se passait dans leur cœur une lutte affreuse : leur honneur, l'honneur et la tranquillité de leur

(1) Id.
(2) Id.
(3) Mémoire de l'avocat.

vieux père, on venait de les traîner dans la boue. Toute une vie de loyaux et bons services allait sombrer dans la prison ! La petite fortune si péniblement conservée et augmentée était destinée à tomber entre les mains rapaces de la justice.

La soirée fut pleine de silence, de larmes contenues, de colère et de sombres pensées de vengeance.

De leur côté, les ennemis de Jean Gautier triomphaient bruyamment. Par leurs soins, on sut bientôt dans tout Joué-du-Bois ce qui s'était passé à Falaise. Des insinuations malveillantes grossissaient l'affaire, et, bientôt, plusieurs même de ceux qui avaient regardé le syndic comme un très honnête homme, en arrivèrent à soupçonner sa vertu et à croire presque aux gros forfaits dont on l'accusait.

A la fin de janvier, par un temps très rigoureux, vers une heure de l'après-midi, alors que chacun dans le village était à prendre son dîner, les huissiers de la justice apparurent dans le plant de la Safarière et se présentèrent directement chez Jean Gautier.

Que se passa-t-il en ce moment ? Les quatre garçons se levèrent brusquement ; leur face était blême et leurs poings crispés. L'officier de justice fit connaître sa mission. Ses hommes se mirent en devoir d'appréhender au corps le respectable vieillard et firent deux pas en avant. A ce moment, une lutte violente s'engagea dans la maison. Pour délivrer leur père, les jeunes gens avaient bondi. Les soldats renversés se relèvent ; les chaises et autres meubles sont bouleversés ; la mère et les sœurs s'enfuient dans la cour en poussant des cris déchirants ; les sabres sont mis au clair ; le sang coula-t-il ? Les fils de Jean Gautier n'avaient pas d'armes, mais leurs bras étaient si forts et leur colère si grande que les soldats durent abandonner leur prisonnier et s'enfuir.

Les quatre frères étaient victorieux, mais quelle victoire ? Que va-t-il nous arriver, s'écrie le vieux père plus expérimenté ? Nous sommes perdus. La situation était évidemment très grave. « La cohorte timide des satellites se retira dans un champ et dressa un procès-verbal de rébellion avec intention de tirer avantage de la circonstance » (1).

____

(1) Mémoire de l'avocat.

Rousse et Chalmel s'empressèrent d'encourager, de guider et de seconder leurs agents. L'Intendant informé par leurs soins permit d'instruire l'affaire devant son subdélégué (17 février). Le 24, Gautier père fut condamné à 150 livres de dommages-intérêts « au payement de laquelle somme il sera contraint et par corps ». La sentence assez longue se terminait ainsi : « Ordonnons que les fils du dit Gautier seront arrêtés et détenus en prison pendant un mois (1). Le 18 avril, deux enfants de Gautier furent arrêtés et conduits à Falaise avec autant de publicité que pouvaient désirer ses ennemis (2). Ils ne recouvrèrent la liberté que le 25 mai avec un supplément de sept jours de détention, et encore ils n'obtinrent cet élargissement qu'après avoir déposé, à titre de rançon, une somme de 396 livres.

Tout n'était pas fini ; la série des maux commencés allait se continuer avec une odieuse animosité. Le 21 juillet 1772, alors que Jean Gautier « un peu rassuré, s'était rendu à la foire Sainte-Marguerite de Carrouges, un huissier accompagné de cavaliers de la maréchaussée vint l'arrêter et, quoiqu'il représentât avoir tout payé, il fut lié, garrotté et conduit ingnominieusement au cachot. La mère et les enfants, tout éplorés, accoururent aussitôt à la prison de leur père pour soulager le poids de ses chaînes, et toute la paroisse émue gémit sur le sort malheureux de son syndic » (3).

Pendant que ces pénibles infortunes venaient successivement fondre sur sa famille éprouvée, Marie Gautier se désolait à Paris. Les nouvelles, qui lui arrivaient de province, étaient mauvaises et affligeantes. Aussi, depuis plusieurs mois, son visage avait considérablement pâli et ses beaux yeux étaient souvent rougis par les larmes.

L'homme de loi s'en aperçut de bonne heure. Il avait pris sa fidèle Normande en affection et voulut connaître la cause de ses peines. Le récit fut émouvant et interrompu par les sanglots : « Mes frères sont en prison, mon père est menacé du même sort. Il n'est plus syndic ni préposé à la recette des vingtièmes. Son patrimoine est compromis ; ma bonne mère se meurt de chagrin ».

(1) Id.
(2) Id.
(3) Id.

Le juge écouta avec le plus grand intérêt et revint plusieurs fois sur les détails de cette triste affaire. Cette cause mouvementée plaisait infiniment au vieux jurisconsulte. Il tint à tout savoir. La conclusion fut celle-ci : « Votre père ne peut gagner qu'au conseil du roi. Ni l'Intendant, ni son subdélégué ne se déjugeront ; et pourtant, ajoutait-il, la procédure est illégale, les ordonnances ne tiennent pas debout ». L'homme de loi avait raison. L'Intendant, au lieu de se déjuger, aggravait toujours la sévérité des premières sentences.

Après son emprisonnement, Gautier envoya inutilement son fils à Falaise offrir au subdélégué ces pièces de la procédure qui étaient le prétexte de tant de persécutions. Quand le jeune homme réclama qu'on voulut bien coter et parapher chacune des pages, il fut brutalement éconduit. Le subdélégué en profita même pour sévir avec plus de force et condamner l'infortuné vieillard à une prison indéfinie « jusqu'à l'entière exécution des ordonnances ».

En vain, Gautier se résolut-il le 22 septembre à signifier *copie* des pièces exigées et à promettre huit cents livres de rançon. Rien ne put aboutir. « Il prit donc le parti de faire connaître toutes les iniquités de ses persécuteurs au pied du trône ».

Enfin l'avocat de Paris allait combattre à figure découverte et sur son propre terrain. Les larmes de Marie Gautier devinrent un stimulant puissant, et en très peu de temps, malgré Rousse et Chalmel « qui suscitèrent même devant le conseil de nouvelles entraves aux poursuites légitimes du syndic » (1), malgré le subdélégué, malgré l'Intendant, le 13 mars 1773, fut rendu un arrêt par lequel le roi en son conseil a déclaré et déclare : Nulle et incompétente l'ordonnance du sieur Intendant d'Alençon. A déchargé et décharge le dit Gautier des condamnations contre lui prononcées, ordonne qu'il soit mis en liberté, qu'on lui rende la somme de 300 l. consignée aux mains du concierge et autres sommes, 96 l. pour frais de geôle.... Condamne les dits Rousse et Chalmel à quinze cents livres de dommages-intérêts et à tous les dépens ». Cet arrêt reçut un commencement d'exécution le 6 avril (2).

(1) Mémoire de l'avocat.
(2) Id.

En rentrant à son domicile après dix mois de captivité, Gautier eut la douleur de voir « tout dans l'abandon et de perdre sa femme minée par les persécutions » (1).

Rousse et Chalmel ne se tinrent pas pour battus. Ils formèrent opposition à l'arrêt royal et firent imprimer un long mémoire pour renouveler leurs plaintes. Les principaux griefs invoqués contre leur victime étaient « que Gautier avait exigé des contribuables au-delà de leurs cotes ; qu'il avait décerné des contraintes arbitraires et abusé de l'établissement de garnison chez les habitants auxquels il faisait payer 30 et 20 sols par jour, tandis qu'il ne payait lui-même à l'homme établi en garnison que quelques sols ». Ces malversations publiques avaient excité le cri de toute une communauté (2). On l'accusait encore d'avoir « usé d'une négligence extrème en qualité de syndic, de cette négligence que les lois comparent au dol » (3).

Le jurisconsulte de Paris réfuta sans peine ces allégations mensongères. Mais ne se contentant pas de montrer l'inanité de ces affirmations et passant du rôle de défenseur à celui d'accusateur, il établit « que Rousse et Challemel avaient violé l'ordonnance d'octobre 1703, en vertu de laquelle il fallait une déclaration écrite des habitants pour parler et agir en leur nom ». Il prouva de même l'incompétence de l'Intendant et obtint l'exécution complète de l'arrêt contesté.

Les bourgeois, qui s'étaient coalisés pour la perte de Jean Gautier, se coalisèrent de même pour payer les frais qui furent considérables. Guérin-Raitière y mangea sa terre du Rocher (4). La lutte avait duré près de trois ans.

Nous avions commencé timidement ce récit en nous appuyant sur les affirmations isolées d'un habitant de Joué-du-Bois (5), lorsque le mémoire de l'avocat de Paris, dont nous avons retrouvé trente pages in-quarto, est venu heureusement confirmer et compléter les dires de notre paysan.

« Les accusateurs de Gautier peuvent-ils donc ignorer, écrivait le rédacteur du Mémoire, ce que tout citoyen honnête

(1) Id.
(2) Mémoire de l'avocat.
(3) Id.
(4) Village de Lamotte-Fouquet.
(5) François Levannier de la Raitière.

éprouve chaque jour : que la justice et la clémence brillent plus que jamais sur le trône depuis qu'un monarque chéri de toute la France s'est déclaré le protecteur de l'innocence et le fléau des méchants » (1).

Jean Gautier bénit de tout son cœur le monarque auquel il devait sa délivrance ; il bénit de même sa chère enfant et le jurisconsulte son maître. Sa reconnaissance s'adressa surtout au Dieu qui dispose toute chose en ce monde et demeure le souverain maître des événements. Les épreuves avaient été très fortes ; le résultat final était consolant.

Sur l'indication de l'Intendant, la charge de syndic avait été attribuée à Jean Rousse et celle de préposé aux vingtièmes à Jean Chalmel. Ces nominations furent réputées illégales, mais pour la paix Jean Gautier fut invité à remettre sa démission aux pieds du trône. Il le fit sans regrets.

Peu après, Jean Chalmel du Plessis fut établi syndic par le choix du général assemblé. C'est lui qui rédigea, en 1783, la pétition des habitants à l'Intendant à l'occasion de la refonte de leurs cloches ; c'est lui qui était encore en fonctions au début de la Révolution.

Nous avons dit quelque part le rôle important que joua le dernier syndic pendant ces années de trouble. Nous avons raconté son attitude devant les persécuteurs, sa conduite en faveur des prêtres insermentés et sa mort tragique. Nous n'y reviendrons pas ici. D'ailleurs ces événements modernes n'entrent pas dans le cadre que nous nous sommes imposés.

C'est sous l'administration de Jean Chalmel qu'eut lieu un grand débat entre les principaux habitants de Joué-du-Bois et leur curé Jean Engerrand. La collecte des dîmes, qui s'était faite à l'amiable et sans contrainte depuis plus d'un siècle, fut strictement exigée par le nouveau pasteur qui était pauvre. Guillouard La Vallée refusa la laine de ses agneaux ; Raitière fit observer qu'une partie de ses terres étaient novales (2) ; d'autres affirmèrent n'être tenus qu'à la dîme des quatre pailles (3).

(1) Mémoire de l'avocat.
(2) Terres nouvellement défrichées (Déclaration du roi, 14 juin 1764 et 13............ 1766).
(3) Froment, seigle, orge et avoine. L'arrêt divise les dîmes de Normandie en solites et insolites.

On commença à plaider vers 1785, quelques mois après la publication de l'arrêt du Parlement de Rouen du 25 mai 1782 ; on plaidait encore lorsque l'Assemblée nationale supprima dîmes et redevances. Le dossier très incomplet que nous possédons est d'une grosseur désespérante et sans grand intérêt (1).

Les syndics ont été remplacés par les maires qui président maintenant aux destinées des communes.

(1) L'affaire fut d'abord plaidée à la haute justice de Joué-du-Bois. La moitié du dossier contient 116 pages in-4°. Celui de Falaise, 83 pages. Les frais de justice à ce tribunal s'élevèrent à 200 livres.

CHAPITRE V. — Justice

—

I. — L'*officialité* était le tribunal de l'évêque diocésain. Les simples paroissiens (1) n'y étaient plus appelés à cette époque que pour des causes matrimoniales.

Un cas de ce genre se produisit à Joué-du-Bois en 1746.

A Monsieur l'official de la Cour ecclésiastique au diocèse de Sées. Suplie humblement Anne Gauthier, stipulée et représentée par Étienne Gautier, son père, demeurant en la paroisse de Joué-du-Bois.

Et vous remontre que, par acte passé devant Besnard, notaire à Carrouges, le 14 février 1745, François Catois, fils d'Henry Catois, aussy de la dite paroisse de Joué-du-Bois, contracta mariage avec la dite Anne Gauthier et promirent s'épouser à la première réquisition de l'un d'eux.

François Catois, avant que de contracter mariage, a esté assidûment, près de dix-huit mois, chez luy Gauthier et a toujours pressé vivement luy Gauthier et sa fille de passer l'acte cy-dessus ; le dit Henry Catois père les pressait également, tous les parents et amis signés au contrat de mariage, engagèrent le suppliant et sa fille à faire terminer le mariage, de sorte que le suppliant, de concert avec le dit Catois se fixèrent jour pour contracter, lesquels chacun de leur côté prièrent leurs parents et amis, ce qui forma une nombreuse assemblée, et par conséquent occasionna une dépense considérable au suppliant qui croyait qu'un acte fait autentiquement et si désiré par le dit Catois aurait son exécution.

Quelques mois après la passation du dit acte, le dit Gauthier aprist

---

(1) Les membres du clergé ne comparaissaient eux-mêmes devant l'official que pour des causes purement ecclésiastiques. Autrement ils étaient cités devant la justice ordinaire. Nous en pourrions citer de nombreux exemples. Des litiges concernant les dîmes et possession de bénéfices étaient appelés en haute justice et parlement.

que le dit Catois recherchait d'autres filles en mariage, ce qu'il se persuada aisément, s'apercevant qu'il ne venait plus chez luy avec la même assiduité qu'auparavant, en sorte que le suppliant, mécontent de la façon d'agir du dit Catois, se pleignit aux parents communs qui avaient assisté à la cérémonie, lesquels apprirent au suppliant que le dit Catois avait dit qu'il n'épouserait jamais Anne Gauthier, ce qui prouve, à n'en pas douter, l'inconstance du dit Catois, qui fait un tort considérable au suppliant et à sa fille, laquelle, sollicitée par le dit Catois et ses proches parents, a refusé plusieurs autres bons partis. Or, une pareille manœuvre n'est pas tolérable, puisqu'elle fait un tort considérable à l'honneur et à la réputation de la suppliante, pourquoy le dit Gauthier et sa fille ont esté conseillés d'avoir recours à votre authorité.

Ce considéré, Monsieur, il vous plaise accorder votre mandement aux suppliants pour appeler à votre prochaine audience le dit François Catois pour se voir condamner de passer à la célébration du mariage encommencé entre les parties, aux termes de l'acte cy-joint, parce qu'au cas de refus de la part du dit Catois, il vous plaira également le condamner aux inthérêts du suppliant et de sa dite fille, en une somme de cinq cents livres, le tout aux dépens et vous faire justice.

Présentée à Sées par les suppliants qui ont nommé M⁰ Robert Loison pour leur procureur.

Ce que luy Gauthier a marqué, disant ne sçavoir signer. Ce 15 juillet 1746.

Permis d'assigner pour notre prochaine audience. A Sées, le 17 juillet 1746.

Gautier, désireux d'en finir promptement, avait sollicité l'examen de ses réclamations à la première audience. On se conforma à son désir. Le 17 juillet, après avoir reçu les explications et les plaintes des deux parties, l'official demanda de nouveaux renseignements, prescrivit une enquête dont il chargea le curé de Joué-du-Bois et conseilla un accord.

M⁰ Lysieux négocia l'accord, non sans de nombreuses difficultés. Le poste de sacristain, occupé par le père du jeune homme, faisait ombrage ; les parents de la jeune fille croyaient difficilement à l'impartialité de l'arbitre, aussi rien n'aboutissait. Cependant après quatre mois, le 27 novembre, les parties en litige signèrent la transaction suivante :

Nous soussigné, François-Henri Catois, fils de Henri et de Marguerite Simon, et Anne Gautier, fille d'Étienne et d'Anne Daboust, tous de la paroisse de Joué-du-Bois, rompons gré à gré le contract de mariage passé entre nous par devant monsieur Baignard, notaire à Carrouges, promettons en la présence de M⁰ Jean Lysieux, prêtre, curé de la paroisse, et de Jean Radigue qui ont bien voulu avec nous signer le présent, comme nous nous quittons d'un commun accord et qu'un chacun de nous pourra prendre son établissement quand il le jugera à propos sans que nous puissions y mettre empêchement en aucune manière que ce puisse être, nous regardant comme si nous n'avions jamais contracté ensemble, cependant moy dite Anne Gautier, je réserve mon père à se faire payer à l'entier *l'obligation* que Henry Catois lui a faite.

Fait double sous nos seings, ce vingt-sept de novembre mil sept cent quarante-six.

Suivent les signatures (1).

Quand l'officialité ne pouvait juger elle-même, il lui restait un moyen de s'intéresser au sort des malheureux. Les monitoires, qui n'existent plus à notre époque, étaient assez communs autrefois. L'Évêque les faisait fulminer par son official. Le curé les publiait trois fois au prône de sa messe paroissiale et les fidèles étaient ainsi contraints par des menaces *sévères* et quelquefois par celle de l'excommunication de déclarer ce qu'ils savaient sur un crime ou un fait quelconque.

Les monitoires se faisaient avec l'assentiment du gouvernement. Dans l'esprit de la loi, les malfaiteurs ne devaient jamais être couverts par le silence des honnêtes gens. L'Église, guidée par les mêmes sentiments, parla volontiers dans ce sens. A ses yeux, c'était un cas de conscience de dévoiler un criminel.

Au xviie siècle, on alla jusqu'à menacer de l'excommunication ceux qui ne dénonçaient pas les fraudeurs du fisc. C'était d'une rigueur excessive.

Ordinairement on obtenait de bons résultats sans avoir besoin d'être aussi rigoureux et, par suite d'un monitoire, des témoins venaient apporter leur témoignage sans assignation préalable. Lorsque en 1777, la veuve Coupry de la Safarière (2) eut besoin de témoins dans une affaire qu'elle intenta à un incommode voisin qui l'avait battue, personne ne se présenta d'abord. La veuve s'en plaignit à l'officialité ; l'abbé de Saint-Martin, sur l'ordre de l'Évêque, fit trois publications du monitoire épiscopal et la vérité se trouva mise au jour (3).

(1) Archives de l'Évêché ; papiers famille Catois et archives de la fabrique.
(2) Village de Joué-du-Bois.
(3) Les vieux rituels contiennent des formulaires de monitoires et querimonie.

II. Les gages-pleiges. — Les vassaux et le suzerain n'allaient pas toujours d'accord. Les difficultés qui s'élevèrent à Joué-du-Bois à propos du curage des douves, du moulin banal et de plusieurs droits seigneuriaux furent plaidées à la haute justice et à Falaise. Quand il s'agissait de régler, par de nouveaux aveux, les redevances et corvées, les tenanciers se rendaient aux gages-pleiges de leur seigneur.

Le seigneur était autorisé, par la loi, à tenir ses gages-pleiges chaque année au cours du mois de juillet, mais fréquemment, sans convocation nouvelle, par une entente tacite, les rentes et redevances étaient servies sans qu'il y eût besoin de ces solennelles assises. En effet, les aveux qui constituaient le principal dossier du suzerain, lui mettaient en main les moyens d'exiger de tous ceux qui dépendaient de lui les rentes et redevances diverses auxquelles il avait droit.

Les manants, rangés autour de la motte où siégeait le sénéchal, assisté du prévôt et d'un secrétaire, acceptaient ordinairement sans murmure les décisions portées. Si parfois elles leur paraissaient exagérées ou injustes, ils ne manquaient pas d'y faire opposition, d'abord par des explications polies et, au besoin, en réclamant l'intervention de la justice. Alors les gages-pleiges ne pouvaient plus avoir de compétence ; il aurait été immoral que le seigneur fût juge et partie dans les questions d'intérêt le concernant.

III. Justice administrative. — La commune de Joué-du-Bois dut aller par devant l'Intendant ou l'un de ses subdélégués, toutes les fois qu'elle voulut contester la noblesse des Matrop et des autres petits nobles de la localité. C'est là qu'elle députa ses procureurs (1), envoya ses suppliques et ses réclamations.

Les particuliers agissaient de la même manière quand ils avaient à se plaindre de l'assiette et de la collecte des impôts, des syndics ou d'un autre fonctionnaire. Nous en avons incidemment donné quelques exemples.

Au XVIIIe siècle, la réparation du pignon de l'église et

(1) Le mardi 20 avril 1700, « on permit au procureur Gatien Lysieux de rester à Alençon autant de jours que besoin sera pour poursuivre le dit procès jusqu'à sentence définitive... qu'on aurait agréable ce qu'il ferait et qu'on le rembourserait des mises qu'il conviendra faire » (délibérés).

les difficultés qui s'élevèrent entre M⁰ Lysieux et les notables à propos de la reconstruction du presbytère (1744) furent plaidées devant le subdélégué. La grave affaire du syndic Jean Gautier passa par la même filière.

IV. Vicomté. — Joué-du-Bois releva assez longtemps de la vicomté de Briouze. Là siégea, pendant des siècles peut-être, le tribunal où il fallait commencer les petits procès. En 1555, Guillebert de Fontenay, seigneur du Belle, y comparut pour y régler des affaires pendantes entre lui et le nouveau curé de Joué-du-Bois, Jean Guillochin.

Mais ce cas du seigneur du Belle paraît assez isolé. Les plaideurs prenaient ordinairement le chemin de Falaise. Et pourtant Falaise était si loin !

Malgré son ordonnance sur la chicane, Louis XIV eut pitié de ses chers Normands ; il créa, en la vicomté de Briouze un siège de police (1699) et, trois ans plus tard, il érigea les hautes justices de Joué-du-Bois (1702), du Mesnil, séante à Briouze, de la Ferté-Macé, Rasnes, Carrouges, la Motte-Fouquet, les Yveteaux, Durcet, Sainte-Honorine et Saint-Brice, paroisses situées dans les enclaves de la vicomté (1).

V. — L'érection d'une *haute-justice* à Joué-du-Bois fut accueillie avec faveur. Le seigneur du Belle devint haut-justicier. Ses héritiers conservèrent la place jusqu'aux jours de la Révolution.

Cette charge devait produire quelque chose au trésor de l'État ; mais une partie des bénéfices restait certainement au haut-justicier et aux divers employés du petit tribunal. Le même seigneur avait l'honneur insigne de nommer le bailli, les juges et le procureur fiscal ; par contre, il lui incombait de fournir et d'entretenir l'audience et la prison (2).

(1) Bibliographie du canton de Briouze.

(2) L'audience et la prison furent établies dans les maisons anglaises situées au bourg, en face la grille du logis. Le corps de garde et la prison occupaient la boutique et la boulangerie ; l'audience se tenait à côté dans la grande maison qui a perdu ses portes rondes vers 1860. Les du Bois-Tesselin la vendirent, en 1792, à Étienne Orvain, chirurgien et mari d'Henriette d'Ardennes, de la paroisse de Bais (Mayenne).

Le choix du bailli était chose assez délicate : il fallait en cela se conformer aux lois et règlements. Le candidat devait présenter son diplôme d'avocat (1) et plusieurs certificats capables d'édifier la religion du haut-justicier. Parmi les nominations que nous avons retrouvées, celle de Fr.-Côme-Damien du Bois-Tesselin à la haute justice de Rânes nous a paru la plus intéressante. Nous la plaçons sous les yeux du lecteur.

Nous Charles-Louis d'Argouges, chevalier, marquis de Rânes, baron d'Annebecq, seigneur de Montreuil, Faverolle... haut-justicier du marquisat de Rânes, maréchal des camps et armées du roy, sçavoir faisons que sur le bon et louable *rapport* qui nous a été fait de la personne de messire François-Côme-Damien Dubois, chevalier du Bois-Tesselin, *avocat* au Parlement, bailly de Saint-Brice et Joué-du-Bois et de ses prudhomie, capacité et expérience au fait de pratique, de bonne vie et mœurs, faisant profession de la religion catholique, apostolique et romaine, nous l'avons par ces présentes commis et commettons à la charge de bailly, juge civil et criminel et de police de notre haute-justice du marquisat de Rânes, pour en jouir pendant sa vie aux honneurs, dignités, authorités, prérogatives, exemptions, fruits, revenus, prééminence et préséence attachés au dit office, et tout ainsi qu'en ont joui ou dû jouir les précédents pourvus de ces offices, aux charges par lui de se comporter dans son exercice suivant les arrêts et règlements, sans y commettre aucune prévarication, de se faire recevoir et installer à ses frais et de ne pouvoir exiger de vacation ni aucuns droits dans les affaires qui nous concerneront privativement ou tomberont à notre charge, en foy de quoi nous avons fait apposer à la présente le sceau de nos armes en cire noire.

Donné à notre château de Rânes, ce dix février mil sept cent quatre-vingt-sept.

Le Marquis de Rânes.

La présente commission enregistrée ès registres du greffe du bailliage de Falaise en exécution de l'acte de réception du sieur du Bois-Tesselin aux fonctions de bailly de la haute justice. 28 février 1787.

Suivent les signatures.

Une seule place de bailli eût été une maigre sinécure. Aussi la plupart de nos avocats ambitionnèrent l'honneur d'en posséder plusieurs.

Le 9 octobre 1771, Fr.-Côme du Bois-Tesselin obtint la charge

---

(1) Celui de Fr.-Côme-Damien du Bois-Tesselin portait la date du 11 avril 1759. Au bas du texte latin étaient les signatures du doyen de l'Université de Caen et de trois de ses professeurs.

de procureur fiscal de la haute justice de la Motte-Fouquet (1).
Peu après, Daniel-David de Montpinçon, chevalier, baron de
Lougé, le proposa à Pierre Dubourg, sieur du Boullay, conseiller
du roi et lieutenant particulier civil et criminel au bailliage de
Falaise, comme un sujet capable de tenir sa haute justice de
Saint-Brice. Le seigneur du Boullay se laissa persuader et
Fr.-Côme du Bois fut institué le mercredi 17 avril 1776.
En 1781, à la mort de Mr Quéru, bailli de la haute-justice de
Joué-du-Bois, J.-Constantin du Bois-Tesselin, seigneur du
Belle et haut-justicier, le nomma à cette fonction. Deux ans plus
tard, un conseiller du Roi à la Cour de Rouen, agissant à cause
de la minorité du Comte de Briouze, le nomma procureur fiscal
de la haute-justice de Briouze, le 24 février 1783.

L'heureux avocat, titulaire de ses trois places de bailli et de ses
deux charges de procureur fiscal, sénéchal de toutes les terres
de la seigneurie de Rânes (2), pouvait se croire en mesure de
nourrir et de faire instruire ses nombreux enfants, lorsque la
Révolution vint briser ses sièges de juge, anéantir ses charges
lucratives et le jeter lui et sa famille sur le chemin de l'exil.

Le premier bailli de notre haute-justice avait été Charles
Poullain de Beauchêne, avocat au Parlement. Il exerça cette
charge pendant environ quinze ans. Nous avons souvent eu l'occasion de citer son nom. Son successeur fut Jacques Châbles,
sieur de la Moisandière, écuyer, conseiller du roi et vicomte de
Briouze. Il exerça certainement de 1721 à 1729. Les actes de procédure en font foi. Après lui, de 1729 à 1752, nous avons une lacune dans nos renseignements. Louis-Fr. Quéru, sieur de la Garenne et avocat en Parlement, ne fut pourvu de la charge de
bailli qu'en 1752 (3). Il en exerça les fonctions jusqu'à sa mort

(1) Sa nomination fut signée, non à la Motte, par le comte de Falconer,
mais au château de Courtomer, par Anthoine-Léon-Pierre de Saint-Simon,
chevalier, seigneur et marquis de Courtomer, seigneur haut-justicier de
Gasprée, la Motte-Fouquet et autres lieux.
(2) En 1720, J. Châbles, bailli de la haute-justice, devint sénéchal de Joué.
En 1750, Quéru, bailli de la haute-justice, était en même temps sénéchal du
Belle.
(3) Procès Roussel, condamné à 50 livres pour avoir continué de cueillir
des fruits malgré la clameur de haro.
Haro. — Toute personne lésée gravement dans ses droits pouvait jeter la
clameur de haro, et tous ceux qui l'entendaient devaient sous peine
d'amende venir lui prêter main-forte (Cout. de Norm.).

arrivée en 1781 (1). C'est alors que Fr.-Côme du Bois-Tesselin put obtenir la place qu'il convoitait depuis longtemps (2).

Les audiences se tenaient le vendredi. Leur ordre du jour était souvent très chargé. Les plaidoiries sans fin des avocats prolongeaient la moindre affaire d'une manière démesurée. De nos jours, les plus gros débats présentés à nos justices de paix se règlent rapidement. Alors les exposés des avocats étant interminables, les procès s'éternisaient (3). Nous avons trouvé partout d'énormes liasses relatives aux procédures anciennes. Le procès Roussel, auquel nous avons fait allusion plus haut, dura plus de deux années. Celui qu'intenta Challemel-Lacour, notaire royal à la Ferté-Macé contre Fr.-Robichon du Mesnil de Joué-du-Bois, se prolongea pendant près de dix ans. Le dossier de cette affaire remplissait une malle ordinaire. Aussi toute la contrée était remplie d'avocats (4).

Les huissiers pullulaient également. Leur rôle à la haute-justice de Joué-du-Bois fut relativement très important. Nous avons retrouvé de tous côtés des paquets d'assignations (5).

La place de greffier paraît unique ; elle fut longtemps tenue

(1) Quéru était originaire de la Ferté-Macé. Un membre de cette famille a été maire de cette ville en la première moitié du siècle.

(2) Depuis son mariage avec Marie Thuault de Vauloger, Fr.-Côme du Bois avait fixé son domicile au bourg de Beauvain.

(3) Procès Michel Toulain contre Guérin-Raitière. Chacune des réponses contient de 30 à 50 pages. Les liasses du procès de la veuve Coupry sont un peu moins considérables.

(4) Avocats : Fr. Leménager (1715) ; Thomas Goujon (id.) ; de Récalde (1728) ; le sieur de la Trigalle (1750) ; Esnaux (1752) ; Ledonné de la Corderie (1765) ; Lemeunier de la Raillère (1765) ; Lemeunier de la Gérardière (1783) ; Chesnel de la Rozière (1760-80) ; Ledoyender (1781) ; Quéru de la Mouchetière (1785) ; René Dupont de la Chennevière (id.) ; Vains de la Pigeonnière....

Lemeunier de la Gérardière était en même temps bailli de la haute-justice de la Motte-Fouquet ; son frère, Guillaume de la Raillère, avait eu la même charge en 1773 ; Chesnel de la Rozière fut juge suppléant le bailli le 20 novembre 1784.

(5) Parmi les huissiers, nous avons relevé les noms de J.-D. Chesnel, huissier à cheval au Châtelet de Paris (1765-85) ; Nicolas Jarry, huissier royal particulièrement aux eaux et forêts à Domfront (1775) ; Pichard (1771-87) ; Niaux de la Ferté Coursière de Rânes (même époque) et Gilles-Fr. Sénéchal, archer-garde de la connétablie et maréchaussée de France pour le siège de............ reçu au bailliage de Falaise et au siège général de la table de marbre du palais à Paris exploitant pour tout le royaume, demeurant à Carrouges.

par Pichon de Carrouges qui était en même temps huissier royal au grenier à sel d'Alençon (1787). Chesnel, en 1770, et Claude du Bisson en 1730 avaient été ses prédécesseurs.

La charge de procureur fiscal était vénale. Elle fut achetée en 1750 par Guillaume Gautier, sieur du Haut-Désert (1) ; en 1773, par Guérin-Raitière. Le procureur fiscal encaissait les amendes et autres frais de justice, payait la nourriture des prisonniers incarcérés à Carrouges (2) ou ailleurs, donnait une quote-part au haut-justicier, au bailli et autres fonctionnaires et retenait le reste à son profit.

Bien que juge civil et criminel, le bailli de la haute justice n'avait pas de pouvoirs illimités. Les assassins et autres grands coupables ne comparaissaient pas à sa barre. Il ne pouvait pas présider l'audience lorsque sa personne ou ses intérêts se trouvaient quelque peu mêlés aux difficultés à résoudre. Fr. Robichon eut soin de le faire remarquer en 1787, quand il vint plaider contre Thomas Lenoir qui voulait le contraindre à la banalité du moulin de la Chaux (3).

La haute-justice de la Ferté-Macé fut momentanément supprimée en 1785 (4). Peu après, le système judiciaire fut reconstitué sur un nouveau plan et, depuis un siècle, on a si bien oublié notre défunte haute-justice que beaucoup ne savent même plus où elle tenait ses audiences. Le souvenir du pilori où l'on affichait des sentences peu agréables a seul surnagé.

VI. Bailliage de Falaise. — De la haute-justice, les affaires non réglées passaient au bailliage de Falaise qui relevait lui-même du bailliage de Caen. C'est à Falaise que la commune députa ses nombreux procureurs.

Les particuliers n'étaient pas moins acharnés que la commune à prolonger les procès. Un voyage à Falaise ne faisait trembler personne. Après l'établissement de la haute-justice, on ne se contenta presque jamais des décisions du petit bailli de Joué-

---

(1) Village de Joué-du-Bois.

(2) Nous en avons trouvé plusieurs comptes.

(3) Le tribunal, réglant les questions des eaux et forêts, était établi à Domfront. De Récalde y plaida contre Mᵐᵉ d'Amanville.

(4) Fr.-Côme-Damien du Bois-Tesselin fut chargé par cinq de ses confrères d'aller à Rouen plaider la cause de la haute-justice de la Ferté-Macé. La supplique qui lui fut remise est très documentée.

du-Bois : on en voulait voir plus long. La vieille habitude, jointe à la haute renommée des juges du tribunal, engageaient les parties intéressées à réclamer volontiers le secours des avocats et des gens de loi.

L'amateur de paperasses qui sera notre continuateur dans cent ans aura probablement de grands étonnements quand il étudiera le XIXᵉ siècle. Ne trouvant dans les petits chartriers des familles ni ces longues consultations d'avocats, ni ces plaidoyers sans fin, ni ces rapports circonstanciés qui forment les volumineux dossiers des litiges du XVIIIᵉ, ne sera-t-il pas tenté de croire que la Révolution a bel et bien enterré la chicane ? Les mœurs ont simplement changé ; les avocats ne donnent plus de plaidoyers écrits et, à nos justices de paix, les débats se passent en famille sans le concours ordinaire des gens de loi qui pullulaient à nos hautes justices.

VII. Parlement. — De Falaise à Rouen, la distance était longue et le parcours difficile. Malgré tout, des plaideurs courageux ne s'en effrayèrent pas et continuèrent jusque-là des procès qu'ils avaient déjà soutenus et perdus au premier tribunal.

CHAPITRE VI. — Service militaire

I. Obligations des paroisses. — La noblesse fournissait à
l'armée des officiers instruits et distingués . L'élite de
ses membres qui servaient dans le rang faisaient partie
de la maison du roi, avec le privilège, comme à Fontenoy, de
donner dans les moments les plus périlleux.

Mais les officiers ne sont pas tout pour un régiment. Il faut en
remplir les cadres d'hommes vigoureux, pourvoir à leur équipement et à l'ensemble de leurs besoins. Sur les conseils de son
ministre Louvois, Louis XIV s'adressa aux quarante mille paroisses de son royaume. Nous allons examiner ce qu'il exigea de
Joué-du-Bois par rapport aux garnisons, aux miliciens et à leur
fourniment :

1° *Garnisons*. — L'armée tenait ses garnisons ordinaires dans
les forteresses des grandes villes et sur les frontières. Il lui
arrivait nécessairement de changer ses campements, mais le
soldat, en passant par les villes et les campagnes, ne devait ni
marauder, ni vivre aux frais des particuliers : c'était l'ensemble
des habitants d'une paroisse qui avait le devoir de subvenir à
toutes les dépenses. Ceux-ci ne s'exécutaient pas toujours de
bonne grâce. L'an 1646, à Joué-du-Bois, ils firent opposition aux
exigences de J. Robichon. Il en résulta un procès et le
30 décembre « le général se réunit en forme de commun pour
éviter aux frais du procès intenté par J. Robichon et sept autres
habitants pour la dépense des gens de guerre qui avaient logé en
la dite paroisse ».

Les paroissiens consentirent qu'il fût levé la somme dépensée par les gens de guerre, pour être la dite somme répartie au devis des mémoires qui seront représentés. Le total des parties intéressées n'avait pas été accepté, il dut subir un nouveau et minutieux contrôle.

En 1665, ce ne furent pas seulement quelques soldats isolés qui pénétrèrent dans la bourgade de Joué-du-Bois, mais bien huit compagnies du régiment de Picardie : l'hiver n'arrêtait pas cette troupe considérable (1). Les chefs, sachant leur étape journalière accomplie, montrèrent à M. le Curé un ordre qui les autorisait à séjourner dans la paroisse. La distribution des compagnies, organisée par M. le Curé, mit des hommes dans tous les villages. C'était la veille de la Toussaint.

Le départ s'effectua le lendemain, mais, au quart d'heure de Rabalais, plusieurs n'acquittèrent pas leurs dépenses ; se croyant assurés de l'impunité, ils envoyèrent promener les bons paysans de Joué-du-Bois. Ceux-ci, très mortifiés, jurèrent de tirer vengeance de cette injustice. M. le curé Guillaume de la Lande, rédigea, en faveur de ses paroissiens, le délibéré ci-après.

18 juillet. Attestation comme quoi huit compagnies du régiment de Picardie ont logé dans la paroisse la veille de la Toussaint 1665, suivant l'ordre montré à Mʳ le Curé par les commissaires du régiment comme lesquels paroissiens m'ont déclaré n'avoir reçu aucun denier pour les logements, sauf les ci-après nommés : Cl. Guillouard dit la Rivière, qui m'a dit avoir reçu 60 sols du commandant du dit régiment, Fr. Louin, 100 sols de deux capitaines ; Louis Guillouard, 3 louis 30 sols de deux capitaines ; Michel Herbinière, 30 sols d'un lieutenant.

Lesquels commandants néanmoins ont fait signer aux nommés M. Catois, collecteur de l'année, Cl. Guillouard et Fr. Louin, de force et violence, comme s'ils avaient payé suivant l'ordre du roy ainsi qu'ils ont signé avec nous en mon registre.

Nous ne connaissons pas le résultat de cette protestation indignée.

Ce n'étaient pas toujours des fantassins qui effectuaient leur passage par Joué-du-Bois, on y a vu aussi de la cavalerie. En voici la preuve :

Le dimanche 12 juin 1690, devant nous... les paroissiens de Joué-du-Bois se sont réunis particulièrement pour aller contester

(1) Colbert répara les anciennes routes et en construisit de nouvelles comme l'avait fait Henri IV (1663) (H. MARTIN).

demain à Falaise sur les prétentions de Mr de Guémanche, capitaine des deux cavaliers, qui sont logés en cette paroisse, et parler auparavant Mr de Noirville, subdélégué de Mgr l'Intendant. Pour cet effet ont nommé les personnes de... et se sont obligés de la somme dont ils demeureront d'accord....

Et trois ans plus tard, en 1693 :

Conformément au mandement à eux envoyé, les habitants de Joué-du-Bois firent cueillir la somme de 382 l. pour la solde des cavaliers.

2° *Milicien, sa nomination.* — Pendant le règne de Louis XIV, l'armée eut ses jours d'épreuves. Les guerres heureuses n'en furent pas moins des guerres onéreuses. Il fallut donc imaginer des moyens nouveaux de se procurer des soldats sans trop puiser dans les caisses de l'État. C'est alors qu'une ordonnance (20 novembre 1688), prescrivant une levée de 25.050 hommes pour toute la France, exigea des paroisses un concours spécial et proportionnel à l'importance de chacune. Ce nombre fut tout d'abord réduit à sa plus simple expression : on ne demande à Joué-du-Bois, en 1689, qu'un seul milicien.

Pour le choisir, les habitants se réunirent « *en forme de commun* et les présents se faisant fort pour les absents, ils dénommèrent la personne de Jacques Levannier fils, de la dite paroisse, afin qu'il satisfasse et fasse les fonctions suivant que l'ordonnance le porte, si bien que les dits paroissiens n'en souffrent aucune perte ni dommage » (1689).

Ainsi ce n'est plus le fief, ce n'est plus le seigneur qui est imposé dans la circonstance, c'est la paroisse ; c'est elle qui choisit, c'est elle qui est responsable devant le roi : par là même, il faut qu'elle examine son milicien et qu'elle le surveille au moins jusqu'à l'arrivée au corps.

Comme sur ce point, les habitants de Joué-du-Bois en étaient à leurs débuts et qu'ils avaient insuffisamment étudié les articles de l'ordonnance de Sa Majesté, ils commirent une grossière erreur. S'en étant aperçu à temps, ils y remédièrent le jour même par le délibéré suivant :

Devant nous Guillaume de Vauclin de la Lande, prêtre, écuyer, sieur du Détroit et curé de Joué-du-Bois, se sont assemblés les paroissiens du dit Joué-du-Bois en forme de commun et de général dont les noms et surnoms s'ensuivent... tous se faisant fort pour les absents afin de satisfaire au contenu de l'ordonnance à eux envoyée par Sa Majesté qui porte de mettre *un* soldat au régiment de *cavalerie* pour leur *part* ; ont dénommé la personne de Jacques Chauvin fils, Michel dit la Violette au lieu et place de Jacques Levannier, qu'ils ont déchargé après avoir fait *aparoir* l'extrait du baptistère de son an d'âge, afin qu'il satisfasse et fasse les fonctions suivant que la ditte ordonnance le porte, si bien que les dits paroissiens n'en souffriront perte ni dommages (1689, 16 novembre).

. J. Levannier n'avait plus ou n'avait pas l'âge voulu. Son vif désir d'entrer dans l'armée lui avait fait déguiser la réalité. Le premier délibéré ayant force de loi, il en fallut un second pour l'annuler et rendre la liberté au milicien manqué.

J. Levannier ne quitta pas son village. J. Chauvin se rendit au régiment. Son séjour y fut bien court : il trouva le métier très dur, les chefs peu commodes, la nourriture pas de son goût et déserta. Mais la paroisse ne fut pas déchargée pour cela. Le 20 février 1689, elle se réunit pour satisfaire au mandement à eux envoyé par Sa Majesté qui est que les dits paroissiens aient à lui fournir un soldat *tout équipé*. Veu aussi que Jacques Levannier a été déchargé, veu son âge et que les dits paroissiens avaient mis à sa place le nommé Jacques Chauvin qui *s'est en allé veu son évasion*. Les dits paroissiens, pour éviter à une amende et pour obéir à l'arrêt, ont dénommé la personne de Mathurin Daliphard, fils Guillaume, que les dits paroissiens équiperont suivant qu'il leur est enjoint, afin que le dit Daliphard les décharge.... »

La continuation de la guerre nécessita de nouveaux mandements. Celui du 6 février 1690 exigea un archer et un soldat qui servit dans la compagnie du sieur Mallet, capitaine. En 1694, les miliciens de Joué-du-Bois furent Michel Guillouard et Nicolas Esnult qui « s'obligèrent à servir pour la paroisse si bien et à temps que les paroissiens n'en auront aucune perte ». Le *procureur syndic* fut autorisé à leur verser « 50 livres quand ils seront près de partir ».

L'année suivante (1695), au mois de décembre, soit à cause de la mort ou du renvoi d'un des miliciens, soit parce que le roi avait lancé un nouveau mandement, les habitants de Joué-du-Bois réunis, après avoir conféré entre eux « nommèrent la personne de Mathurin Riault, lequel servira à la décharge de la dite paroisse dans la compagnie du sieur Mallet, capitaine, si bien qu'ils ne souffriront aucun dommage, perte, peine ni intérêts »

3° *Équipement*. — Le soldat requis par le roi et nommé par les paroissiens devait emporter tout son fourniment. Voici comment on y procéda le 16 mars 1689 :

Les paroissiens consentirent qu'il fut cueilli sur un chacun d'eux, suivant l'ordre du roi, savoir la somme de 80 livres pour équiper et habiller le soldat de la milice, laquelle somme sera cueillie par les collecteurs de la présente année.

Quatre-vingts livres pour habiller un homme des pieds à la tête ! C'était maigre et toutefois ce fut suffisant.

Le 4 décembre suivant, il y eut réunion nouvelle des paroissiens. Michel Daliphard, le premier procureur syndic dont nous avons rencontré le nom, réclama au commun « par rapport au milicien, quelques nouveaux deniers, non plus à l'occasion de ses vêtements, mais pour payer ses étapes suivant et conformément qu'il est porté par le mandement de Sa Majesté ».

Des soldats ainsi habillés et équipés devaient avoir une singulière tournure !

Les paroissiens agissaient avec la plus grande parcimonie. Ainsi, en 1690, ils accordèrent à Toussaint Chauvin, le soldat de la milice, ce qu'il fallait pour raccommoder son habit et lui procurer chapeau, culotte, souliers, bas et autres choses nécessaires pour le mettre en état de pouvoir marcher suivant l'ordre du roi, lorsqu'il plaira à Sa Majesté » (6 février 1690). Toussaint reçut 15 livres ; dans cette somme « n'est compris ni l'épée ni le fourniment qui sera en plus trouvé par eux paroissiens » (6 février).

Le 20 février, les habitants se réunirent de nouveau. Pour 21 livres, ils s'étaient procuré le fourniment du soldat de la milice : épée, ceinturon, *bandollière* et une *poire* (pour la poudre).

Les registres présentent-ils ici une lacune ? Le premier soldat, Toussaint Chauvin, était-il déjà parti ou bien s'était-il rencontré des motifs de le remplacer ? Nous ne savons qu'une chose : le fourniment dont nous venons de dire le détail fût remis, non à Toussaint Chauvin, mais à Mathurin Daliphard qui avait déjà été milicien.

Au commencement de 1696, les habitants se *congrégèrent* de nouveau ; il n'était pas dans leurs habitudes de régler un grand nombre d'affaires dans une séance. Cette fois, ce fut pour fournir un fusil au soldat de la commune (mars 1696). Le fusil coûta 9 livres que J. Guillochin eut l'obligeance d'avancer « jusqu'à Pâques prochain ».

Le 20 mai suivant, on eut de nouveaux embarras à résoudre.

Les gendarmes du temps avaient été appelés dans la paroisse ; d'un autre côté, un des miliciens avait exigé un fusil premier choix, si nous comparons son prix à celui du précédent. Les paroissiens arrêtèrent donc « qu'il serait fait la somme de 24 l. 8 s. d'une part et 4 l. 10 s. d'autre part, savoir les 24 l. pour avoir fourni un fusil au milicien ; les autres 4 l. 10 s. pour avoir payé aux archers de la maréchaussée, suivant l'ordre de Mgr l'Intendant et pour le taux du milicien, lesquelles sommes menant à celles de 28 l. 18 s. « pour quoy ils donnent pouvoir à Jullien Chauvin et ses consorts, collecteurs des *ustancilles* (1), d'asseoir la dite somme sur les dits paroissiens ».

III. OBLIGATIONS DES JEUNES GENS : taxe, tirage, révision, soldat provincial. — Autrefois la jeunesse jouissait, au point de vue militaire, d'un privilège que nos Normands modernes se laisseraient volontiers imposer. On racolait, pour en faire des soldats, des désœuvrés aux yeux desquels, après boire, on faisait miroiter le noble métier des armes (2). Les autres restaient au foyer paternel.

Au XVII⁰ siècle, l'on vit cependant beaucoup de fils de fermiers et de riches bourgeois qui s'engagèrent pour être exempts de la taille, mais ordinairement, ajoute Henri Martin, ils avaient l'arrière-pensée de se faire renvoyer au plus tôt)3).

La milice instituée en 1688 ne fut primitivement qu'un service de volontaires. Les jeunes garçons n'eurent tout d'abord que des charges absolument légères.

1° *Taxe*. — En 1694, au moment du départ, à cause de réclamations présentées par les miliciens, il y eut réunion des habitants au presbytère, non un dimanche ni un jour de fête comme on avait coutume de le faire, mais un jour non férié. Ce jour-là, en vertu de conventions ou plutôt d'ordonnances nouvelles, il fut arrêté « qu'il serait payé à *chacun* d'eux, par les *garçons* de la dite paroisse, 50 l. et 60 s. à Michel Guillouard pour raccommoder son fusil. Desquelles sommes, il sera dressé un roole. Et les

(1) Voir ce que nous avons dit au chap. : Impôts secondaires. — On leva des impôts presque réguliers pour les *ustanciles* et fourrages de la troupe. On en leva aussi pour le port de la Rochelle.
(2) Chanson de Vadé.
(3) Histoire de France.

miliciens seront déroolés de la taille ». En 1695, le fourniment entier fut à la charge des jeunes gens (4).

En 1725, la milice commença à se lever d'une manière plus régulière, et parce qu'on n'ambitionnait plus guère l'honneur ou le profit d'en faire partie, le syndic eut la charge de dresser la liste des jeunes garçons ayant l'âge indiqué par les règlements.

2° *Tirage*. — Vers 1730, le tirage pour la paroisse de Taillebois eut lieu au château des Yveteaux, chez M. de la Fresnaye, subdélégué de l'intendant (2). Où eut-il lieu pour Joué-du-Bois ? Nous l'ignorons. Mais, comme à Taillebois, le tirage avait lieu sur une liste dressée par le syndic. Nous avons retrouvé celle de 1758 (3).

3° *Révision*. — La grande liberté dont jouissaient les paroisses dans le choix des miliciens n'empêchait pas le gouvernement de prendre ses précautions ; il ne pouvait se fier à la science chirurgicale de nos paysans. Il eut été fort désavantageux pour tous de n'avoir au régiment que des hommes incapables et peu robustes.

Les règlements militaires eurent la sagesse de prévoir ces désagréments, et chaque nouveau soldat eut l'obligation d'être présenté, par le procureur syndic, à la visite d'un homme spécial en résidence dans les Élections : c'était le début des conseils de révision. Existaient-ils depuis longtemps ? C'est possible. Le dé-

---

(1) Délibérés.

(2) Essai sur le Tiers-État rural, ou les Paysans de Basse-Normandie au xviiiᵉ siècle. Thèse présentée et soutenue par le Père Bernier, docteur èslettres de l'institution Sainte-Marie de Tinchebray devant la faculté de Caen.

(3) État des garçons de la paroisse de Joué-du-Bois pour la milice de l'année mil sept cent cinquante-huit.

Pierre Lemeunier, propriétaire ; Jean-Jacques Lemeunier, propriétaire ; Michel Guillochin, propriétaire ; Jean Esnult, propriétaire ; Marin Esnult, propriétaire ; Jean Coupri, fermier ; Jean Mançon, propriétaire ; François Catois, propriétaire ; Jean Catois, fermier ; François Guillochin, fermier ; Michel Guillouard, fermier ; Louis Guillouard, propriétaire : Michel Guillochin, propriétaire ; Thomas Mançon, propriétaire ; François Mançon, propriétaire ; Jacques Dalifard, propriétaire ; Mathieu Guillouard, propriétaire ; Jean Cullier, domestique ; François Sintellier, propriétaire ; Marin Bocher, fermier ; François Bocher, fermier ; Jean Boul, domestique ; Guillaume Mançon, propriétaire ; Charles Vimont, propriétaire ; Jacques Broust, fermier ; Germain Broust, fermier ; Jean Gautier, fermier.

27 garçons, dont 16 sont dits propriétaires, neuf fermiers et 2 domestiques, tel était le bilan de l'année 1758. Joué-du-Bois ne se ressemble plus.

libéré du 24 février 1693 est le premier document qui nous ait fait découvrir leur établissement. Nous plaçons ici le délibéré qui nous apporte sur ce point et plusieurs autres des renseignements précieux :

24 février 1693. Les habitants de Joué-du-Bois se réunirent pour asseoir et cueillir les sommes ci-après dénoncées sur un chacun d'eux au marc la livre : pour avoir conduit et *mené par devant* Mgr l'Intendant et commissaires des miliciens pour être reçus à la décharge de la dite paroisse, 11 l. 7 s. ; plus pour la dépense de la garnison et argent baillé en conséquence 14 l. 1 s., plus pour les deux fusils et épées et ceinturons, 32 l. ; plus pour avoir mené le milicien par les trésoriers *en revue* à Argentan, suivant l'ordre de Mgr, 64 s., toutes lesquelles sommes revenant en celle de 60 l. 11 sols.

Il y eut plus tard une subdélégation militaire à la Ferté-Macé.

4° *Soldat provincial.* — A côté du milicien, il y eut, à la fin du XVIIIe siècle, un autre genre de soldat. L'ordonnance du 1er décembre 1774 nous le fait connaître. Nous donnons ici les articles 11 et 12 du titre X.

Le soldat provincial qui aura achevé son service (1) jouira de l'exemption de la taille pendant un an, à compter de l'année prochaine ; s'il se marie dans le cours de la dite année, il aura ce privilège pendant deux années de plus : laquelle exemption aura lieu, tant pour la taille industrielle que personnelle, pour ses biens propres ou pour ceux qui lui viendront du chef de la femme.

Dans le cas où il prendrait pour le dit temps des fermes ou exploitations étrangères, il jouira pendant une année de plus de l'exemption de taille, ainsi qu'il est expliqué ci-dessus.

S'il demeure dans une ville tarifiée, il jouira pendant le dit temps de l'exemption des droits de tarif qui tiennent lieu de la taille.

Enjoignons aux collecteurs et habitants de faire jouir le dit soldat des exemptions qui lui sont accordées, à peine de répondre, en leur propre et privé nom, des impositions auxquelles ils l'assujettiraient ; à l'effet de quoi, le dit soldat sera tenu de représenter le présent certificat dans un mois de ce jour, tant au syndic qu'aux collecteurs, pour être par eux visé et enregistré gratis et, faute par lui d'y avoir satisfait, il sera privé des exemptions ci-dessus. Fait à Alençon, le 15 janvier 1788.

Signé : Jullien, intendant.

Congé de Nicolas Hubert, soldat du sort de la levée 1782, servant pour la paroisse de Rânes.

(1) Six années.

Lorsqu'un malheur arrivait aux parents du soldat, le procureur fiscal avait la mission de prendre ses intérêts. La pièce suivante le dit positivement :

Je soussigné, Michel Gérard, caporal au régiment de Guienne, reconnais que le procureur fiscal de la haute-justice de Joué-du-Bois m'a remis les clefs mentionnées dans le répertoire faits après la mort de mon père, ainsi que les meubles déposés chez Guillaume Retout, lesquels je tiens quittes.

7 juin 1776.

CHAPITRE VII. — Vie domestique

—

I. Habitation. — Au village de la Vallée, sur le bord de l'ancien chemin de la Ferté-Macé à Carrouges, se voit un modeste rez-de-chaussée couvert de chaume et présentement inhabité. L'amateur y remarque une gracieuse fenêtre aux moulures renaissance, des pierres chanfreinées et un débris de linteau du xvᵉ siècle.

A l'intérieur, l'unique salle renfermait naguère encore, à côté d'une vaste cheminée à jambages, corbeaux et manteau travaillés suivant le genre de l'époque, un modeste lit de chêne avec ses quenouilles à huit pans, son ciel colossal et ses rideaux de serge bleue. Plus loin, à la file, étaient rangés une armoire aux nervures saillantes et aux panneaux irréguliers (1) et enfin le vieux bahut de la grand'mère avec ses plissés, ses sculptures savamment fouillées et sa serrure monumentale.

Cette demeure, berceau commun des deux familles Guillouard de Brais et la Vallée qui ont fourni des prêtres à l'Église, des avocats au barreau et des chirurgiens à la contrée, parut insuffisante à ceux que le commerce ou les situations libérales avaient enrichis. La construction nouvelle possède plus de confortable, mais les détails n'ont été exécutés, ni avec le même goût, ni avec le même fini.

(1) Au Mont-Pelé, à la Heurteventière, à la Fétisière, on trouve encore des meubles de cette époque.

Les villages de Joué-du-Bois ont encore un certain nombre de vieilles habitations de l'époque dite anglaise (1). Les communs de la ferme de la Heurteventière ont des portes cintrées. Les appuis des deux vieilles maisons de la Fontenelle sont tourmentés de moulures ; deux linteaux sont chargés de haches d'armes et de lis couronnés. Aux Rochers, l'écusson est dominé par la croix. Au bourg, on a grossièrement représenté sur le granit une pièce d'eau avec le ruisseau par lequel elle semble se déverser. A la Conilière et un peu partout, nous avons rencontré des accolades et des chanfreins, des grillages en forme de treillis et des corbeaux de cheminées très variés. Au Haut-Désert, avec plusieurs débris, nous avons reconstitué les larges et belles fenêtres à meneaux du logis brûlé au siècle dernier.

Les deux maisons qui ont présentement le plus d'intérêt sont sises, l'une à la Frélonnière et l'autre au Mesnil. La Frélonnière appartint aux Gérard ; le Ménil, à la famille Robichon.

A la Frélonnière, la maçonnerie est en grand appareil ; l'entablement riche, les rangées de solives bien polies et la cheminée superbe. *L'en-bas* comprenait trois salles avec vestibule ; *l'en-haut*, une seule chambre.

Le Ménil, plus important et plus ancien comme l'indiquent son genre de maçonnerie, ses pleins cintres et ses ogives, est très curieux sous tous les rapports. Les personnages qui l'ont habité en font, pour notre pays, une véritable maison historique, rappelant les noms de deux chanoines, de plusieurs avocats (2) et ceux des Challemel-Rocoux et Lacour.

L'ouvrier était moins largement logé que le propriétaire. Ce qui suffit aux pauvres, il y a trois cents ans, leur suffit encore dans la plupart de nos hameaux. Mais si beaucoup n'ont pas changé le genre de leurs maisons, il n'en a pas été de même du costume, de la nourriture et de beaucoup d'autres usages.

II. Costume, nourriture. — Qu'on nous suive un instant chez un cultivateur des anciens temps.

Voici un vénérable vieillard à la taille élevée et aux larges épaules. Ses souliers de gros cuir sont attachés avec de fortes

(1) Nous en avons compté 43.
(2) De Livet, chanoine de Rouen (1572) ; de Livet, chan. de Séez (1789) ; R. de Livet, avocat (1760).

courroies ; une graisse épaisse conserve encore les gouttelettes de la rosée du matin. Ses hautes guêtres blanches sont boutonnées sur le côté. Sa culotte est bouffante ; deux petites ficelles à l'avant, deux autres avec billette à l'arrière la retiennent sur les hanches. La chemise forme tout autour un bourrelet aux formes irrégulières. Le gilet est fermé et protège la gorge de son col monumental. Les deux côtés de la petite veste bleue volent au vent ; le chapeau au large bord est renversé. Un panier au bras gauche, en la main droite un bâton noueux et ferré, avec poignée et lanière complètent l'accoutrement.

Le villageois se hâte ; il a déjà passé plusieurs échaliers. La saison d'été, bien avancée pourtant, n'a pu sécher le vieux chemin.

Il arrive au bourg, fait emplir ses bouteilles de la meilleure eau-de-vie, car il tient à régaler d'un fort coup les jeunes gars qui vont battre son sarrasin. Il absorbe lui-même un bon verre, fait quelques petites commissions et reprend le chemin de son village.

Au milieu de sa course, il s'arrête : « S'il m'avait donné de la drogue, se dit-il tout songeur, c'est tantôt qu'on rirait de moi ». Il ouvre le panier et applique ses lèvres sensuelles au goulot d'une des bouteilles. Aussi quand il apparaît à la barrière de sa cour, son verbe est haut, sa figure animée, toutefois le pas est demeuré ferme.

La Moutonne (c'était sa femme) vaque prestement aux besoins du ménage. Ses sabots sont rouges ; sa robe courte a de voyantes rayures ; son tablier est large ; un mouchoir vert est placé en sautoir sur ses épaules ; une baverette cache sa poitrine ; ses bras musculeux sont presque découverts ; enfin un petit bonnet encadre sa figure énergique.

En déposant les flacons dans sa *maie*, la Moutonne devine ce qui s'est passé ; un regard et un geste expressifs désignent le coupable qui sut calmer sa femme en disant : « Allons, Moutonne, ne te fâche pas ; elle était si bonne ! »

Bientôt la vaste cheminée est remplie d'un brasier ardent ; la broche tourne sous la main d'un gamin qui alterne avec sa jeune sœur ; l'oie traditionnelle rôtit suant sa graisse.

Le soir, il y eut gala chez le père Normand : soupé de bœuf, petite oie, salade et grosse oie, rien ne manqua. On but cidre et poiré à fortes rasades. Peu après, chacun se mit à vanter ses prouesses, sa force, son habileté et ses coups malins. Le maître de la maison fit le compte des litres d'eau-de-vie qu'il avait absorbés dans ses courses au pays d'Auge et à son domicile avec ses amis. Il en fit trois tonneaux et fut proclamé le héros des héros, le brave des braves. Là-dessus, on prit la goutte, on chanta les chansons et chacun alla goûter les douceurs d'un repos mérité.

Le lendemain matin, jour de vendredi, la Moutonne se leva à la première aurore. Sa toilette était si peu longue ! Ce matin-là peut-être, la prière n'eut pas toutes ses oraisons. Immédiatement on se mit à l'œuvre. Les deux cuisses de l'oie réservées la veille furent plongées dans le pot de graisse recuite et les os grattés pour les rillettes ; la bouillie était cuite que le mari dormait encore. Éveiller son monde, habiller les enfants, faire dire un *Pater* et un *Ave* en passant les boutons fut affaire de quelques minutes.

La famille se range autour du chaudron, cuillers en main. La petite fille, éclairée par l'expérience, souffle prudemment sur chacune des bouchées ; le jeune frère n'oublie pas de visiter le trou au beurre pratiqué au milieu de la bouillie; le plus âgé empiète sur le gratin de ses voisins.

Le repas dura peu. A midi, Après l'ordre remis dans la cour, tous se retrouvaient en bon appétit. Les galettes que la Moutonne avait fait cuire épaisses sur la *tuile* furent bien accueillies. Au soir (chez la Moutonne les mets étaient variés), le personnel de la maison fit son régal avec des *pouls* lavés (bouillie d'avoine) ; on y avait joint un peu de lait doux pour en corriger l'amertume.

Le samedi, l'ordinaire eut ses nuances légères ; les privilégiés firent rôtir des tranches de bouillie et les mangèrent en guise de poissons ; les autres prirent un morceau de pain de sarrasin et le trempèrent dans le poiré. La galette revint au midi et la bouillie d'avoine au soir.

Les restes de la *petite oie* étaient réservés au dimanche. On y ajouta un morceau de lard et, le soir, comme il vint des amis, on prit au jambon des tranches largement taillées que l'on fit cuire dans le beurre avec des oignons coupés.

Ce fut ainsi chez le père Normand ; c'était de même depuis trois siècles chez tous nos cultivateurs.

III. Foires et marchés. — Le mercredi suivant, on fit au matin une demi-toilette. La Moutonne mit son tablier rouge et son haut bonnet pointu. Le beurre, façonné la veille, fut placé dans le joli panier d'osier ; les œufs et quelques volailles dans celui que le père avait clissé l'hiver précédent. Cependant, le grand Normand enfourche son bidet et place devant lui les deux paniers attachés ensemble par une forte prolonge. La Moutonne se met en croupe et les voilà partis. Deux heures plus tard, ils étaient à Carrouges. Ce jour-là, l'avoine coûta 20 s. le boisseau, mesure de Carrouges. Le père Pierre s'assure un homme d'août à 16 s. par jour, vend 32 l. un bon tonneau de poiré ; convient de payer son maçon 13 s. la journée et son couvreur 13 s. 6 d. ; commande un tonneau de chaux d'Écouché à raison de 12 l. 1 s. avec 18 s. pour l'éteindre ; l'ardoise lui coûte 14 l. 4 s. le mille avec un surplus de 20 s. pour le transport (1).

De son côté, la Moutonne avait allègrement fait son marché. Après avoir vendu son beurre 6 s. la livre, ses œufs 4 s. la douzaine et ses gélines 8 s. la bête, elle put s'occuper de ses provisions. Une livre de viande lui coûta 3 s. ; pour deux s., elle eut à la criée une tête de brebis et une *courrée* de cochon ; elle put encore acheter un mètre de serge bleue, afin de raccommoder les rideaux de son lit et une petite paire de sabots pour le petit garçon qui avait marché nu-pieds tout l'été (2).

Elle se disposait à partir, lorsque son mari se souvint des commissions de M. le Curé. Il y courut : « les deux sangles pour descendre les morts coûtèrent 6 s., et les signes en laine du Graduel et de l'Antiphonaire, 1 s. 6 d., la façon des cordes des deux cloches fut soldée 25 s., et le beau falot pour porter le Saint-Sacrement, 37 s. 6 d. » (3).

Pierre Normand accourut au plus vite ; il savait que la Moutonne n'était guère patiente et il tenait à ne pas la contrarier. L'on partit tout en raisonnant des affaires.

Après un sommeil réparateur, le vigilant cultivateur se rendit le lendemain avant le jour à la foire de la Ferté. Là il acheta 42 l., à moitié prix de leur valeur, les deux vaches de puissante dame

(1) Prix relevés sur le registre de la fabrique (1648-60).
(2) Registres divers. Archives de la fabrique.
(3) Registres divers. Archives de la fabrique.

Philippe de Moussy-Bariot, dame des Fourneaux, du Champ-de-la-Pierre et patronne de Joué (1) ; 36 l. une cavale rouge et 54 l. une belle pouliche de 3 ans qui sortait aussi des écuries de Mme des Fourneaux ; une vache de dîmes lui coûta très peu de chose (3).

La journée avait été bonne ; on put copieusement dîner avec deux amis pour 44 s., aller entendre sur la place du château les saltimbanques de la Saint-Mathieu et arriver à son domicile à la chute du jour.

IV. État des personnes. — A la même époque, le paysan enrichi occupait, entre l'ouvrier agricole ou industriel et le noble, une place intermédiaire. Aîné dans son village, syndic, trésorier ou collecteur dans sa commune, il devint naturellement un personnage considérable. Il rendait service aux vassaux et aux châtelains. Avec un peu de bonne volonté, il se conciliait parfaitement l'affection des *puisnés* qu'il ne tourmentait pas et du seigneur auquel il servait fidèlement les redevances perçues. Sa petite fortune lui permit bientôt d'aspirer aux positions libérales. Il devint chirurgien, bailli de haute-justice, conseiller et procureur du roi, avocat, sergent, procureur fiscal et tabellion. Lorsqu'il n'avait pas de goût pour les bouquins de la jurisprudence et de la médecine, il organisait des tanneries ou faisait quelque commerce.

A Joué-du-Bois, quelques-uns furent les intendants et les gardes des grands seigneurs du pays.

Ce sont ces *bourgeois* ruraux qui tinrent le haut du pavé dès le xviie siècle ; ce sont eux qui supplantèrent les petits seigneurs et conduisirent les affaires de la plupart des paroisses. Et précisément parce qu'ils se sentaient quelque chose, ils se mirent partout à singer l'aristocratie. Les noms portés par les ancêtres

---

(1) Registre des contrats et ventes de Joué-du-Bois (1652).

(2) Les prix indiqués ci-dessus ne sont pas fantaisistes. Nous les avons copiés sur un compte de 1666 et sur des *brefvets* rédigés par un des vicaires de Joué-du-Bois au xviie siècle. Vaches et cavales, œufs, beurre et avoine étaient ordinairement achetés ou livrés à Carrouges et à la Ferté. Toutefois une partie des animaux dont nous précisons les prix furent vendus dans des conditions à part puisque de leur vente on a dressé des procès-verbaux qui nous sont restés.

Les noms mis en avant ne sont même pas supposés.

leur parurent manquer de sonorité et de distinction : on s'empressa d'y ajouter ceux d'un hameau ou d'un coin de terre quelconque et l'on devint M. du Haut-Désert, M. de Gourbe, M. la Vallée, M. Raitière, M. de Livet et M. Rocoux. On n'en finirait pas s'il fallait mettre en ligne tous les noms que nous avons relevés.

L'ouvrier, qui n'était plus serf depuis Louis XI, avait la facilité de gagner sa vie. Il y avait tant à faire aux forges, aux tanneries, dans les bois et à la culture que les bras manquaient ordinairement. Nous avons maintes fois constaté la multiplicité et la variété des métiers : maréchaux, charrons, cordonniers, cloutiers, tissiers, filotiers, boulangers, épiciers, maçons, couvreurs, charpentiers, bouchers, bûcherons et autres exerçaient dans la paroisse (1675). Allaient-ils souvent absorber leurs bénéfices chez J. Blot, cet illustre hôtelier qui portait le lys sur son enseigne ? Nous ne le supposons pas.

Les femmes travaillaient aux champs et dans leur ménage, filaient le chanvre et la laine, tricotaient leurs bas et lavaient les lessives. Parmi les jeunes filles, on trouvait couturières, journalières et servantes.

A côté de tout ce monde occupé, voyait-on des désœuvrés, des fainéants, des indélicats et toute cette tourbe déguenillée qui est et sera toujours la plaie de la société ? Hélas ! oui ; les pauvres ou des gens regardés comme tels, dès cette époque, allaient par bandes solliciter la charité publique ; les fermes réputées charitables en abritaient souvent une vingtaine auxquels on donnait la soupe et le couvert (1).

Cette constitution de la vie intime n'a rien qui puisse surprendre les personnes un peu âgées. N'ont-elles pas vu s'opérer les changements qui nous ont rendus différents de nos pères ? Qui, parmi les vieux, ne se rappelle les costumes antiques, les grands bonnets, les mouchoirs aux couleurs variées, les tabliers rouges, les robes de Saint-Lô, les guêtres, la culotte courte et le petit veston ? Qui ne se souvient du repas frugal, des bahuts et des lits à quenouilles qui composaient l'ameublement ?

La société que nous avons connue dans notre enfance, sem-

---

(1) La fondation de charité de Josselin Le Verrier rendit aux pauvres d'importants et utiles services.

blable à la société ancienne, était pleine de gaieté et d'entrain. L'on vidait les maisons pour assister aux jeux du carnaval ou de la soule ; les jeunes *gars* et les jeunes filles prenaient, sous les yeux de leurs parents, les plus joyeux ébats. L'on partait à la Guibray et à la Saint-Gilles paré de ses plus beaux habits.

Depuis lors, un changement radical s'est produit ; les rires sonores et les chansons ne sont plus de mode. La vitesse avec laquelle tout passe, se fait et se défait, a rendu les hommes sérieux ; l'enfant surmené est pressé de s'instruire ; le jeune homme a hâte de se faire une position et le commerçant de s'enrichir. Le plus souvent, le temps manque pour le plaisir. L'auberge et l'alcool ont remplacé les assemblées populaires et les veillées champêtres autour du pichet de cidre.

Devons-nous plaindre nos ancêtres ou leur porter envie ? Souvent malgré la dîme et les droits féodaux dont on a exagéré les ennuis, ils ont vécu joyeux dans leurs foyers féconds. L'homme de nos temps modernes serait fort dépaysé au milieu des âges qui nous ont précédés, et ceux qui ont vécu sous Louis XIV s'accommoderaient peut-être assez mal de nos mœurs actuelles. Le bonheur est pour celui qui est content de son sort.

C. MACÉ,
Curé doyen d'Athis.

APPENDICE

I

Noms des prêtres qui naquirent ou vécurent à Joué-du-Bois(1), *de 1645 à 1704, Mre Guillaume de la Lande, étant curé.* Tome IX, 217.

Michel Robichon, curé de la Chaux, démissionnaire en 1660, chapelain de la prestimonie du rosaire et trésorier de la fabrique jusqu'à sa mort, 1675.

Gabriel Robichon, sous-diacre (1645).

Pierre Robichon, ordonné en 1655, successeur du précédent à la chapellenie et trésorier, de 1675 à 1684.

Jacques Robichon, son cousin, sous-diacre en 1655, ne fut point admis à recevoir les ordres supérieurs. Il mourut en 1675, à l'âge de 69 ans.

Claude Le Noir, vicaire de la paroisse pendant plus de trente ans, décéda en 1679, à l'âge de 70 ans.

Étienne Berout, mort en 1696, à l'âge de 89 ans, et René Berout, son frère, curé de Cossesseville. Ils avaient à la Fontenelle une petite propriété qu'ils vendirent à Jean Catois, sieur de la Fontenelle, conseiller du roi.

Julien Brout, prêtre, fut inhumé en l'église (1661). On voit encore sa pierre tombale du côté de l'Evangile.

Jean Berout, prêtre en 1650, curé de la Chaux de 1660 à 1689. Julien Berout, son neveu, vicaire à Joué-du-Bois en 1684, curé de Saint-Marc-la-Jaille jusqu'en 1689, installé à la Chaux en 1690.

Étienne Coupry, d'abord chapelain du Belle, devint curé de Saint-Georges et doyen d'Annebecq en 1650.

Michel Chauvin fut vicaire en 1655.

Jean Catois vendit ses héritages sis à la Fouquière en 1651.

Pierre de Lonlay fut prêtre habitué en 1653 et trésorier en 1649.

Jean Coupry (1675-99).

Zacharie Guérin (1676-82).

Mathurin Manson (1680).

---

(1) Dans un catalogue ms. des abbés de Saint-André-en-Gouffer, on trouve indiqué, sous le n° 11, dom Raul de Joué-du-Bois, mort en 1315.

Michel Mesnil (1681-88).

Michel Le Vannier (1669-97).

Étienne Catois, vicaire (1674).

Philippe La Vigne, vicaire en 1681.

Jean Gérard (1656).

Nicolas Gérard, vicaire (1685), fut pendant plusieurs années curé de Chahains et mourut aux Quinze-Vingts après avoir fait son testament en faveur des Guillouard La Vallée, ses parents.

Étienne Gérard, vicaire de 1690 à 1704.

Claude Desanière, du village de la Grandière, fut ordonné et nommé vicaire de Joué-du-Bois en 1692. Il demeura longtemps à ce poste.

Étienne Levannier (1691).

Étienne Berout (1680).

Thomas Guillouard, l'aîné, titulaire de Saint-Roch.

Michel Christophe, curé de Courdesaire. Il vendit son bien par procuration passée au notariat de Dame-Marie (1665).

Thomas Guillouard le jeune, sieur de Gourbe, né à la Vallée et chapelain de la prestimonie de Rânes fondée par M. de Mieuxcé. Il mourut au commencement du xviiie siècle. Son testament est un modèle du genre.

Gilles Lagrue, dont la famille vint se fixer à la Fouquière en 1696.

Pierre Estienne, curé de Nonchaton, au diocèse de Coutances, de bonne heure prêtre habitué chez son frère, sieur du Belle.

François de Livet (un Robichon), curé de Chahains en 1685.

François Chéradame, curé du Ménil-Broult en 1685.

Pierre Liger, curé de Courteilles, mort prêtre habitué à la Fouquière en 1679.

Vers 1682, noble homme François de Joanne de la Dronnière, curé de Châlons et aumônier de la Reine, vint souvent dans la famille de Jacques Robichon dont il avait béni le mariage avec damoiselle Jeanne de Cagnou, en présence de Claude de Cagnou, écuyer, et de Antoine de Catey, écuyer.

Pierre Du Bois, de la noble famille des Du Bois, curé de Nécy, résida chez ses parents des Illières.

Bernard la Potaire, curé du Mans, né à la Haye, en Joué-du-Bois, bénit, en 1682, le mariage de son cousin Henri de Récalde avec Marie Louin.

Jean Challemel, prêtre et parent des Robichon, assista, en 1689, à l'inhumation d'un de ses cousins.

Jacques Héron, curé de Rânes, nomma, avec damoiselle Renée de Bastard, une fille de Jean-Jacques Tyfond, écuyer, sieur du Juge.

Messire Courgorel, curé de Saint-Georges, en 1683, bénit le mariage de Henry Estienne, sieur du Belle, avec damoiselle Françoise Du Bois.

Nous avons vu, au même siècle, les noms de Jean de Bannes, docteur en droit canon, et curé de Toulmont, et celui de Charles de Tallemont, prémontré, prieur du Mesnil-de-Briouze.

Au mariage de Jean-Gatien Lysieux, l'on voit un grand nombre de prêtres dont plusieurs appartenaient certainement à Joué-du-Bois.

II

*Texte latin de la sentence de l'officialité de Rouen, en faveur de
Mre Jean Guymard, nommé curé de Joué-du-Bois (tome IX, 217).*

Nos vicarii generales ad negotia temporalia ac spiritualia illustrissimi Patris dominique in Xto Jesu Jacobi Nicolaï, archiepiscopi Rhoto-
magensis, primatique Normanniæ constituti, nominationis atque præ-
sentationis ad Ecclesiam Sti Joannis *de Joué-du-Bois*, diœcesis sagiensis Germano Ricœur, equite, patrono dictæ Ecclesiæ in favorem M^{ri}
Joannis Guymard Ecclesiæ *du Champ de la Pierre* parochi, vacante sede
per mortem Guiellemi *de la Lande*, sacerdotis postremi parochi, exa-
minatis litteris atque scriptis, presente D° Petro Dufrou notario apostolico ac regali diœcesis sagiensis, postremo xⁱ anni 1703 factis ; Itidem
visis pluribus paginis publicis ejusdem M^{ri} Petri Dufrou scriptis ix^a
die aprilis, xxi^a Maii atque iv^a Junii, anni presentis, per quos compertum
fuit, dictum magistrum Joannem Guymard multoties ab illustrissimo ac
reverendissimo D^{no} D^{no} sagiensi episcopo collationem sen provisionem
dictæ parochialis ecclesiæ sancti Joannis de Joué-du-Bois, cum reve-
rentiis debitis requisivisse : ab illo tandem repulsam passum fuisse
tam propter ipsius incapacitatem quam quod oblata attestatio de vitâ
et moribus predicti magistri Guymard non sit sufficiens : postquam no-
bis aliunde constitit de litteris capacitatis morumque probitate dicti
Joannis Guymard : idcirco dictam parochialem Ecclesiam vacantem præ-
fato Guymard presenti ac requirenti, tanquam sufficienter capaci et
idoneo in examine reperto, catholico et orthodoxo : Auctoritate supe-
riore ac metropolitana Dⁿⁱ illustrissimi archiepiscopi præfati, quâ, hac
in parte fungimus, ad laudem et gloriam Dei, contulimus ac donavimus,
conferimus ac donamus per præsentes ; ita tamen ut tempus trium
mensium in seminario archiepiscopali rothomagensi, vel sagiensi
adimplere teneatur, vigesimâ octobris ant primâ mensis maii incipien-
dorum : salvo jure *deportûs.* Quocirca primo notario apostolico regio,
auctoritate cujus supra, mandamus, quatenus eumdem magistrum Joannem Guymard in et ad ejusmodi ecclesiæ parochialis sancti Joannis
de Joué-du-Bois corporalem, realem et actualem possessionem ponat,
inducat.

Datum rothomagi anno Domini millesimo septingintesimo quarto, die
vero decima mensis novembris, præsentibus magistris Jacobo Matheo
et Roberto Hubert, presbyteris in parochia sancti Petri a Castro rothomagensi commorantibus testibus ad præmissa vocatis et in minutâ
præsentium nobiscum sub signatis : de Tourouvre, vic. Gen., de
Héricourt, vic. gén.

Registré au greffe et aù controlle des insinuations ecclésiastiques du
diocèse de Rouen ce 18e jour de novembre 1704. Insinué et registré au
registre du greffe des insinuations ecclésiastiques du diocèse de Sées
par moi, greffier ordinaire soussigné. Le 20e jour de novembre 1704.
Signé : Dennecy, avec paraphe. Reçu 60 sols y compris le controlle et
paraphé avec un sceau y apposé.

I I I

Acte de présentation de Mre André Leboucher à la cure de Joué-du-Bois (Tome IX, page 286).

« Par devant les conseillers du Roy, notaires aux chancelleries de Paris, soussignés, s'est présenté René Ricœur de Basmont, du Champ de la Pierre et Joué-du-Bois, gentilhomme servant du Roy demeurant ordinairement en la ville d'Alençon étant de présent de quartier en cette ville pour le service de Sa Majesté, logé rue des Boucheries, quartier Saint-Honoré, paroisse Saint-Roch, lequel ayant appris que Monseigneur l'Évêque de Séez, pour causes et considérations à luy connues, a jugé à propos de refuser l'institution sur la nomination que le dit seigneur comparant avait *faitte* de la personne de Messire Grégoire Morel, prestre, docteur de Sorbonne, curé de Saint-Germain-le-Vasson, diocèse de Bayeux, à la cure de Joué-du-Bois, diocèse de Séez, dont le dit sieur comparant est patron laïc en la ditte qualité de seigneur de Joué-du-Bois et la ditte nomination n'étant consommée le dit sieur comparant a dit qu'étant bien informé des bonnes vies et mœurs et capacités de M. André Leboucher, prestre du diocèze de Séez, curé de Vieux-Pont au dit diocèze, il a nommé et présenté de nouveau à mon dit Seigneur l'Évêque de Séez, collateur ordinaire de la dite cure de Joué-du-Bois, la personne du dit sieur Leboucher, le priant de l'instituer en icelle et de luy accorder toutes lettres de jouissance sur ce nécessaires, les formalités ordinaires étant gardées.

Dont acte requis et octroyé à Paris, en l'étude de Doyen, notaire, l'an 1720, le sixième jour de May, et a signé la minutte des présentes demeurées au dit doyen.

Suivent les signatures (1). »

I V

Voici la copie exacte des comptes du trésor de Joué-du-Bois pour l'année 1656. (Tome IX, page 301).

Recettes. — Ensuit le compte que rendent Estienne Chauvin et Jean Gauthier Grandpré, trésoriers en l'année 1656.

Ensuit la déclaration des rentes dues au trésor de l'église de Joué-du-Bois pour l'année 1656.

A la Chandeleur. — Les héritiers du sieur de la Pichardière (village de Beauvain près la Ferrière ; la famille Broutin portait encore, au commencement du siècle le nom de cette sieurie) pour le sieur de Champ-Fresneau, à présent les héritiers Fr. Gérard de la Freslonière, 5 l.

Au 17 février. — Les héritiers Thomas Aumouette pour Mre Michel Robichon, prêtre, curé de Joué-du-Bois, à la charge de faire dire 2 *messes*, la première à la Purification de Notre-Dame et l'autre au jour du Saint-Sacrement, pour 6 l.

(1) Archives de l'Évêché.

A Pâques. — Jacques Manson-Gassonnière, à présent ses héritiers en deux parties, l'une de 33 sols, à la charge de faire dire *3 messes* pour défunte Jeanne Pierre, la première, le premier vendredi de Caresme, la deuxième à la Pentecoste, la troisième à la vigile de Saint-Jean-Baptiste, et l'autre partie de 5 sols, pour 38 sols.

A la Chandeleur. — Guillaume-Louis et Jean Guillouard, frères, et héritiers de feu Jacques Guillouard leur père, à la décharge de Simon Restout, 30 sols.

A Noël. — Robert Geoffroy et Thomas Restout, son fils, à la décharge des héritiers Guillaume Restout, 10 sols.

A la Saint-André et Chandeleur. — Nicolas Restout et les héritiers Jean Retout du Bas-Theil en deux parties, l'une de 5 sols et l'autre de 12 sols : 17 sols.

Le 3 août. — Jean et François Gauthier, frères, pour défunt Marin Gauthier, leur grand-père, 20 sols.

Au mois de juin. — Les héritiers de feu Julien et Fabien Chauvin, de l'Aitre-Desnos, 30 sols.

Au 4 novembre. — Claude Levannier, à présent Jean et Jacques Levannier frères, fils de Guillaume Levannier dit Launay, 36 sols.

Au 5 avril. — Les héritiers Jean Guillochin, du Bas-Désert, qui est Michel Barié, comme ayant espousé Marie Guillochin, héritière de Guillochin et autres, 12 sols.

Le 6 juillet. — Nicolas Désanière, fils feu Guillaume Désanière, à l'avantage de Thomas Désanière, 20 sols.

Le 1er décembre. — Mre François Robichon, prêtre, et les héritiers Gabriel Robichon avec les héritiers Guillet Gauthier, 4 sols 6 deniers.

A la Saint-André. — Jean Gérard fils Michel, du bourg de Joué-du-Bois, et Jean Christophe pour feu *Messire* Mathurin Christophe, 14 sols.

Le 8 septembre. — Daniel Druet, à la décharge de feu Eudin Christophe, 23 sols.

A la Guibray. — Jean-Jacques-Anthoine Levasnier, fils, à la décharge de Eudin Cyprien, 2 sols.

A la Saint-Jean-Baptiste. — Mathurin-Gérard *Buisson*, Michel *Chandru* et Marie Gérard, pour défunt Jean Louin, 22 sols, 6 deniers.

Le 23 décembre. — Guy Chauvin, pour feu Richard Louin, 3 sols 4 deniers. Guillaume-Michel Dalifard, fils feu Louis pour Messire Mathurin Catois, prêtre, leur oncle, à la décharge de faire dire *4 messes*, l'une le lundy de Pasques, la deuxième le lundi de la Pentecoste, la troisième le lundi de la Toussaint et la quatrième à Noël, 40 sols.

Le 8 septembre. — Simon Verrier à la Rasterie, pour Vincent et feu Messire Ambroise Dalifard, 2 sols.

Au 1er décembre. — Thomas Aumouette, à présent ses héritiers à la décharge de Louis Gaulthier, en deux parties, 20 sols.

Claude Guillouard la Rivière, fils feu Jean, pour la fieffe de son banc, 10 sols.

Jean Cuiller les Buissons, 6 sols.

René Le Vasnier *Belsaie* et Jean, son frère, Thomas Le Vannier fils

Gervais, Estienne, Jean, Anthoine Le Vanier avec Jean Le Vannier fils Jacques, au Grassion, 12 sols, 6 deniers.

A Noël. — Les héritiers Gervais, Leboulanger, du Mesnil-Foucault paroisse de la Chaux, 10 sols.

A Pâques. — Jean Gérard, fils Nicolas, une livre de cire de rente à la descharge de Pierre Guillouard du Champ-de-la-Pierre, de laquelle livre de cire il y a contract passé par devant Pierre Gauthier tabellion à Carrouges, dont le dit Gérard en doit 3 livres à Pasques. (Deux ans plus tard on le fit payer 4 livres).

Les héritiers de Jean Dalifard de la Freslonière qui sont Michel Dalifard et Pierre Boulay et Jean Millecent, à cause de leurs femmes, à la charge de faire dire 4 *messes* basses aux 4 fêtes solennelles de l'année la semaine de devant ou celle d'après et le recommander aux prières aux dits jours pour 40 sols et vingt sols au trésor par contrat passé devant Pierre Gauthier et Remy, tabellions à Carrouges, l'an 1652, en juin ou juillet, qui font 60 sols de rente dont il y a une portion de jardin plantée d'arbres fruitiers, obligée à la rente de 60 sols foncière devant la maison de feu Dalifard, du village de la Freslonnière, de quoy les dits héritiers jouissent, à la charge de faire la rente annuellement.

Testament de Gaspard Dalifard par lequel il donne au trésor de l'église de Joué-du-Bois 60 sols de rente acquittable au denier quatorze à la charge de lui faire dire 4 *messes* aux 4 fêtes solennelles de l'année, la semaine de Noël, de Pâques, de la Pentecôte et de l'Assomption.

V

Mémoire du linge rendu par Jean Gérard, prêtre ci-devant Sacristin, à Mᵣᵒ Michel Levannier, prêtre, sacriste de l'année 1663, le 23 juin. (Tome IX, p. 317).

Trois grands doubliers d'œuvre de quatre aulnes chacun ; neuf de *lentfait* (1) de deux aulnes et deux d'œuvre.

Six de toile commune *en raye* de deux aunes environ.

Aubes : six bénites, quatre non bénites.

Chapes : 3 blanches, 3 rouges, 3 noires, une violette, une verte.

Chasubles : trois rouges, une blanche, une noire, une violette, une verte.

Tuniques : 2 rouges, 2 blanches, 2 violettes, 2 noires.

Un drap mortuaire.

Il y avait deux bannières, l'une de 12 l., l'autre de 15 l. (2).

(1) Toile plus grosse.

(2) 40 ans plus tard, l'inventaire de l'Archidiacre inscrit *néant* à l'article bannière.

VI

Nous donnons aux pièces justificatives le premier des trois lots de 1516.
Il fera connaître à ceux qui ignorent les usages féodaux, la nature
des fiefs d'autrefois (Tome XII, page 179).

« Ensuit le premier lot des trois lots des partages de la terre et seigneurie de Joué-du-Bois et des terres rentes et revenus dus et devoirs
seigneuriaux d'y celle venus reçus et succédés, 1º aux enfants et héritiers de *feue damoiselle Marguerite de Beaurepaire*, en son vivant
femme et épouse de Edmond de Cobar, seigneur de Loucey ; 2º à damoiselle *Suzanne* de Beaurepaire, femme et épouse de noble homme
Jean Le Verrier, sieur de la Guiardière, et 3º à damoiselle *Jeanne* de
Beaurepaire, par le trépas de feu Fr. de Beaurepaire, écuyer, en son
vivant sieur du dit lieu de Joué-du-Bois, frère des dites demoiselles.
Par la dite demoiselle *Jeanne* de Beaurepaire faits et mis en trois lots
et partages pour être y ceux baillés aux enfants de la ditte demoiselle
Marguerite de Beaurepaire ou gardiens pour eux et au dit seigneur de
la Guiardière et à la ditte demoiselle Suzanne sa femme au nom d'elle
pour aller avant à la choisie d'y ceux chacun en son rang et degré, ou
faire ce qu'il appartiendra.

Et premièrement qui aura le *premier lot* il aura le *Manoir* seigneurial de Joué-du-Bois, cour et usages, dignités et libertés à y celui appartenant avec la Motte, fosse et fossés, doulves et petit étang
d'autour.

Le dit manoir avec ses droits et sujettions dues à y celui manoir et
doulves en quoi les hommes des dits trois lots sont sujets.

Aussi aura le droit de *patronage* et droit de présenter au bénéfice de
Saint-Jean-Baptiste du dit Joué, quand il vacquera et en son *rang* et
degré.

Item. Il aura tous les bois et jardins de tous les côtés joignants les
dits fossés et doulves.

Item. Il aura le domaine et métairie du dit lieu, tout ainsy qu'ils se
contiennent, tant en bois, hayes, circonstances et dépendances en ce
compris le pré pour les dites doulves et chaussées du dit étang tous et
tels droits qu'il en appartient. Et une pièce de terre en prey nommée
la Fontaine-au-Bourg.

Davantage il aura le grand étang de la Brousse, avec les
circonstances et dépendances.

Plus aura la moitié du pré de la Chaux, avec la sujettion des hommes sujets aux dits prés en tout et partout qu'il y en a en le dit lot.

Et outre, il aura droit de moudre franc et sans mouture au grand
moulin s'il le trouve bon.

Davantage il aura l'hommage et droit de tenure et devoirs que la
Seigneurie de Carrouges est sujet faire à la dite maison et sieurie de
Joué, le cas offrant.

Item aura le dit lot et les sujettions, franchises, dignités et libertés en toutes chôses de ses hommes et sujets en tant qu'il y en a en ce lot et demeure le bois de Blanfil commun à départir par entre eux.

Item il aura tel droit d'héritage comme la demoiselle du dit lieu de Joué a eu par acquêt de Gervais Cathois (Jouxte la lettre d'acquêt).

Item il aura les hommes, sujettions sur les terres dont les hommes sont tenants et ci-après déclarés :

Germain Héron 34 s. 6 d. une géline, six boisseaux d'avoine pour le fief des Barres et le rocher de la Chaux.

Les hoirs de feu Jean et Colin Leprieur, 50 sols.

Les Gérards 45 sols, trois gélines pour le fief Chapron.

Les Coupry 3 sols, une géline pour le fief des Routes. Les dits Coupry, la vigile de Noël, un tréfoil.

Les hoirs de J. Guillochin, 2 sols, 6 deniers, une géline pour le fief Pichard.

Jean Des Noës 5 sols, 4 boisseaux d'avoine, 1 géline pour le fief de Songeriel.

Philippot Renault, 3 sols 1 denier la nuit de Noël à la grand'messe.

Les Cathois, pour le fief de Villière, 35 sols, 3 gelines et 1 faix de jonc à la Saint-Jean-Baptiste, à la salle du dit manoir.

Jean Louin, pour la Louvière, 30 sols, 1 géline.

Aîné Broust, 8 sols tournois pour le fief du Haut-Theil, et Guillaume Restout, 13 sols 6 deniers, 1 géline pour le fief du Bas-Theil.

Jean Cathois, pour le fief Saragousse, 25 sols, 1 chapon, 1 géline.

Guillaume Cosnard, 40 sols, 2 chapons.

Robin Bisson, 4 chapons, 2 gélines à prendre sur le fief de la Guinnière.

Et demeurent les autres rentes en deniers au second lot.

Lesquels hommes sus-nommés seront sujets rendre par *aveu* à ce présent lot et toutes autres sujettions et devoirs, tout ainsy qu'à fief de Haubert appartient, et tiendront les seconds et tiers lots en parage de ce premier.

Lequel sera sujet en faire les foys et hommage en la baronnie d'Annebec.

Item le dit lot retournera 15 l. tournois de rente par chacun an payables à deux termes par moitié. C'est à savoir à Saint-Jean et à Noël.

Au lot de la Heurteventière, 10 l. et au lot de la Maillardière, 100 sols.

Lesquels deux lots pourront bailler en assiette comme fonciers.

Et seront communes entre eux places, franchises et libertés qu'ils ont en la bourgeoisie de la Ferté-Macé.

Et seront les dits lots garantis les uns les autres.

Et seront sujets les hommes de ce dit lot à aller moudre au grand moulin jusqu'à ce qu'il y en ait un en la sieurie de ce dit lot.

Et s'il advenait qu'aucun des dits moulins fut en décadence par faute de réparation ou autrement, tous les hommes sujets des autres lots où il n'y aurait moulin seront sujets *baniers* et montants au moulin qui sera pour lors en réparation et jusqu'à ce qu'il soit en due réparation.

Ce présent signé à la requête de demoiselle Jeanne de Beaurepaire *puisnée* en la ditte succession conduite, conseillée et pleignée par noble damoiselle Ambroise de Lamboul, dame du lieu, sa mère.

Présents : noble homme Fr. Le Verrier, clerc, curé de St-Maurice ; Gatien Gauthier, escuyer, et messire René Guillochin, prêtre (1).

Je, Jean Le Verrier, escuyer, pour moi et damoiselle Suzanne de Beaurepaire, ma femme, confesse tenir au *bailliage de Caen* en la *vicomté de Falaise* un *tiers* de fief de *Chevalier* appelé le fief *du Plessis* et de Jouey dit la Heurteventière assis ès paroisses de Joué-du-Bois, Saint-Martin-l'Aiguillon et Saint-Martin-des-Landes. Le dit fief est tenu en parage de demoiselle Suzanne de Cobar (2), à cause de sa sieurie de Jouey-du-Bois mouvante et tenue du baron d'Annebecq.

Et est mon dit fief sujet de *trois ans* en trois ans pour sa part de *l'aide* du tiers an en quoi y celle sieurie de Joué est sujette envers la ditte baronnie, en trente-six sols huit deniers.

Aussy est le dit fief chargé du *douaire* de demoiselle Ambroise de Lamboul, veuve de défunt noble homme Ambroise de Beaurepaire, en son vivant sieur du dit lieu de Joué, père de ma dite femme et à cause de ce et autres fiefs dont suis tenant au bailliage d'Alençon, en la vicomté de Domfront.

Le cas offrant que le ban et arrière-ban du Roy notre sire est crié, suis tenu et sujet au dit bailliage d'Alençon où je fais ma demeure et résidence à faire *un archer* monté et armé et me sont baillés pour mes aides à faire le dit archer, c'est-à-dire savoir M° Josselin Hallay, prêtre, sieur de Juvelley ; M° Louys de Saint-Germain, sieur de la Nocherie, et Ambroise le Rouyer, escuyer ; et baille le dit fief qui consiste en maisons, domaines, doulves, bois, prés, étangs et moulins, rentes en deniers, grains, œufs, oiseaux, hommes, hommages et juridiction et patronage d'une chapelle nommée *Saint-Roch* et vaut chacun an la somme de six-vingts-dix livres et ainsy l'affirme et baille à vous Monsieur le bailly de Caen ou Monsieur votre lieutenant-commissaire du Roy notre sire.

1er mars 1539.

(1) En 1668, Fr. Langlois, sieur de Joué, fit faire cette copie à Falaise.
(2) Une nièce, femme de Louis Desguez, sieur des Buats.

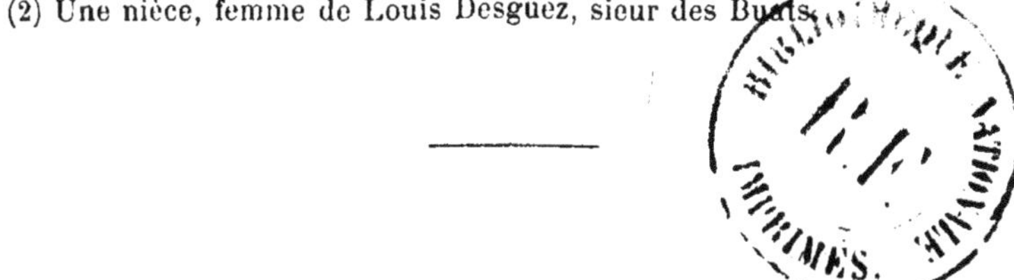

Alençon. — E. RENAUT-DE BROISE, Imprimeur et Lithographe.

www.ingramcontent.com/pod-product-compliance
Ingram Content Group UK Ltd.
Pitfield, Milton Keynes, MK11 3LW, UK
UKHW021514090726
13657UKWH00001B/242